全国教育科学"十三五"规划教育部重点课题
"科学与艺术有机整合的幼儿学习活动创新研究"（DHA160361）成果

儿童科学和艺术整合学习活动
设计与指导

陈晓芳 ◎ 著

北京师范大学出版集团
BEIJING NORMAL UNIVERSITY PUBLISHING GROUP
北京师范大学出版社

图书在版编目(CIP)数据

儿童科学和艺术整合学习活动设计与指导/陈晓芳著. —北京：北京师范大学出版社，2020.11(2023.9重印)
ISBN 978-7-303-26291-5

Ⅰ.①儿… Ⅱ.①陈… Ⅲ.①科学知识－学前教育－教学参考资料②艺术教育－学前教育－教学参考资料 Ⅳ.①G613

中国版本图书馆 CIP 数据核字(2020)第 157417 号

营　销　中　心　电　话　010-58808083　58805532
图　书　意　见　反　馈　gaozhifk@bnupg.com　010-58805079

ERTONG KEXUE HE YISHU ZHENGHE XUEXI HUODONG
SHEJI YU ZHIDAO
出版发行：北京师范大学出版社　www.bnupg.com
　　　　　北京市西城区新街口外大街 12-3 号
　　　　　邮政编码：100088
印　　　刷：唐山玺诚印务有限公司
经　　　销：全国新华书店
开　　　本：710 mm×1000 mm　1/16
印　　　张：15
字　　　数：205 千字
版　　　次：2020 年 11 月第 1 版
印　　　次：2023 年 9 月第 2 次印刷
定　　　价：49.80 元

策划编辑：张丽娟　　　　　责任编辑：李会静
美术编辑：陈　涛　李向昕　装帧设计：李尘工作室
责任校对：康　悦　　　　　责任印制：马　洁　赵　龙

总　序

整体的学习，关联的经验

我国教育的基本目的是培养全面发展的儿童，这既是国家对未来人才的基本要求，也是儿童自身成长和发展的必然要求。培养体智德美劳全面发展的完整儿童也是世界教育的基本价值追求。促进儿童全面发展，培养完整儿童，一直是我国学前教育者努力奋斗的目标，广大幼儿教师为此付出了青春和汗水，积累了丰富的实践经验，取得了明显的教育成效。

实现儿童全面发展的学前教育目标是一项艰巨复杂的工作，需要广泛探索，深入研究，创新实践。要避免学前教育的单一化、片面化、小学化，要用联系的、整体的眼光去构建学前教育实践体系，真正使儿童发展的各领域有机联系，使幼儿园的课程相互渗透。要像陈鹤琴先生在"活教育"和"五指活动"中所倡导的那样，关注儿童的生活，以儿童的生活为基础，注重健康、社会、语言、科学和艺术之间的有机联系和相互渗透。因此，儿童的学习领域是一种相对的划分，它以完整儿童的成长为前提，以儿童整体的生活为基础，不同领域相互支撑，共同作用，灵活协同，共同促进幼儿的全面发展。

科学领域和艺术领域是两个既相对独立又相互关联的领域，是幼儿园课程体系中非常重要的不可或缺的组成部分。科学领域，主要是通过幼儿对外部自然世界和科学现象的观察、探究、实验、思考等不断获得新的科学经验，发展科学思维和科学能力。科学认知的过程，经常伴随着儿童的审美过程，关注自然现象和科学现象中的自然美、科学美是儿童审美的重要途径和内容。幼儿园教室里的植物角内各种形状和颜色的植物，幼儿园内花草树木及其四季的变化，大自然中更为丰富多样的动植物等，都是儿童重要的审美对象。从这个意义上说，自然与艺术是相融、相通的，是有机联系、相互渗透的。

艺术领域除了多种形式的审美，还包括多种方式的表达美和表现美。儿童对美的表达是伴随科学认知的。秋天，当儿童走进小树林，看到金黄的树叶，他们自然会表达出赞美和欣赏之情；当儿童走在落叶上，听到沙沙沙的声响，他们也会说出赞美的诗句。这是对自然美的表达。儿童对种植的植物生长过程的记录，对养殖的小动物生命历程的记录，都具有表达美的意味。儿童对科学实验中各种现象的表达，都体现了对美的追求。儿童的很多诗歌、故事和戏剧都以特定的方式表达着对自然和科学现象中的美。因此，科学是美的源泉，美是科学经验的延伸和深化。亲近自然既能获取科学经验，也能加强审美经验。

深入研究并把握幼儿园课程中科学与艺术领域之间的有机联系和相互渗透，对于儿童获得真实的、相互联系的经验至关重要。陈晓芳老师带领幼儿园教师一直在进行这个领域的研究，有较为深入的理论思考，也经过了几轮实践的探索，这个过程非常必要，也非常有价值。该研究已经形成了一些基本的观念，一系列的教育活动，一套行之有效的实践策略，这对整合科学和艺术领域的教育，让儿童获得关联和完整的经验具有重要的意义，也对进一步推进幼儿园课程不同领域之间的相互渗透和有机结合，培养完整儿童具有重要的启发意义。

希望课题组不断研究，进一步探索，为繁荣和发展新时代我国学前教育的理论和实践做出新的贡献。

虞永平

南京师范大学教育科学院教授、博士生导师

2020 年 10 月 25 日

前　言
PREFACE

　　科学注重实在、求问。科学家冷静，擅长理性（逻辑）思维；艺术家富于情感，直觉（形象）思维是其特长。科学发现靠的是智慧，艺术发现依赖于情感。但没有情感，智慧不能开创新的道路；没有智慧，情感无法达到完美的境界。这就是科学和艺术对立统一的辩证关系。这种关系如果能够成为全民共识的教育思维和教育哲学，将对社会文化和民族进步产生重大影响。

　　众所周知，儿童科学和艺术的学习确有其不同的目的、过程和方法。科学学习的目的是对自然事物的普遍、客观真理的探究；艺术学习的目的是对周围事物（包括自然和人文）的情感、态度的主观表达。科学学习是由于儿童"解决问题"的需要而发动的，主要是"发现并提出问题—分析并预测结果—通过行动寻求验证—问题解决"环节组成的"问题探究"的过程；观察、比较、选择、判断、探究、推理预测、实验等是其主要学习方式，并更多地和人的分析、归纳思维联系在一起；是对事物之间递进、因果、转折、矛盾关系客观规律的探索过程，具有严谨逻辑与渐进推理的特点。艺术学习是基于儿童情绪、情感的表达和宣泄的需要，由潜意识层面存在的"具有吸收性张力结构的审美先在图式"发起或发动的，主要是"审美感觉—审美知觉—审美想象—审美创造"的"审美表征"过程；视听感觉、模仿、幻想、直觉体验、知觉通感、联想、想象、灵感、顿悟等是其主要学习方式；更多地和人的直觉思维、形象思维联系在一起，具有先天性、创造性的特点。然而，儿童科学和艺术的学习又是可以有机整合的。儿童的"诗性"逻辑、"泛灵"的眼光以及常"以自身夺他物"的认知特点，是儿童科学和艺术整合学习的精神前提。学习兴趣、学习方式、学习情境、教师支持，是支撑儿童科学和艺术整合学习过程的关键要素。在科学和艺术学习中，左右脑同时工作的原理是儿童科学和艺术整合学习的基础。在人的思维体系中，形象思维与逻辑思维相互启迪，从而产生无限的创造力。因而，在达成健康完整的人格、成就有价值的人生中，科学和艺术具有同等提升及互补作用。

整合，即加强各类课程的知识、儿童的经验与社会生活之间的紧密联系。以各种整合的形式来挖掘和利用不同知识之间、技能和能力之间的有机联系，不仅能使学校教学系统中分化了的各要素及各成分之间形成有机联系，而且能使我们着力培养的生命个体成为更完整意义上的"人"。整合的过程是心灵碰撞、认识深化的过程，它不是矛盾对立基础上的简单辩证法，也不是事物两极的简单相加和糅合。整合思维是多层次、多维度的复合思维。整合的过程涉及从形式到内容、从结构到功能的彻底改变。它是一种全新的统整思维方式的全面生成。它提供了另一种思考问题的角度，即寻求如何把握各级之间的张力以及系统各构成要素之间的关系。本书的研究成果将对现有的儿童早期学习方式与创造力培养关系的理论和实践研究做一个有力的补充；也将促进儿童的形象和逻辑思维如何协同并进发展以及相互作用的机制与方法论的研究，以填补教育领域此项研究的不足。

本书是全国教育科学"十三五"规划教育部重点课题"科学与艺术有机整合的幼儿学习活动创新研究"（DHA160361）的重要成果。课题研究以中华文化中"天人合一，道法自然""格物致知，诚意正心"的哲学思想即天理（这里指科学中蕴含的自然法则及规律）与人性（人文艺术中蕴含的人生理解、思想情感）的相通性为基础，在"自然而然"的"亲历其事，亲操其物，推致事物之理"过程中对儿童实施"自然而然"的"探明本心"的教育为本体论根基，注重使儿童在科学与艺术整合的学习中领悟生命意义、人生价值和生活理想；以逻辑分析法和辩证法为认识论依据，对古今中外的相关研究进行理论梳理和逻辑分析，倡导唯物辩证地看待科学与艺术内在统一的关系；立足本土，以对当下中国儿童和教师在活动中的行为表现进行现场观察、微格研究、课程干预实验前后效果的对比等来收集数据和信息的实证研究方法为证据基础，从帮助儿童进行问题解决到让儿童独立解决问题的生长式思维路径来建构本研究的理论框架。目标上体现儿童的价值观塑造（人生理解），儿童的思维促进，儿童自由、自主、自觉的人格特质养成；内容上体现以儿童与自然、儿童与自我、儿童与社会的关系为三条主线，建立科学与艺术活动内容联结的纽带，凸显世界的"自组织性"原则；过程中体现按照事理逻辑即事物本来的样子的顺序开展活动，自然而然达成目标，因而提倡儿童学习过程能动的"自我建构"。

本书基于以上的理论框架，以对儿童的学习兴趣、主要学习方式、学习情境及教师支持策略的解析为主线，结合具体生动的一线教育活动案例，详细论述了科学和艺术整合的儿童学习活动的目标设计、内容组织、过程实施与方法步骤，并梳理出其原则、规律和注意要点；阐明了科学和艺术整合的学习活动如何对儿童的智慧增长、情感发展、价值认识、创造力提升等全面发展的过程发挥作用；并以对科学和艺术整合学习的历史追溯与现实的叩问相结合，以系统的理论阐述与基于对教学目标、内容和过程的实证研究相结合的手法阐明了儿童科学和艺术整合学习的系统方法论原理。本书的创新之处体现在以下四点。

第一，理论性与实践性相结合。本书致力于让读者掌握比较全面、系统的关于幼儿园科学和艺术整合学习的基本理论和实践构架，并在开发新型的科学和艺术整合活动设计与组织模式、学习过程的行动研究的基础上设计儿童科学和艺术整合学习活动的目标内容、过程和方法。

第二，普遍性与独特性相结合。本书研究的内容来自北京、南京、上海、广州、内蒙古等地幼儿园在课程领域内最前沿的探索，体现了各地幼儿园在科学和艺术结合教育探索实践的普遍规律，也体现了各地幼儿园所在地域及文化的特色。

第三，学术性与可读性相结合。本书教育性与科学性相结合、应用性与操作性相结合、说理性与实践性相结合、案例感性叙事与理性分析相结合、量化表现与质性评价相结合，适合现代读者口味，具有鲜明的时代性。

第四，问题性与操作性相结合。本书旨在提高读者组织、指导、分析、评价儿童科学和艺术整合教育活动的能力，充分利用各种教育资源，创新地开发科学和艺术整合课程的能力，观察、分析、解读儿童科学学习、艺术学习行为及行为背后动机的能力，以及生成儿童科学和艺术整合教育活动及评价的能力；不断强化教师作为儿童学习活动的支持者、合作者、引导者的角色意识，在尝试性的实操案例解读和分析中塑造"反思型"教师的教育行为，提升教学和研究能力。

本书适用于幼儿园和小学低年级教师，可为其进行课程整合的理论研究、课程开发及案例研究提供一定的借鉴，同时也适用于学前教育及基础教育专业的本科生和研究生，帮助其开展学术研究。

最后，衷心感谢南京师范大学虞永平、唐淑教授，北京师范大学霍力岩、洪秀敏教授，福建师范大学丁海东教授，长沙师范学院赵南研究员，中国教育科学院刘占兰、易凌云研究员，北京教育学院钟祖荣、杨秀治、李雯教授等对本课题的指导和帮助！感谢北京师范大学出版社的编辑老师们对本书的出版所做的努力。

陈晓芳

2019 年 12 月

（作者系北京教育学院学前教育学院副教授）

目　录
CONTENTS

第一章　儿童科学学习和艺术学习的关系概述

在人类社会发展的初始阶段，处于萌芽状态的科学和艺术是交织在一起的。从会制作简单的工具打猎谋生开始，人类就用打造这些工具的技术制作原始的艺术品，如挂在脖子上的石头或骨头的饰物、插在头上的羽毛，以及绘制在器皿上的图案等。

在教育史上，科学教育与艺术教育更像是一对"并蒂莲"。在古希腊，缪斯是希腊神话中主管科学和艺术之神，缪斯教育也就是科学教育与艺术教育的通称。在中世纪的欧洲，文、法、神、医是大学中普遍开设的四科。在我国，早在战国时期，在学校中对贵族子弟的教育内容就有"六艺"——礼、乐、射、御、书、数。所以，从教育活动的起始和萌芽来看，科学教育与艺术教育是不分彼此、血肉相连的。

随着近现代文明的发展、社会的进步，以及知识经验的不断丰富，不同类型知识经验的存在价值、功用、意义及其所要解决的问题（阐释的对象）逐步明晰并具体化。学科体系、门类、研究领域越来越系统，越来越明确，科学和艺术日渐分离。尤其到了西方文艺复兴以后，科学和艺术更是形成了各自的学科领域特质。赫胥黎在《科学与艺术教育的关系》中指出，那些单凭推理能力进行研究的东西归入科学的领域，所有可以感知的能激起我们情感体验和审美的东西归入艺术的领域。[①] 此时，科学和艺术被赋予了各自不同的内涵本质。后来鲍姆嘉通和黑格尔更是认为，人的认识可分为感性与理性认识两个部分，艺术是感性认识，科学是理性认识。这两种认识很少有共通之处，有时甚至是相互对立的。[②] 至此，

---

① 任中印：《西方近代教育论选著》，45 页，北京，人民教育出版社，2001。
② 柳志红：《幼儿艺术教育与科学教育的融合研究》，硕士学位论文，南京师范大学，2003。

科学和艺术分道扬镳。的确,科学和艺术是人类认识世界和改造世界的不同手段。科学的本质是认识世界,揭示客观事物的现状和运动规律,而艺术的本质在于揭示人类情感世界的奥秘。前者讲逻辑,求真实,注重客观的精确性,排除多义性;后者讲形象,求善正,关注视听感受的审美性,接受多义性。因而,人们认识和驾驭科学和艺术通常会采用不同的方式。

然而,科学和艺术又是有其共同点的。科学与艺术共同服务于人类社会的发展进步,二者都在寻求真理的普遍性,也都具有创造美与再现美的欲望和行动力。人类的想象力是二者共同的特征,人类的创造力是二者共同的基础。古往今来的若干事实也证明,科学和艺术是同根共源、密不可分并相互补充、相互启迪的。从历史渊源来看,科学和艺术共同脱胎于人类的社会实践活动。如上所说,自人类文明出现后,科学和艺术就紧密地联系在一起。到了近代,虽然科学和艺术的区分日益显著,但是它们依然没有相去甚远。正如钱学森所说,很多巨大的科学发现往往源于某种基于形象的想象。例如,阿基米德浮力定律、化学元素周期表、万有引力定律等都是从某个场景的形象或意象出发触发了科学家的灵感,而最终再通过严密的逻辑思维完成的。[①] 而艺术本身也包含了对科学的理性认识,如文艺复兴诞生了近代的自然科学。在人类文明发展史上,科学发现、科学方法、科学知识也经常会对艺术产生影响。例如,达利的某些作品明显地包含了来自"相对论"的灵感。艺术手段、艺术方法等亦会通过在科学中的应用对科学产生影响,如科学中的对称美、"黄金分割法"等。"相对论"就是在一些思维的自由组合下创造而出的。在丰富的想象力的帮助下,道尔顿建立了原子学说。科学的方法和手段同时也成为艺术创作的推力。例如,毕加索的《亚威农少女》用立体几何的手法精妙地表现了其创作意图。哲学家和艺术家用幻想和理想造就的对未来世界的预测,很多都被科学创造成一些存在的现实。以上这些社会、文化、科学、艺术领域的研究结果,说明科学和艺术确是相互通融、相互促进的。

随着机器工业时代的来临,流水线作业及系统化、结构化的工作迫使人们被分别固定在一个狭窄的领域内完成自己的工作,而无需对他人的工作内容了解甚多。人类对科学的学习和对艺术的学习在这样的时代背景中也被分离。受此影响,体现在现代教育体系当中,知识的分类也就越来越细致,学科之间的界限也

---

① 钱学森:《在授奖仪式上的讲话》,载《人民日报》,1991-10-19。

就越来越分明，教学的手段也越来越直接而便利化。近年来，在大多数儿童学习活动中，理智和情感割裂、理性与感性分离、逻辑与形象脱钩现象很严重。通过前期对部分在校（园）儿童学习活动现场观察发现，很多学校与幼儿园等机构，撇开儿童全人发展的整体性原则和儿童认知的整体性特征，以培养所谓各种"特长生"为由，把科学和艺术学习分别当作知识灌输和训练技能的手段，将二者严重割裂。殊不知，如此严重割裂儿童的认知、思维和情感，导致的结果就是缩减了儿童早期生命的张力和后天发展的多种可能性。

随着国际社会人才竞争的日益激烈，创造性人才的培养得到国际社会的广泛关注。金盛华等人以 72 位具有原创性高水平创造成果的中国科学院院士和人文社会与艺术领域的杰出人士为研究对象，通过研究他们代表性的创造成就及其思维、个性、个人成长历程，揭示了高端创造成就人群的特点。研究表明，具有高创造力和高创新性人才具有"对周围世界的浓厚兴趣和积极情感""问题导向的知识构架""自主牵引的性格""开放深刻而独特新颖的思维"的心理特征。[①]　童年正是这些心理特征形成的关键期。

众多研究表明，科学和艺术整合的学习，可以促进儿童创造力的提升。大部分人的左脑主管逻辑分析、抽象概括、推理演绎等逻辑思维，这是人类从事科学学习与研究的主要思维方式，也称科学思维。科学思维是以抽象的理论为思维材料，以概念为发展条件，以递进或是锁链式的过程，通过严格的逻辑推理和精确的思维判断对材料进行整理，概括出事物的本质。这个过程不仅程序清晰，而且步骤具体。右脑主管包括想象、直觉、猜想、情感、灵感等形象思维，这是艺术表达与创作的重要思维方式，也称艺术思维。艺术思维主要是用"形象化"作为人脑工作的基本工具，通过对材料进行加工、整理并利用"具象化"和"典型化"的方式进行思维上的概括。因此，科学与艺术的思维方式和过程确实不同，而每个个体也必然会存在某种思维能力占优势的可能。然而，更进一步的研究表明，人类的左右半脑以胼胝体连接，并以约每秒 40 亿个脉冲的速度来传递信息，彼此互补和作用，形成一个整体。艺术思维与科学思维都是建立在感性基础上的人脑思维活动，都要经历抽象、提炼，最终飞跃到理性认识的思维方式上。虽然科学注

---

① 　金盛华、张景焕、王静：《创新性高端人才特点及对教育的启示》，载《中国教育学刊》，2010(6)。

重实在、求问，靠的是智慧，但没有情感，智慧不能开创新的道路；艺术关注情感的宣泄和表达，但没有智慧，情感无法达到完美的境界。在人的思维体系中，形象思维与逻辑思维相互启迪，从而产生无限的创造力。科学发现、发明以及创造的过程中融入艺术思维能够使最初的认识发生质的飞跃，从而帮助研究者洞察、分析事物的本质。艺术想象力以及创造力，避免了科学研究中教条的、机械的认识方法和思维逻辑，成为科学研究者不断创新的核心内涵。贝弗里奇也认为，理性的科学创造中必定包含着感性的直觉、想象、情感等艺术思维，艺术的理性与科学的感性相融合，亦是科学活动具有创造力的重要因素。[①]

儿童本就是整体认知这个世界的。对他们来说，经历科学和艺术的过程比结果更重要。儿童对周围世界及其运作方式有天生的好奇心。他们不断地思考、探索、检查、描述、操作、比较和质疑与自然环境有关的事物。同时，儿童也是自然艺术家。大多数儿童都很乐于参加戏剧表演、唱歌、跳舞、涂画、雕刻等艺术活动，并以他们自己独特的方式，去尝试和熟悉新事物。有研究发现，观察、沟通、比较、测量、组织是儿童早期科学和艺术整合学习过程的共同技能。[②] 也有研究表明，直觉、想象、灵感等艺术思维存在于儿童科学学习的每一个环节中，儿童的艺术学习过程中也有"理性"的参与。美国"零点项目"通过对100多所学校做实验，进行连续20年的追踪对比发现，艺术学习也要靠逻辑思维。科学学习的过程是发现问题、分析问题、解决问题，艺术学习的过程同样要发现问题、分析问题、解决问题。在"八年研究"与泰勒的综合课程实验中，儿童接受了一套打破学科之间界限、强调认知和情感相互协调的完人发展综合课程。2011年美国《K-12年级科学教育框架：实践、跨学科概念、学科核心概念》用"科学和工程实践"延展了"科学探究"的学习过程，这些学习过程包括提出问题、开发和利用模型、计划并实施调查、分析和解释数据、寻找证据建构解释、设计解决方案、参与基于证据的辩论和获得评估与交流信息。在此学习过程中，为了"学"与"做"较好地接洽与融合，儿童需要运用形象、直觉、联想、想象等艺术思维方式参与学习和实践过程，从而达到科学和艺术相整合的学习目的。2014年美国《国家核心

---

① ［澳］W. I. B. 贝弗里奇：《科学研究的艺术》，陈捷译，56页，太原，北岳文艺出版社，2015。

② Morrison K. , "Integrate Science and Arts Process Skills in the Early Childhood Curriculum. "*Dimensions of Early Childhood*，2012(1). pp. 31—40.

艺术标准》把艺术学习的过程进一步明确为"创造—表现—回应—联结"四个阶段。其中，创造阶段包括发现、调查、计划、制作、反思、修改、评价、呈现、挑选、探索、想象等学习方式；表现阶段包括观察、选择、分析和分享、排练、提出并回答问题、讨论等学习方式；回应阶段包括感知、分析和解释、分类、判断、比较、描述、回忆等学习方式；联结阶段包括模仿、综合、概括、联系等学习方式。可以看出，美国儿童艺术学习的过程也是探究性和多元化的，整个过程既是艺术探究，也是科学探究。我国早有关于儿童整合学习的实践与研究。我国幼教先驱陈鹤琴先生提倡的幼儿"五指活动"课程，以及《幼儿园教育指导纲要（试行）》《3—6岁儿童学习与发展指南》等相关文件均体现了这种整合的教育思想。当前国内理论界诸多学者呼吁儿童期应让儿童进行科学和艺术整合的学习。

　　早期教育是为儿童漫长人生奠基的教育。按照大脑发展"用进废退"的原则，童年的学习经历和经验将对他的一生产生重要影响。科学和艺术整合的学习可以促进儿童认知、思维和情感统一协调发展，有利于优化儿童的大脑，并对儿童创造力的提升及其后天多方面的发展产生不可估量的影响。科学学习和艺术学习同时存在于儿童的认知学习过程中，并促进儿童认知学习过程的生成及发展。以下将分节论述儿童的科学学习和艺术学习各自的内涵、特征、过程实质和二者的异同之处，以及因为这些异同而产生的特定整合价值。

第一节　儿童的科学学习

　　儿童是"自然之子"。儿童对周围的自然现象与自然物及其相互关系、地球上的动植物乃至微生物、物质变化的形式、空间与时间、生活中的综合科技等无不充满探究的热情和欲望。本节将对儿童科学学习的内涵、特征、过程实质及教师的支持策略做具体的阐述。

一、儿童科学学习的内涵

（一）科学

　　科学是指发现、积累并公认的普遍真理或普遍定理的运用，是对已知世界通过大众可理解的数据计算、文字解释、语言说明、形象展示的一种总结、归纳和认证,是探索客观世界最可靠的实践方法。

对科学的解释,具体地说有三个层面的含义:一是知识,是普遍的真理和已经系统化和公式化了的知识,即指科学的概念、定义、原理或规律。二是过程,拿证据说话的过程,是使主观认识符合客观实际(包括真实的联系与变化的规律)的实践活动的过程。三是方法,即涵盖了主体世界观和价值观的实证的方法。

(二)儿童的科学

儿童的科学是儿童在成人的支持和引导下,运用一定的设施和材料,以某种方式,观察、接触周围事物和现象,以取得对它们的了解的过程;是儿童通过自身的活动,对周围的物质世界(包括自然界和人工自然)进行感知、观察、操作,发现问题,寻求答案的探索过程;是儿童获取广泛的科学技术经验和具体事实,主动建构表象水平上的初级科学概念,学习科学方法和技能,发展智力的过程;是发展儿童好奇心,使儿童感受到自己的能力,得到愉悦的情绪体验,产生学习科学技术的兴趣,以及对自然界和人工自然的关注和热爱的过程。这些也是儿童自主构筑科学观(科学精神和科学道德)和世界观的必要前提。

科学对于儿童来说,不仅仅是已经获得的知识体系,它更是一种通过亲身经历、亲手操作,去探求自然事物的意义,获得对周围世界的理解的过程。对儿童来说,这种探求的过程还伴随着愉快的情绪体验,是获得成功、获得自信的源泉。儿童的科学活动始于儿童的天生好奇与探究的心理,他们对周围的事物总想弄个究竟,正是因为这样,他们像是个天生的科学家,他们既想知道事情是怎么样的,又想知道为什么会这样。儿童的科学活动同时亦是儿童与周围环境、材料的交互活动。一个孩子走在月光明亮的晚上,他无意间发现月亮好像跟着自己走,于是停下来观察月亮,发现月亮也停了下来,于是又向前走,月亮也走,孩子产生了强烈的疑问和好奇:"为什么月亮会跟着我走?"这是孩子的眼睛大脑和月亮产生了互动。因而,儿童能通过与他身处的环境、身边的人和事物相互接触、相互作用的过程中建构起自己的科学经验和一些基本概念,并在这一互动的过程中伴随着各种各样的情感体验,而且也形成一种价值或态度,包括实事求是、创新性、合作等。

(三)儿童的科学学习

《3—6岁儿童学习与发展指南》指出:学前儿童的科学学习是在探究具体事

物和解决实际问题中，尝试发现事物之间的异同和联系的过程；是在获得感性经验，充分发展形象思维的同时，初步尝试归类、排序、判断、推理，逐步发展逻辑思维的过程；是儿童通过观察、比较、操作、实验等方法，学习发现问题、分析问题和解决问题的过程。由此可见，儿童的科学学习是儿童积累有益的科学知识、经验、方法和技能，并主动将科学活动探究经验运用于新的学习活动的过程。在此过程中，儿童充分感受和体验科学活动的乐趣，培养初步的科学素养，形成受益终身的学习态度和能力。

中外科学教育史上，曾有许多教育学家、心理学家、科学哲学家都很重视对儿童科学学习的研究，并提出了许多相关的理论。赫胥黎和艾略奥特注重通过直接观察和归纳推理的方式学习科学，他们主张从对自然界的直接观察而获知的一些个别事实中得出结论。皮亚杰认为，儿童科学学习的过程是"同化"和"顺应"的过程，其中包含知觉、学习动机(或兴趣)的成分。杜威提倡通过"做中学"的方式学习科学，具体的学习过程可以对接到他的"暗示—问题—假设—推理—检验"的反省思维五步法。布鲁纳认为，学生的科学学习过程与科学家的科学研究过程本质上是相同的。他提出的"发现学习"强调学生以"像科学家一样做科学"的方式来学习科学。施瓦布强调以"探究学习"的方式学习科学。20世纪中期以来，波普尔、库恩提出了与施瓦布相似的看法，认为科学知识是暂时的、假说性的，而不是绝对的真理；必须将科学作为一种过程来看待，强调科学的动态性和发展性，并提出"假设—演绎—实验检验"的探究学习过程；同时让学生意识到科学探究的条件性和局限性，理解伴随科学探究过程的曲折反复和失败挫折，使学生以理性的态度面对科学结论。1996年的美国《国家科学教育标准》在总述中指出，学习科学的中心环节是探究……学生这样做就可以把科学知识与推理和思维的技能结合起来，从而可以能动地获得对科学的理解。在此过程中，学生需要观察；需要提出问题；需要查阅书刊及其他信息来源，以便弄清楚什么已经是为人所知的东西；需要设计调研方案；需要根据实验证据来检验已经为人所知的东西；需要运用各种手段来搜集、分析和解读数据；需要给出答案、解释和预测；需要把研究结果告知于人。此后，众多教育家也指出，基本的科学学习过程包括观察、分类、交流、测量、预测、推断等方式；综合的科学过程包括识别和控制变量、形成和验证假设、下操作定义、解释数据、实验、建立模型等。我国学者李季湄、冯晓霞认为，学前儿童科学探究的基本过程包括"提出问题——……——选择适宜的方法—推理与假设—实证研究（观察、比较、实验、测量、调查）—分享和交流"。[1]

二、儿童科学学习的特征[2]

（一）自主探究性

自主探究性是指儿童在面对感兴趣的现象和生活中的实际问题时，经常会主动地观察、比较、操作和尝试，或通过自由表达质疑和合作讨论，以获得答案并进行交流、假设和行动检验，尝试解决问题的特性。例如，一个男孩把妈妈的皮鞋放到了水盆里，探究这像小船一样的皮鞋是否也能像小船一样漂浮在水面上。男孩通过观察，发现妈妈皮鞋的形状和小船的形状类似，原有经验告诉他，小船是可以浮在水面上的。那么，皮鞋是否也能浮在水面上呢？问题既然产生了，他推测也许是可以的，于是他付诸了行动检验：他把妈妈的皮鞋放进了水盆……当然，他有可能获得了答案，但也造成了一定的破坏。成人对此事不同的处理结果，会造成其自主探究性学习特点的发展或湮灭。

其实，在日常生活中，儿童会产生很多自发的科学探究活动。这些都是儿童与世界直接的相互作用。例如，儿童会把木块放到水里玩，或者用纸折成纸船在水上"航行"。在这些看似没有明确目的的过程中，儿童尽享科学探究的乐趣。比如，儿童在玩水时，可能并不是明确地在做什么"沉浮"实验，而是拿着一块木头玩上半天而乐此不疲。

有的学者提出，儿童自发的科学探究活动有点类似于人类早期的科学探究过程：当时的人们对科学所知甚少，人们的科学探究活动也是很盲目的。每一个科学发现都经历了曲折的探究过程，甚至带有很大的偶然性。

在玩水活动中，儿童用木块、石子、玻璃瓶、橡皮泥等材料分别做实验，探究它们在水里的情况，结果发现了很多有趣的现象。有的儿童发现木块是漂在水

---

[1]　李季湄、冯晓霞：《〈3—6岁儿童学习与发展指南〉解读》，112页，北京，人民教育出版社，2013。

[2]　陈晓芳：《幼儿科学活动设计与指导》，9—12页，北京，北京师范大学出版社，2013。

上的，他一次又一次地尝试把它按下去，但只要手一松，木块就会漂上来。还有的儿童发现玻璃瓶放进水里后，先是漂着的，过一会儿灌进了水，就慢慢地沉下去了；如果把玻璃瓶的盖子盖好，它就不会沉下去了；如果把橡皮泥做成碗状，它就会漂在水面上……在整个活动过程中，每名儿童都有自己的发现，对活动的兴趣也很浓。教师组织他们把自己的发现讲给大家听，并且进一步验证这些发现。

这是一个极其普通的科学活动。在这个活动中，整个科学过程的展开，就表现为儿童在教师提供的条件下所进行的自主探究活动。儿童把不同的材料放进水中，发现产生不同的结果。这一发现更加激起儿童的好奇，于是又尝试用不同的材料做实验，以获取更多的发现。这就是儿童的科学探究过程。

在科学探究的过程中，儿童获取了丰富的科学经验。他们不是被动地接受知识，而是主动地建构知识。他们通过自己的操作和尝试，知道哪些物体在水里是沉的，哪些是浮的，这些经验比教师告诉他们的知识更加直接、生动、丰富，也更加有意义。

在自主探究的过程中，儿童也学习了科学的方法。探究过程本身就是运用科学方法获取知识的过程。即使很简单的探究活动也会有科学方法的存在。比如在上例中，儿童通过观察收集客观的信息——哪些是沉的，哪些是浮的；在这些信息的基础上，儿童会做出推测——哪些材料放在一起可能是沉的，哪些材料放在一起可能是浮的。随后，儿童还会通过自己的实验来验证自己的推测；如果实验的结果和他们的推测不一样，会引起他们持续的思考。

在自主探究的过程中，儿童的好奇心、自由想象均可以得到充分的满足。这种满足不同于从教师那里得到问题的答案而带来的满足。因为后者是短暂的，它实际上不是引发而是中止了儿童的探究。而在儿童自己的探究过程中，他们的满足是持续性的。即使儿童不能马上得到答案，但探究的过程本身也能够给儿童以充分的满足感。

总之，自主探究是儿童科学学习过程的核心与关键。明确儿童科学教育的过程就是儿童科学探究过程，对于明确儿童在科学教育中的主体地位具有重要的意义。

(二)动态发展性

动态发展性是指事物不断更新的变化过程。儿童探索科学的兴趣、儿童的认知经验背景、科学的教与学的活动情境等大都是以动态发展、不断变化的方式存在的。以下一则案例充分说明了这一点。

一群孩子决定在屋后挖一个洞，他们干得正欢时，两个大人停在一边看热闹："你们在干什么呢?"一个大人问道。"我们打算挖一个洞，一直把地球挖穿。"孩子们兴奋地答道。大人笑起来，告诉孩子们，把地球挖穿是不可能的。沉默了好一会儿后，一个孩子拾起一个装满各种昆虫的罐子，他拿掉罐盖，把里面的"精彩内容"展现在大人面前，然后轻声但自信地说："即使我们不能把地球挖穿，可瞧瞧我们挖到了什么吧?"孩子们仍然继续着自己宏伟的计划，因为他们并不认为挖穿地球是不可能的。洞越挖越深，他们小罐子里的宝贝也越来越多。终于有一天他们停止了挖掘，但并不是因为不能挖穿地球，而是他们觉得已经收集了足够多的好东西。现在他们发现：看着这些宝贝比看到把地球挖穿更有意思。

一个宏伟的目标促使他们行动起来，但在行动中他们发现了更好的图景。孩子们的生活里有很多奇妙的计划和想法，但他们的终极目标只有一个，那就是兴趣和快乐。如果你挖不穿地球，但你还可以得到蚂蚁，得到甲壳虫，得到惊喜和笑声，其实，这就是儿童学习与探究的全部内涵——真正的乐在其中。

在行动中，对客观世界的认识也随着自己的行动而一步一步展开，他们的经验和体验也在不断发生着变化。他们观察了很多昆虫，知道了这些昆虫的外形和生活习性乃至行动方式；他们掌握了使用工具的方法和挖掘的技巧；他们彼此之间更加熟悉和了解……他们的兴趣也随着外部事物丰富的变化而发生转移……就这样，儿童的科学探究活动随着活动进行而不断地深入下去。儿童在活动本身的影响下不断地有自身的新变化，同时又有许多新问题、新疑点、新发现，这些新问题、新疑点和新发现又进一步引领着他们对科学问题和现象研究得更深入、更细致、更丰富。

(三)情境生发性

富有情境和趣味的科学现象或活动，因其本身具有的生动、直观、形象、可感触、富于变化而易于吸引儿童。他们会在情境的激发下，产生灵感，发现问题，搜寻线索，乃至寻找到解决问题的方案。

大自然以其丰富的、真实的情境和动态的变化不断地吸引着儿童去探究，去发现。自然现象与事物，如风雨雷电、雪霜冰雹、四季变化、山涧流水等构成了大自然五彩多姿的"情境"。

在一次下雨的过程中，孩子们突然想去看一看他们班负责的菜地怎么样了。跑去一看，孩子们大惊："小菜苗快要淹死了！快来救救它们吧！"十多个孩子跑过去，手忙脚乱地开始抢救小菜苗。他们眼看着四周高地上的水朝菜地里淌，于是赶紧找来泥土给菜地围堰。有孩子发现，尽管四周的水不再往菜地里面流，但由于还在不停地下雨，菜地里的水位依然不停地在升高。眼看着小菜苗就要遭受"灭顶之灾"了，他们心急如焚，赶紧找来了老师："老师，怎么办呢？"老师让孩子们停下手里的动作，先观察菜地周边的地形。这时，有孩子发现："菜地不远处有一块凹地，它的地势比这边菜地要低很多。""这对我们有什么用呢？"老师问道。有的孩子说没用，有的孩子说可能有用，他们激烈地讨论了起来。"对了，水是从高处往低处流的，我们是否可以开条渠把这边菜地里的水引到那个低的地方去呢？"有个孩子突发灵感，大声叫道。大家都觉得他的方法很好，于是兴高采烈地干了起来。有的找来小铁锹，有的用小铁勺，有的干脆直接用两只手……一会儿工夫，看到菜地里的水流向低洼处，孩子们高兴得拍手大呼。

在这个过程中，儿童学会了观察地形，学会了根据水从高处往低处流的原理去解围小菜苗的水灾，一系列的科学知识和科学经验，在下雨这一突发的自然情境当中生成和习得了。

(四)互动合作性

互动合作性是指在科学学习的过程中，儿童个人与个人之间、群体与群体之间为达到共同目的，通过语言或其他手段传播信息而发生的相互依赖性行为，彼此相互配合的一种联合行动或方式。

以下试以"蜗牛的壳还能长出来吗？"为例对儿童科学学习中的互动合作性加以分析和说明。

一天，几个孩子发现饲养角里一只蜗牛的壳少了一块。

分析：儿童发现了问题，这些问题是在观察和情境中，儿童经由自己的生活经验背景生成的。

"这只蜗牛的壳还能长出来吗？"孩子们问道。

分析：儿童提出了问题，实质是教师创设的"饲养角"的情境，使儿童有了产生问题的机会和条件，并利用儿童的想法，生成了一个认为可以帮他们提高认识的问题——这是一种潜在的师生互动的过程。

孩子们通过查找资料，从理论上知道了蜗牛能长出新壳（儿童与信息资料的互动）。教师提问："怎么证明蜗牛长了新壳呢？怎么把新长出来的壳与原来的壳区分开呢？"

分析：看似进一步生成的这两个问题，其实是教师通过精心设计和筛选的，以引导儿童深入探究和持续观察。

有的孩子提出"用彩笔在掉壳的地方画一个记号"。通过讨论，大家一致认为这个方法最好，既能发现新壳的生长，又能区别旧壳与新壳。

分析：同样，通过讨论，儿童生成了如何探究的良好方案——师生合作、生生合作在这里起到了非常关键的作用。

观察开始了。一天、两天……孩子们不但观察到了新壳缓慢生长的过程，而且通过细致的观察，他们发现"新长的壳有点发白，就像煮鸡蛋的壳与蛋清之间的那层白膜。渐渐地，它又变成了一层一层的，像画卷一样，颜色浅浅的"。三个月以后，随着蜗牛的新壳已盖住了伤口，孩子们在为小蜗牛高兴的同时，不仅从理论上明确认识了"再生"这个科学概念，而且在实践中深刻体验了这个概念。

分析：这一新概念的建构也是在儿童与环境（饲养角）、材料（蜗牛）的交互作用中，在教师精心设计的提问和指导中引发而来的。

由此可见，儿童的科学经验、背景和兴趣爱好只有在他们从事科学探究过程中，面对真实的情境和问题，通过与环境和材料的互动，通过与教师和同伴的合作才能很好地激发和展现出来。

三、儿童科学学习的过程实质

学习的过程决定学习的结果，只有高质量的过程才能导致高质量的结果，也只有弄清楚儿童科学学习的过程实质，才能对他们进行有的放矢的教育和引导。本书根据斯宾塞、杜威等人的研究成果以及当今儿童科学学习的现状，认为科学学习的过程实质如下所述。

(一)经验的多重建构、交互延展的过程

儿童科学学习的过程包括融合多种思维过程的经验、获取不同种类有益信息的经验、获得个人品质和社会态度的经验、产生兴趣的经验等。这些经验之间同时也是有机联系、相互促进的，如以下"菜田灌溉工程"的案例。

在一个儿童区域自主活动中，教师指着室外一片菜地说："小朋友们，去看看今天菜地是否需要浇水？"(教师设置问题情境)。两名儿童去查看了一下说"需要"。教师说："谁想去浇水？"两名儿童想去浇水。他们去菜地转了一圈，又到教室转了一圈："没有水桶怎么办？"(儿童提出问题)"看有没有什么可以代替的？"儿童又在操场各处转了一圈，最后他们找来了一些塑料管和接头(根据已有经验收集材料、资料)。两人商量，是否可以用塑料管引水入田？他们用脚步丈量了水源到菜地的距离后，又加了几根管子。然后开始分工合作，女孩负责安装水管，她先装了一个两接头，后发现用三接头可以使一次性灌溉面积更大，立刻拆了，重新改装，这时男孩也参与进来。他们边做边拆，边拆边做，折腾了很久，终于用多个三接头完成了他们觉得比较满意的装置。男孩发现取水的地方地势较低，于是他开始寻找有没有可以架高水管的材料。他先用粗树枝、布条绑了一个三脚架想撑高进水处的管道，但还是低，水流不出去，于是他又做了一个更高的三脚架放在刚才三脚架的前面，发现不行，又改放到后面。水从他们设计制作的装置里顺利地流淌到菜地。他们对自己的工作也很满意……

在上述案例中，儿童涉及了如下经验的建构。思维的经验，包括提问和问题定义、进行证据获取和证据论证、解释和设计解决方案、评估和交流信息、开发和使用模型、运用数学和计算思维；有益信息的经验，包括对事物因果关系的认识，规格、份额和数量，结构和功能，稳定与变化，流动、循环及守恒；社会态度的经验，包括人际交往和技能、社会分工与合作、忍耐和辩解、听取别人的意见等；个人品质的经验，包括快乐的情感、直觉、想象力、创造力及坚持性等；

兴趣的经验，包括愉悦的情绪、享受学习过程、发自内心地对学习成果的赞许、骄傲和自豪感、对自己能够改变世界的自信与成功感等。

（二）理性思维和感性思维协同运作的过程

有关研究表明，人的大脑两半球不是各自独立运转的，而是相互补充的。研究通过对儿童在科学学习活动中所用学习方式的微格观察和频次记录发现：儿童的科学学习过程，不仅涵盖了观察、倾听、视听结合、体验、联觉学习等感知觉和联想与想象等感性思维过程，也包含了推理、预测、归类、比较、选择、判断、归纳等理性思维过程（图 1-1）。

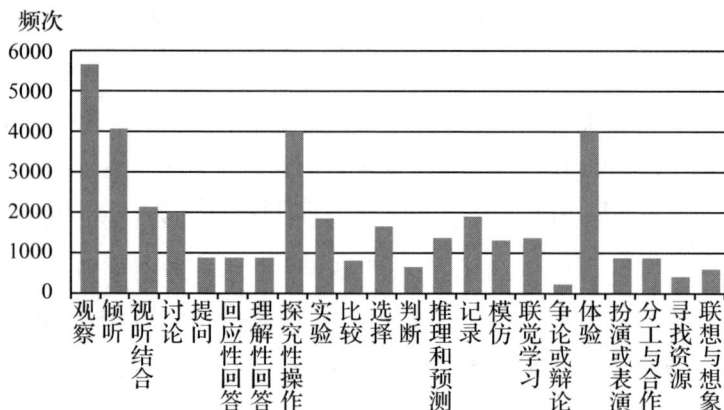

图 1-1　儿童科学学习过程主要学习方式运用总体统计

可见，儿童的科学学习始于感知经验和感性，但并不止于感知经验和感性，而是和理性结合，使学习过程进一步深入。

（三）社会交互辅助于自主探究的过程

20 世纪出现的现象学科学哲学的核心观点是：在一定范围内科学实证理性是正当的，但却不能无限扩张。科学的本质是理性，但是，科学并不是固执于实证理性本身的，而是承载着多样的文化价值。社会交互理论认为人的心理和思维发展也依托于人所处的社会文化环境，学习者在内外部诸因素交互作用的过程中得到了提升和发展。研究发现，儿童的科学学习过程运用了诸如讨论、提问、模仿、扮演式表演、分工与合作等方式，在与他人的互动中迅速学习，并把这种互动过程中获得的知识、经验、技能等移植到自己的探究行动任务中，通过探究性操作、实验验证进行经验重组来达到自己最终的学习目的。例如，"菜田灌溉工程"活动中儿童尝试绑三脚架的行为是其从父母那里学习迁移来的。在此过程中，儿童也已不是单纯地停留在个体"简单探究"的层面，而是多人联合的"工作"，由于这种工作的结果产生了为菜地引水灌溉，使菜苗健康成长的社会作用和意义，因此儿童的科学学习具有了实践的功能。强调科学探究向科学社会实践的转变也是近年来美国科学教育标准化改革的核心。研究通过对活动过程的数据分析也发现，社会交互性是儿童科学学习过程中最重要的本质特征，它在儿童科学学习过程中扮演重要角色。合作与讨论是社会交互性的直接体现，皆有助于提高科学活动的有效性。儿童运用科学语言从事这种社会互动活动，并通过这种互动深化自己的学习。这种交互既是儿童认知和行为发展的需要，也是理性探究在科学实践活动中主导地位的基本保障。

(四)认知、思维、情感和行动等全人参与的过程

通过对数名儿童科学学习活动案例的总结和归纳，我们发现，儿童在科学学习的过程中，自主建构生发了适合于自己的学习行动路径。这一路径大约经过了三个阶段：个体能动发起阶段、社会交互阶段和学习效能获得阶段，如图 1-2 所示。

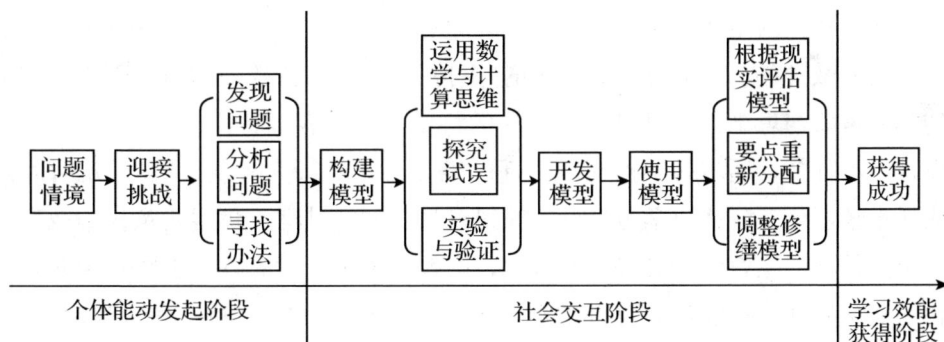

图 1-2　儿童科学学习的路径

初期的模型构建开始于儿童脑海中问题解决的意向或直觉，由意向或直觉形成的假设，在儿童反复探究试误过程中，外显为寻找证据和实验验证的外部学习行为。这种行为使原先头脑中的假设或意向进一步模式化、逻辑化。在现实化和明朗化的过程中，实现模型构建向模型开发和使用的转变。可见，儿童有自己关于世界的"朴素理论"，儿童在自己原有理论的基础上为自己寻找证据，以证明自

己的理论。

综上所述，儿童的科学学习过程是儿童在教师的支持与引导下，通过亲历的活动，对周围物质世界进行感知、观察、操作、对比、实验等，发现问题，寻求答案并把所获经验运用于解决新问题的探索过程。在这一过程中，儿童获得广泛的科学经验、探究事物的方法及产生科学思维萌芽，养成对科学的兴趣，对自然、自身及其相互关系的关注和热爱。此过程是儿童认知、思维、情感、意志、行动等全人参与的过程，是儿童享受生命乐趣与获得生命发展的过程。

四、教师对儿童科学学习的支持

教师支持是指教师为了支持儿童学习而采取的一系列方法、举止、行动。一种是直接显示结果的行为，另一种是由教师的情感、道德、价值观、潜在能力等个性因素影响的内在隐性行为，通过其言行举止、姿势态度、礼仪修养等表现出来，潜移默化地影响儿童。教师对儿童科学学习活动的支持是儿童取得完满学习过程的重要外部支撑。教师的支持贯穿于学习过程的始终，是儿童获得良好学习结果的保证。安德烈·焦尔当认为，学习是与环境互动的结果，但这些互动从来都不是即时的、自发的，在大多数情况下需要一种媒介。他者(如教师)必须促进每个个体的意义的生产，陪伴他，对他的原有概念形成干扰。[①] 儿童科学学习的过程，需要教师(成人)的支持。这里的"支持"是指儿童在教师的引导下，应用恰当的学习策略与思维方法对自己感兴趣的科学学习内容进行主动加工(包括规划与设计学习任务，通过科学探究即内部思维参与外部行为实践)，在一定时间内完成科学学习任务、达成学习目标、获得自身发展的过程。我国儿童科学教育领域，更多关注的是教师"如何教"的过程，即教师按照既定的教学步骤指导儿童习得科学概念和知识技能，而对科学学习过程中儿童如何"学"的过程研究却很少，这种"学"与"教"关系的因果倒置，导致广大教师误导儿童科学学习的现象时有发生，如把各种练习性、验证性操作误解为探究；认为探究只是为了科学经验获得的"某种固定的模式或套路"，"是儿童所记忆的东西或知道的操作程序"。这种片面强调探究步骤的训练与探究技能的习得，忽视儿童内部思维和情感积极参与的

---

① ［法］安德烈·焦尔当：《学习的本质》，杭零译，7 页，上海，华东师范大学出版社，2015。

"形式训练"，直接导致儿童科学学习兴趣和探究精神的丧失。[①] 那么，教师如何科学地引导，才能实现对儿童有效的支持呢？

(一)设置适宜情境与材料，激起儿童思维参与，获取科学经验

儿童的学习是以认识为前提的。认识需要针对具体问题的情境对原有知识进行再加工和再创造，以解决面临的新问题。这就是建构主义所强调的"认识的情境性"。它强调在真实的、情境化的环境中促使学习活动的发生和进行。这与儿童以直观形象为主的思维方式是一脉相承的。因而，编排的、浸润性的、充满互动的、充分激趣的和含有积极加工经验的科学教育情境更有可能让儿童投入其中，产生自然的有意义经验和高效学习，能够在帮助儿童建构科学概念的同时，使他们获得最优的学习体验和大脑发展。

忽略科学学习过程中的儿童思维，尤其是理性思维的积极参与，是当前国内科学教育的主要弊病。杜威认为，科学学习的根本问题之一是如何形成科学的思维方式，要让儿童依靠思维的方式获得知识，而不是偶然或记忆得来，只有在思维过程中获得的知识才能具有逻辑的使用价值。泰勒也认为，在儿童获得解决问题的最初经验时，有必要建构某种情境，以使他按照一般的顺序理解并遵循思维的步骤。因此，教师应通过创设有刺激性的、能激起所期望行为的情境并控制环境，来促使儿童发现头脑中的原有经验、概念与实验现实之间的矛盾，即"认知冲突"，由此在"迷惑""疑问""好奇"等心理波动状态中，进行分析、综合、比较、概括、判断、推理、联想与想象等活动，并调动头脑中已有的经验，最终使新的知识纳入原有认知结构。

因而，把科学学习暗含于一定的"低威胁与高挑战"的解决真实问题的情境和"暗含逻辑关联的材料"中，给予儿童获取科学知识、经验的"原生境域"，以这样方式呈现的知识，更易使儿童理解、掌握和长久记忆。"低威胁"会让儿童具有充分的安全感，他们不用为在哪里可以找到什么东西、有问题可以问谁、可以做什么、和谁一起做而担心，这更易使他们主动自如地投入活动中去。"高挑战"有利于调动儿童原有的好奇心，使其乐于对事情进行解释和决策，主动尝试建立已知与未知的联系，从而形成基于理性探究的个人实践性经验，助力儿童深入活动，

---

① 陈晓芳：《学前儿童科学学习过程及其影响因素研究》，载《教育探索》，2019(2)。

获得最优的大脑发展。皮亚杰也认为，儿童是知识的主动建构者，正是凭借与事物的接触和经验的累积，促进了其个人的认知发展。儿童在区域活动中更多理性思维的参与也与教师提供了"有挑战的情境"和"暗含逻辑的材料"有关。如在"菜田灌溉工程"案例中，如果没有教师借助生活情境设置的"菜苗需要浇水而没有现成浇水器具"暗含挑战的问题情境和只有塑料管的暗含问题解决逻辑线索的材料提供，儿童在学习过程中一系列的思考、建构等均无法产生。培根指出，科学知识来源于对自然事物的感觉经验，感觉表象是认识过程的起点。研究也表明，环境养分能够提高儿童脑细胞的质量。因此，创设基于矛盾而引发认知冲突的学习情境，在情境中放置暗含一定逻辑结构的材料，让儿童用自己的心智去探求、去渴望、去实践、去体悟、去感知、去理解、去吸收、去消化，在动手操作与亲身经历中获得科学知识和经验，就成为教师支持儿童科学学习的第一要务。

(二)基于经验并挑战经验，引发儿童深度学习，体验科学过程

对儿童原有的知识和经验、思维水平、情感态度与能力的准确把握是教师指导和支持儿童科学学习活动的起点。教师应支持儿童在原有经验的基础上，挑战经验，进行"深入"的科学学习。由于教师对儿童的学习能动性和认知能力的低估，教师组织的集体活动在一定意义上不能满足儿童科学学习和发展的需求。因此，研究引入"深度学习"的概念，以"问题"为引领，以"项目"为依托，给儿童充分的自主学习的时间、空间和机会，改变现有的学习内容分散、学习时段割裂的教学模式，从儿童经验的原有水平出发，遵从儿童自身的思维图式，通过情境变化和变式练习，让儿童不断地发现问题、提出问题，通过改组和迁移原有经验，于解决问题的过程中获得策略性和程序性经验。与现存零散、机械割裂的自由区域、集体活动中科学学习过程相比，儿童可以连续几天、几十天从事一个内容有联系的活动。这是一种长期、连续、渐进而螺旋拓展的学习过程；是促使儿童从多角度、多层面充分感觉和知觉某一科学事物或现象，联系真实生活世界进行详细的计划、决策并付诸实施，反思改进，并在此过程中不断地发现问题、提出问题，通过迁移改组原有经验，解决新情境中的问题的过程。

其中，问题和悬念是引发儿童深度学习的"导火索"与"通达路径"。问题导致悬念的产生，悬念可以造成一种急切期待的心理状态，具有强烈的诱惑力，能激起探索、追求的浓厚兴趣，是学习的一种动力心理机制，也是促进认识、强化理

解、提高效果的重要因素。教师应依据学习内容，抓住儿童好奇心强的特点，提出问题，制造悬念，使儿童处于一种"心求通而未达，口欲言而未能"的心理缺口状态，激起思维爬坡，促使其积极主动地参与学习，围绕需求与现实情境的矛盾在脑海中不断地形成假设，合理推断，通过操作材料与实验来验证假设，并在与同伴合作商讨、分工协调的行动过程中，获得完满的心理体验。

在此过程中，儿童不仅是单纯的学习"参与者"，更是他所学东西的"实践者""创造者"。因而，这一过程重点关注的一定是儿童做了些什么而不是教师讲了些什么。

例如，前文提到的"菜田灌溉工程"案例，儿童围绕遇到的问题，在脑海中不断地形成假设，合理推断，动脑动手，通过操作材料与实验来验证假设，并与同伴合作商讨、分工协调的行动过程中，推翻再改良，周而复始，螺旋提升……所有"问题"解决了，"项目"也就基本完工了。最终达成科学学习活动结束时心理完满状态的体验。和现存分散、割裂的科学学习相比，这是一种渐进的、连续的学习过程。

（三）"理性"与"人文性"统一，感悟科学伦理，促进学习整体意义的建构

儿童的科学学习包括了"学科学""做科学"和"理解科学"。"学科学"强调的是科学概念或知识的建构过程；"做科学"强调的是科学方法和过程的学习；"理解科学"强调的是理解科学知识和科学方法的本质，从而感悟"科学为人类造福"的伦理价值，提升科学的人文素养。

一方面，科学是"格物致知"的一种途径，其基本特点是以实证为判别尺度、以逻辑为识辨武器、以怀疑为审视出发点，即科学的"理性"；另一方面，科学最终的价值是造福人类，这是科学的"人文性"。研究结果表明，当前儿童的科学学习，一方面表现为"理性"不足；另一方面又表现为"人文性"的缺乏。增强儿童的理性，就要让他们在对待科学事物和现象时，形成如上的发现问题、分析问题、解决问题的理性思维范式。这种思维范式有助于儿童客观、公正地看待世间的一切事物，发现事物之间的联系，事物的多样性和事物自身的发展变化性。增强儿童对科学"人文性"的认识，即儿童的科学活动最终需要和儿童的情感相联系，让儿童在科学学习过程中形成对周围世界积极的态度和情感体验。现代脑科学研究表明，脑通过范式寻求意义；脑会主动感知和产生范式；情感是形成范式的关

键，是脑的基础，在决策中扮演重要的角色；积极的情感推动思维的产生、延展及飞跃。因此，教师应在关注儿童"理性"增长的同时，注意调动其情感的力量，促进知、情、意、行的统一，达成完整学习的"全收获"，这是教师支持儿童科学学习的最终目的。例如，在"寻宝"科学活动中，通过满足儿童当一名"探险家"的欲望，激起儿童心动、情动后，提出一系列问题"寻什么宝""到哪儿去寻""需要哪些工具""需要用到什么知识和技能""可能会遇到哪些困难"等。大家就这些问题共同思考，设计规划学习任务。每天朗读一段"探险故事"，一起学习如何观察地图，认识地图方位，根据地图寻找相应地理位置，学习使用"指南针"，认读数字，设计路线，一起学习过独木桥、钻岩穴、爬树、搭帐篷、野外烧烤等相关的远足和野营的生活技能训练；帮助同伴，和同伴一起克服困难等，最终寻得"宝贝"……这一系列教师与儿童共构的学习活动的设计组织与实施，帮助儿童把"寻宝"事件和儿童的数学学习、科学学习、语言学习、生活技能学习、社会交往、身体锻炼相结合，以达成各领域知识、技能的相互联系与融合，建立了有益的科学核心经验和跨领域经验。同时，儿童也形成了过程性、境遇性、情感态度性、技能性、体验性的经验，并在真实的社会生活情境中综合运用这些经验，达成了认知、思维、情感、行动相互连接、协调发展，促进科学学习整体意义的建构。

第二节　儿童的艺术学习

儿童是"天生的艺术家"。自然物和自然现象的色彩、线条、形状、结构、音韵节奏等无不引起儿童模仿、探究和表现的兴趣、愿望。本节将从儿童艺术学习的内涵、儿童艺术学习的特征、儿童艺术学习的过程实质及教师对儿童艺术学习的支持几方面加以具体阐述。

一、儿童艺术学习的内涵

(一)艺术

艺术是用形象来反映现实但比现实有典型性的社会意识形态，具有美学价值或哲学价值。其通常会借助语言、文字、美术、音乐、形体等手段或媒介塑造形象、营造氛围，来反映现实、寄托情感。现代艺术包含了语言(文学)、美术(绘画、雕塑等)、表演(音乐、舞蹈)、综合艺术(戏剧、电影)等。艺术具体来说，其有三层含义：一是如上文所述的通过塑造形象以反映社会生活而比现实更有典型性的一种社会意识形态，如文学、绘画、雕塑、音乐、舞蹈、戏剧、电影、曲艺、建筑和语言等。二是指富有创造性的方式、方法，如管理艺术等。三是指形象独特优美，内容丰富多彩，如这房间布置得很艺术。

艺术起源于人类的社会劳动实践，是一定社会生活在人们头脑中的一种反映，是人类在实践活动中通过积极的意识活动对自然和社会进行思考并产生审美化的产物，是人类生存状态的特殊显现和高度浓缩与提炼，是最终表达与揭示生命真谛的灵魂奇遇。艺术具有以下基本特征。

一是自然性。艺术是人为之物，但其具有深厚的自然特性。这是因为艺术是在人的对象化劳动过程中产生的，其对象是自然存在物，这使得艺术的根基还是在自然存在物上。同时，艺术并不是人脑对事物的歪曲反映，而是根据对象的自然本性，加上人类的主观意识产生的，或者说是不同时代的人基于当时的历史文化基础对自然存在物进行的再创造。换言之所有艺术品都天然具有自然的基因。

二是生活性。踪迹难觅的自然风光是迷人的，但那并不是艺术。对这些自然风光的再加工如照片则因为人的介入而成为艺术。可见，艺术源于人们的社会劳动实践，而人们的社会劳动实践本身就是生活的重要内容，这使得生活性是艺术的天然本性。脱离了生活趣味的艺术是没有生命力的，正是生活赋予了艺术——人的气息，艺术也才成为人类独有的产物。

三是审美性。艺术是人为的结果，产生的是符合事物自然本性或规律的文化形式，同时也是符合人类审美特性的产品。艺术能够深入人的内心世界，激发人类社会的积极情感，因此并不是任何人类对象化劳动的产品都可以成为艺术，只有那些深刻体现人类面对自然和社会时的创造性活动，能唤醒生命个体对美、善之事物的热情的文化形式，才可被称之为艺术，可见审美性是艺术的重要特征。

(二)儿童的艺术

《3—6岁儿童学习与发展指南》指出："艺术是人类感受美、表现美和创造美的重要形式，也是表达自己对周围世界的认识和情绪态度的独特方式。""每个幼儿心里都有一颗美的种子。""幼儿独特的笔触、动作和语言往往蕴含着丰富的想象和情感。"基于此，我们认为：儿童的艺术是儿童用形象的笔触，去表现和表达自己对周围世界的认识和情感的一种方式，用其自己的心灵去感受和发现美、表现和创造美的过程，是儿童的思想、情感、态度的一种主观表达。

(三)儿童的艺术学习

儿童的艺术学习是其在教师或其他成人的支持与引导下，通过观察、倾听、体验、模仿、联想、想象等，以声音、动作、形象等表现和表达自己对世界的认识及情感态度的过程。在此过程中，儿童最终获得想象力，创造力，审美能力（感受美、表现美、创造美）以及情感和个性的发展。

1. 艺术学习是儿童认识世界、表达世界的一种方式

艺术提供了独特的传递符号系统。儿童使用各种艺术媒介、符号以及隐喻进行独立地创造并展现那些能表达和交流他们的想法的作品，并且能够通过分析和解释来回应他人的艺术性交流。例如，刚刚学会站立的婴儿便会随着音乐的节拍自由而和谐地律动自己的身体；3 岁的孩子便能用自己手中的画笔表达他对事物的感受和理解。罗恩菲德和布里顿在 1987 年提出了儿童美术发展的具体阶段，主要包括涂鸦期、前图式期、图式期、写实萌芽阶段、拟写实阶段。儿童通过经历这几个代表性的阶段，用典型的线条、图形、色彩来表现自己对周围事物的认识和感受程度。这些阶段与认知理论中的发展阶段相对应。在每个阶段的创作中，儿童会自发地表现出感情、智能、身体动作、知觉、社会性、美感、创造性等方面的成长与发展特征。艺术教育应该按照儿童发展的阶段及年龄特征，为他们提供自我表现的机会，引起并维持儿童创作的动机，让他们自由自在地进行自我表现。[①] 儿童在艺术学习过程中，利用观察、倾听、感知觉体验等，把自己对周围世界探究的经验和思考的结果，用动作、形象、音符、声音等表达和表现出来。在此过程中，他们也通过发现问题、提出问题、解决问题的思维过程来进行艺术表达和创作。

2. 艺术学习是儿童认识自我、表达自我的一种方式

《幼儿园教育指导纲要(试行)》明确提出：艺术的创造过程和作品是他们表达自己的认识和情感的重要方式。艺术教育的目标之一便是让儿童"喜欢参加艺术活动，并能大胆地表现自己的情感和体验"。艺术创作和艺术欣赏的过程，不仅

---

① ［美］罗恩菲德：《创造与心智的成长》，王德育译，47 页，长沙，湖南美术出版社，1993。

是儿童表达情感的过程，也是儿童建构情感的过程。精神分析理论把艺术描述为儿童表达深层情感和感受的一种方式，是情感宣泄的出口。儿童通过艺术的某些手段和方法释放内心的对自己、对他人、对世界的感受……儿童主要通过线条、色彩、形象、声音和动作等去描绘、去展现，如此直接地把他们的情绪宣泄出来。例如，一名儿童在完成了他的陶土瓶制作之后，想要给他的陶瓶画上美丽的画，于是他一边想象着，一边自言自语地说："世界上很多著名的画家都是因为'乱画'而出名的，乱画才美……嗯嗯，就这样，没错！"于是他就给他的陶土瓶涂上了各种各样的颜色，看着这些他觉得漂亮的色彩，他非常高兴，一边手舞足蹈，一边大声地哼唱起来："哈哈哈哈，我的陶土瓶变成了万种颜色之瓶，真是漂亮啊。"可见，儿童的艺术学习和创作的过程更是一种想法释放和情感宣泄的过程，他们独特的笔触、动作和语言蕴含着丰富的想象和情感，他们画其所想而非画其所见，唱其所感而非唱其所听。

3. 艺术学习是儿童丰富童年生活的精神乐土

康定斯基在其著作《论艺术的精神》中指出艺术的本质因素是"内在需要"，而这种"内在需要"就是人作为生命之物所具有的一种心灵的冲动和创造性的精神。精神的力量是艺术不可或缺的品质。美国的艺术教育标准也提出，艺术在发展学生的直觉、推理、想象、创造、平衡各种思维方式、交流、自信、自尊、自律、合作、竞争等认知、技能、情感因素中起着重要的作用。儿童在音乐中感受到心情愉悦；在创意绘画中意念自由徜徉。因而，儿童的艺术绝不是表演给别人看的，而是他们重要的表达方式，是真实生命状态和内在精神世界的自然流露，是丰富童年生活的精神乐土。

二、儿童艺术学习的特征

(一)儿童艺术学习的先天性

艺术是由一系列感性符号所组成的，如绘画中的线条、形状、色彩，音乐中的音色、节奏、旋律，舞蹈中的形体、动作等。这些感性符号构成艺术的形式美，这是艺术的基本规定性。有研究表明，儿童很早就拥有了艺术形式感。比如，他们对简洁、对称、秩序、节奏、和谐等形式具有明显的喜好；他们能够很好地把握这些形式，并在其中获得愉快、舒服的感受。学前儿童已经对色彩的冷暖、情感特色有了较强的感受力，如他们会说黄色让他们感到快乐、紫色想到悲伤等；他们能够感受直线表示坚硬，曲线表示柔软；他们表现出对和声、音调和节奏的兴趣等。孔起英认为，儿童具有的先天形式感——"一种具有吸收性张力结构的审美先在图式"，是儿童艺术学习的原发动力。她认为，儿童产生审美与艺术活动的心理机制是儿童存在的一种具有吸收性的张力结构——先在审美图式，它是儿童在深层心理，即集体无意识、个人无意识和当下的意识经验相结合的产物，是通过情感的共识性作用形成的自组织。集体无意识可能在儿童的无意识的幻想中出现，瞬间直觉，儿童并不自知。集体无意识潜伏在审美心理结构形成的底层，是儿童审美与艺术活动的原发性动力。其通过无数次心理活动及情感调节，积聚心理能量，对儿童的审美与艺术活动起继发性动力作用和定向作用。他们以隐态的形式存在于儿童的心理结构中，时时撞击儿童的心灵，使他们投入审美与艺术活动。儿童在活动中，情感能量得到疏解，体验到一种轻松愉快的感觉。这正是儿童对于审美对象自由反应的重要前提。隐态的东西积淀的越深厚，能量冲动的作用转换越鲜明，而后呈现出显态的、定向的审美活动，即后天明确的审美意识形成，主要表现为儿童的审美期待视野。通过同化和顺应的过程形成后天生活经验和审美经验。[①] 边霞、王任梅也认为，"先天的自然结构"构成了儿童早期有关美感感知和反应的理解及心理机制，并通过直觉感受、联觉体验和移情作用等来学习艺术。[②]

(二)儿童艺术学习的直觉性

直觉性是指从直接经验的其他性质和关系中概括形成的空间的直接感觉，即未经思维推理的直观感受。蔡子谔的研究表明，儿童在学习艺术时，通过视觉意象直觉方式的"闪现"和"暗示"达成对世界的掌握。由灵感蹦发时的"心灵烛照"的"闪现"和"暗示"的心理机制具有融合作用，促使客观与主观存在于意识物象与情谊的相互作用中，以达到物我一体的最高审美境界，即儿童艺术学习的直觉

---

① 孔起英：《论儿童审美与艺术行为的心理机制》，载《南京师大学报(社会科学版)》，2003(1)。

② 边霞、王任梅：《儿童都是艺术评论家：论儿童欣赏和理解艺术的可能性》，载《教育研究与实验》，2012(6)。

性。[①]

阿恩海姆认为，艺术是心灵生长的精神花朵，而不是外部物理对象的机械复制，是视觉意象的闪现或暗示，是通过视知觉的直接感觉来达到对事物本质属性的抽象的理性认识，即心灵对外物的解释，而不是事物本身。[②] 这一理论也在儿童身上得到验证，如婴儿先会咿呀哼唱后才会说话，先会随着节奏跃动身体然后会站立和走路。

(三)儿童艺术学习的联觉性

联觉又称艺术通感，在心理学中是表示各种感觉间相互联系、相互沟通的一个概念。格式塔心理学认为，通感是因为同形同构或异质同构而在神经系统中产生某种相同的电脉冲、某种相同的效果，不同的感觉相互作用、相互沟通所产生的一种特殊心理现象。由于外界事物的统一性和儿童认知的整体性，儿童的审美联结机制使得其较之成人更加善于把不同的感觉串联起来，使之相互作用、相互沟通。联觉反应正是儿童思维方式整体性的表现，儿童的心灵渴望联结并善于联结，因而，儿童具有审美知觉的多通道性。儿童审美知觉的多通道性与儿童具有的艺术通感能力相关。这表现在儿童的心理意象里，仿佛视觉形态的颜色有了冷暖，听觉形态的声音有了形状，嗅觉形态的香臭有了锐钝等。正因为拥有的艺术通感能力，儿童仿佛可以从画面中听到声音、闻到气味，听音乐时则可以产生视觉表象、触觉表象等。由于外界事物的统一性和儿童认识的整体性，儿童的审美联觉机制较之成人更容易形成，并通过其言行、情态表现和表达出来。例如，儿童会说："啊！我呼吸着这甜美的风景！这是我心中最美的风景！"这在成人看来是一个用词不当的病句，但却是儿童联觉审美机制形成的最真实的反应。

联觉反应能够促进灵感的生成。正如培根所说："音乐的声调摇曳和光芒在水面浮动完全相同，那不仅是比喻，而是大自然在不同事物上印下的相同脚印。这一切均是以人的感受音乐的耳朵和感受形式美的眼睛为前提的，唯其如此，人

① 蔡子谔：《艺术思维"闪现"和"暗示"的理性认识机制及其审美机制——关于艺术掌握世界的方法论的再思考》，载《社会科学战线》，1997(2)。
② ［美］鲁道夫·阿恩海姆：《视觉思维》，滕守尧译，66－67页，北京，光明日报出版社，1987。

才能更好地享受到联觉反应给人类带来的云波诡异、独具魅力的审美愉悦。"美国心理学家克雷奇也指出,在联觉现象中,生发出一种惊奇的感觉的相互作用,即某种感觉感受器的刺激也能在不同感觉领域中产生经验。

灵感是指不用平常的感觉器官而能使精神互相沟通,亦称远隔知觉,或指无意识中突然兴起的能力,或指作家因情绪或景物所引起的创作情状。联觉与灵感,虽在"闪现"和"暗示"的心理形式中相伴,但是灵感接通的是主体对客体的反应,而联觉则是将主体对客体反应的各种不同的感觉器官,以及其不同感觉形态的反应一并沟通、串联起来,其沟通的主要是感性认识。而灵感沟通的则既有感性认识,也有理性认识。例如,儿童觉得夏天很热,他们看到行人打伞遮阳就突发奇想:"如果能造一个足够大的太阳伞罩住地球就好了。"

(四)儿童艺术学习中的移情作用

什么是移情作用?朱光潜认为,它就是人在观察外界事物时,设身处在事物的境地,把原来没有生命的东西看成有生命的东西,仿佛它也有感觉、思想、情感、意志和活动,同时,人自己也受到对事物的这种错觉的影响,多少和事物发生同情和共鸣。[①] 可见,移情不只是个体将主观情感及意志投射在客观事物上的单向体验过程,而是物我同一双向影响的情感沟通。这里,我们可以看到黑格尔的"自然人化"理论的痕迹——它主要有两种表现:一是当审美主体感知到对方的某种情绪时,自己也能体验到相应的情绪,如观众与戏剧中的角色同喜同悲的现象,这是可能相似的生活经历和经验引起的;二是审美主体带着自己的主观情感去观察外界事物时,把情感移入对象之中去,使审美对象,包括无情感的自然景物也具有了与审美主体一样的情感,因而产生了共鸣,如唐朝诗人杜甫的著名诗句"感时花溅泪,恨别鸟惊心"就是如此。

儿童的艺术活动中存在着多种形式的移情,它们共同构成了儿童整个审美心理过程中的一个关键环节,它们需要多种理论去共同解释。通过移情作用,作为主体的儿童与审美对象融合为一体,获得丰富的审美情感体验。一般认为,儿童的审美移情可以分为三种:基于心理力—生理—物理力的移情、基于个体生活经验的移情、基于意义理解的移情。

---

① 朱光潜:《西方美学史(下册)》,597 页,北京,人民文学出版社,1979。

首先是基于心理力—生理—物理力的移情。儿童健全的感觉器官为移情作用的发生提供了物质基础。他们对色彩、线条、声音等，均会产生一种能量转换和生成。儿童会说："我看到这片绿色，感觉它一直往上长。""绿色很愉快、很凉快、很舒服，我很喜欢绿色。""正方形放在那边，很平稳，很安全，如果是圆的，就会滚来滚去。""这个声音很高亢，我感觉在向上用力，声音低时，我觉得东西掉下去了。"格式塔学派为这种现象做出了分析。格式塔学派引用了物理学中"力"和"场"的概念来探讨这种知觉组织活动。在格式塔学派看来，外部自然事物和艺术形式之所以具有人的情感性质，其主要是外在的力（物理的力）和内在的力（心理的力）在形式结构上的"同形同构"或"异质同构"。这两种结构虽然不同，但由于它们本质上都是力的结构，所以会在大脑生理电力场中达到合拍、一致或融合，当这两种结构在大脑力场中达到融合和契合时，外部事物（艺术形式）与人类情感之间的界限就模糊了，正是由于这种精神与物质之间的界限消失，才使外部事物看上去有了人的情感性质。当某一特定的外部事物在大脑电力场中造成的结构与伴随某种情感生活的力的结构达到同形时，这种外部事物看上去也有了该情感的性质。阿恩海姆同时也指出，推动我们自己的情感活动起来的力，与那些作用于整个宇宙的普遍性的力，实际上是同一种力。在阿恩海姆的理论中，生理是物理与心理的中介，也就是说，物理、生理、心理，三者之间的媒介就是"力"。通过"力"的作用，自然万物、艺术形式与人的知觉组织活动及情感之间形成了根本的同一，即虽然可能互为异质，但彼此结构相同，这就是"异质同构"。

其次是基于个体生活经验的移情。这个过程通过联想而和审美主体的生活经验相联系，其结果不带有普遍的公共认同性。面对同样的作品，人的移情常常不尽相同，儿童也不例外。这主要是情感、心境的不同所致。例如，儿童在欣赏过《母与子》的绘画作品后，有的说这里有妈妈的爱，感觉到很温馨、很高兴；有的则想念起自己远在外地的妈妈，体验到淡淡的哀愁和悲伤……这个过程，也正如立普斯所说："移情作用所指的不是一种身体感觉，而必须有情感的参与，把自己'感'到审美对象里去，任何种类的器官感觉都不以任何方式闯入审美的观照和欣赏，按照审美观照的本性，这些器官感觉是绝对应该排斥出去的。""这种向我们周围的现实灌注生命的一切活动之所以发生，而且能以独特的方式发生，都因为我们把亲身经历的东西，我们的力量感觉，我们的努力，意志、主动或被动的感觉，移到外在于我们的事物里去，移到在这种事物上发生或和它一起发生的事物里去。这种向内移置的活动使事物更接近我们，更亲切，因而显得更易理解。"
"在对美的对象进行审美的观照之中，我感到精力旺盛、活泼、轻松自由或自豪。但是我感到这些，并不是面对着对象或和对象对立，而是自己就在对象里面……这种活动的感觉也不是我的欣赏对象……它不是对象的，即不是和我对立的一种东西。正如我感到活动并不是对着对象而是就在对象里面，我感到欣赏，也不是对着我的活动，而是就在我的活动里面。"①

最后是基于意义理解的移情。这种移情的发生是建立在对对象的内在意义属性的理解基础上的。它以一种概念化的认识作为心理与审美对象的中介，往往与产生意义的文化相联系。这种审美移情的主要对象是事物的内在属性和特征，在人的普遍观念中，对象的内在特征与人的心态、人格、情感等结合在一起。例如，中国的"松、竹、梅"并称"岁寒三友"，它们与中国人的道德观念紧紧相连；西方的古典建筑与人的宗教观念密不可分。由于儿童的认识水平有限，这种移情并不能在儿童身上普遍发生。它是随着儿童认识水平的提高而逐步发展起来的。

当然，在儿童艺术学习的审美过程中，情感的因素不是孤立的。情感元素与整体中的其他生理和心理构成元素，如知觉、想象、理解等是有机地联系在一起的，相互推动又相互制约着。情感靠知觉的通道与外界事物发生联系，知觉因有情感的参与而使知觉的表象具有了情感色彩——情感在推动想象活动的同时，想象又载着情感自由地翱翔——理解越深刻情感越强烈，而强烈的情感又要受理解心理机制的制约和规范。儿童的审美，正是在心理诸元素全部激活的心理场中进行的，所以艺术教育强调体验，强调儿童通过听、看、触、动等多种感觉直接面对审美对象，并介入已有的知识和经验，从而获得对象的整体意义。应该说，各种感觉的交汇融合是人的创造力、想象力的源泉，相比单一的感觉，它能够使人更深入地把握和理解事物。尽管每一种艺术形式在发展人的感官方面有所侧重，但艺术活动的发生需要调动全身各种感觉器官，需要视、听、触、动等多种感觉的协调配合，比如完美的器乐演奏一定要依靠肢体某些部位细致、精确的运动才能完成。同样艺术的欣赏者也只有调动了全身的感觉才能更好地感受、理解艺术。加登纳认为，儿童的审美与艺术能力成长的过程，既受儿童审美与艺术心理先天遗传气质的影响，同时又受后天意识层面的生活环境培养、训练及其期待视

---

① 周来祥：《西方美学主潮》，814 页，桂林，广西师范大学出版社，1997。

野建构的影响。[①] 主体只有将已有的经验、情绪、兴趣、意志的目的指向性融入对当下对象的知觉当中，才能将一般感性映象升华为审美意象。例如，当看到潺潺流淌的小溪时，人们立即感到它的欢快和生机；看到黑云压城的景象时，感到威胁和压抑；看到滔滔东去的大江时，感到岁月的流逝和历史的无情……

(五)儿童艺术学习的直观性

直观性是艺术的基本属性之一，是审美对象能够使欣赏者从中进行直接观照的特性，是审美对象区别于科学对象的重要标志之一。其主要表现在两个方面：一是具体性，任何审美对象都可使人们凭借自己的审美感官和心灵进行最具体的感受，并在脑海中展现出具体的审美意象；二是直接性，人们在欣赏美的对象时，无须进行反复持久的逻辑思考即可在精神上、情感上获得难以言传的审美愉悦。在美学史上，康德和黑格尔对直观性都有过论述。康德认为，美是不依赖概念而作为一个普遍愉快的对象被表现出来的……如果人只依概念来判断对象，那么美的一切表象都消失了。[②] 这里已经可以看到艺术审美的直观性的特点。黑格尔则认为美既有理性的内容，又是一种灌注生气的形象，它可以使人从中观照自己、认识自己、思考自己。

儿童的艺术学习具有直观性。这种直观性既是由于对象的直观性造成的，又是由于儿童的思维特点决定的。儿童艺术学习的直观性可分为感性直观和本质直观。胡塞尔认为，尽管想象是传统经验美学的感性直观和本质直观都具有的意识行为，但是感性直观和本质直观是有区别的——感性直观是对具体对象进行无中介的看，而这种看只具有个别性而无普遍性，即黑格尔所说的"灌注生气的形象"；本质直观不只是感性的、经验的看，而且是一种精神之看，它能把握事物的本质，即黑格尔所说的"理性的内容"。感性直观偏重于知觉，而本质直观更重想象，因为对象的意义远大于我们所能看到、听到的部分，只有通过想象的自由才能达到对象无限的丰富性。如图1-3是一个2.5岁的孩子画的一只她看到的图片上的小鸭，以及她15分钟之内在成人提示下不断地改进自己的作品的过程。

---

① H. 加登纳：《艺术与人的发展》，兰金仁译，106 页，北京，光明日报出版社，1988。

② ［德］康德：《判断力批判(上卷)·审美判断力的批判》，宗白华译，60—100 页，北京，商务印书馆，1964。

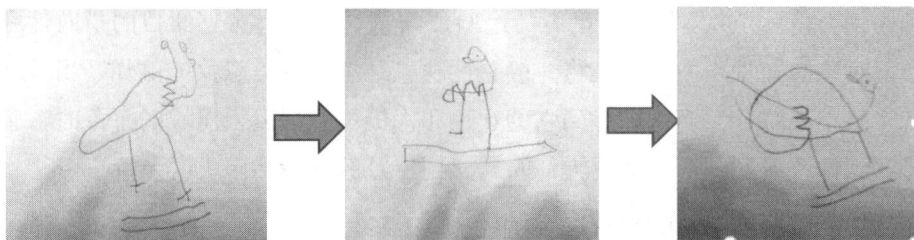

图 1-3   2.5 岁的心宝画的小鸭

上面这三只小鸭可以看出一位 2.5 岁孩子从"感觉的直观"到"本质的直观"演进的过程。开始，她先看到了小鸭的头颈、身体和腿这三个主要部分。她所画的第一只小鸭，虽是一只侧面小鸭，却画了小鸭有两只眼睛，因为在她的知觉印象中，小鸭是有两只眼睛的，尽管她画的是一只侧面的小鸭，她还是画了两只眼睛，并在脖子下方用锯齿形的曲线表现了小鸭的翅膀。这样的一幅画，完全是基于她的"感性的直观"。当她发现她画的小鸭与图片上的不一样时，又画了第二只小鸭。她所画的第二只小鸭，对头部的形状进行了修改，增加了头部的轮廓和小鸭的嘴，把两只眼睛改成一只眼睛，用一条长线连接了翅膀和头部，以表示她所见到的小鸭细长的脖子，用小波浪线来表示小鸭的翅膀，并且翅膀的位置有了明显的改善，这与图片上的小鸭开始有些形似，但却丢掉了身体的轮廓。她所画的第三只小鸭，不但有了身体的轮廓、翘起的尾巴和上翘的嘴角，还耷拉着翅膀，弓着背，这只小鸭看上去休闲、愉悦而舒适。简单线条连接的简笔画背后的实质，确是加上了她的联想和想象，此或已达到一种"本质的直观"。

艺术是人用感性形式为诗性智慧赋形的结果，即在感性直观基础上体现本质直观。儿童先天具有的形式感为他们表达质朴的诗性智慧创造了条件。儿童的艺术，是儿童"诗性"与"思性"的结合。儿童的诗性智慧表现在他们不是以概念、逻辑去把握事物，而是通过身体的各种感觉和动作去感受、行动和思考，他们使自身作为一个有机整体与外在事物进行交流，从而获得一体化的感受，即马克思、恩格斯所说的"在他所创造的世界中直观自身"。因而在艺术教育中，我们应改变过去重视儿童能否从形式上区分不同风格的作品，更要关注儿童通过什么方式发现风格的意义，也就是艺术教育不仅要培养儿童的审美感知力，提高他们对色彩、线条、形状、音符等形式要素及其关系的识别、对表现性的感受能力等，而且应培养儿童解释、想象作品，赋予作品多重意义的能力。

三、儿童艺术学习的过程实质

对儿童艺术学习过程的认识源于美国国家教育进步评价（National Assessment of Educational Progress，NAEP）艺术教育评估框架。1997 年，美国开始在国家层面注重对儿童艺术学习过程的研究，首次明确了艺术学习主要分为"过程"与"内容"两大类目，并指出"这两大类目相互交融，共同构建了艺术教育体系"。

本书借鉴约翰·比格斯（John Biggs）的前提（Presage）、过程（Process）、结果（Product）3P 学习过程模型理论中关于学生学习的过程由学习动机、学习策略和学习方法组成的观点，认为儿童艺术学习的过程应包含艺术学习兴趣和艺术学习方式两大要素。研究通过对多地儿童在自由艺术探索活动、艺术区域活动、集体艺术教学活动中学习兴趣表现和学习方式运用的现场观察与数据分析发现，儿童艺术学习过程中的学习兴趣和学习方式两大要素的诸多方面，在自由艺术探索活动、艺术区域活动、艺术集体教学活动中表现出显著差异。在学习兴趣表现方面，儿童在自由活动中心情愉悦、积极行动的表现显著高于区域和集体活动；儿童在区域活动中神情专注、积极提问的表现高于自由和集体活动；儿童在集体活动中积极思考的表现高于区域和自由活动。在学习方式的运用方面，在自由艺术活动中，儿童更多运用模仿、体验、分工与合作、争论与辩驳等学习方式；在艺术区域活动中，儿童更多运用观察、讨论、描述、提问、探究性操作、联觉学习、寻找资源、比较、选择、联想与想象的学习方式；在艺术集体活动中，儿童更多选择倾听、视听结合、记录等学习方式，由此得出以下结论。[①]

（一）艺术学习是儿童的内在需要

通过对儿童在自由、区域、集体不同情境艺术活动中的学习兴趣表现和学习方式运用的数据收集和分析，我们发现，儿童在自由艺术探索活动中心情更愉悦，行动更积极；更多运用模仿、直觉体验、争论与辩论、分工与合作的学习方式。这说明艺术是儿童的"内在需要"，儿童天性爱艺术，喜欢从事与艺术有关的活动，懂得享受艺术过程给自己带来的愉悦；不管外界环境如何变化，儿童均会按照自身的需要，完成自己的活动，以达到心理上的圆满和满足。因此，儿童的

---

① 陈晓芳：《儿童艺术学习的过程与教师指导策略研究》，载《西北师大学报（社会科学版）》，2019（2）。

艺术绝不是表演给别人看的，而是他们重要的生存方式和表达方式，是真实生命状态和内在精神世界的自然流露，是人作为生命之物所具有的一种心灵的冲动和创造性的精神。

(二)整合的艺术学习方式促进儿童审美感性与理性的协同发展

康德、席勒与伽达默尔等人认为实现人的感性与理性二重性统一的根本途径在于"审美"。儿童是用整合的学习方式学习艺术的，其艺术学习的过程既有赖于感性的思维过程，同时也离不开比较、选择、判断、推理与预测等理性思维过程的支撑。感性的思维过程由审美感觉、审美知觉、审美想象、审美创造构成。审美感觉是审美对象外在、表面、局部的审美特性在大脑中形成的主观反射、反应和摹写。它以对象的感性形式为源泉，主要通过视听感官接受外界事物的形状、线条、光线、色彩、声音及其运动、变化的刺激，形成信息，传入大脑视听中枢，引起心理反应，并与呼吸、脉搏的节奏以及视神经、听神经的感受性相适应，从而形成生理的快感和初级的美感。审美感觉能力具有遗传获得性，但主要是在后天的审美实践中形成和发展起来的。其包含了听觉、视觉、触觉、味觉、嗅觉等，与儿童的观察、倾听、视听结合、探究操作等学习方式紧密相连；审美知觉是审美主体对审美对象所进行的综合、整体的把握活动，是透过事物的形式达到对它们的情感表现的把握。审美知觉是在感觉的基础上发展起来的，又是在社会条件的直接作用下形成的，主体只有将已有的经验、情绪、兴趣、意志的目的指向性融入对当下对象的知觉当中，才能将一般感性映象升华为审美意象。其包含了直觉、通感、表象、记忆等，与儿童的直觉体验、模仿、联觉、描述等学习方式紧密相连；审美想象是指在主体情感的推动下，按审美需要、审美理想展开的想象。审美需要借助想象而具体化，最终形成审美意象而达到一种深层的感动和理解，领悟到难以言传的生命价值与意义。其与儿童的联想与想象等学习方式紧密相连。例如，一名儿童创作了一幅各种颜色、形状的线条扭曲地交织在一起的画，对于这一张在成人看来那么"杂乱无章、无任何美感可言的"画面，却是儿童口中的"各种事物在大火中燃烧而疼痛难忍"的场景。这里，儿童用抽象的绘画语言形象地表达了他的经历、想法和感受，给人强烈的心灵触动。审美创造是指人在审美中能动创造的能力，包括创造新观念、新理论、新思维、新方法、新手法的能力和创造新审美意象、新艺术形象的能力。其包含了情感、意志、灵感、顿悟等，亦与儿童的体验、讨论、提问、探究性操作、扮演与表演、分工与合作等学习方式紧密相连。这些感性的思维过程，由于其自身的敏感性、跳跃性、零散性、跨界性、突变性、集群性、逆向性、偶然性等，而呈现一种非常活跃的张力状态，因而儿童的艺术学习主要依赖于感性。而理性思维的参与，又使得这些直接由心灵生长的感性的"精神花朵"，如审美直觉和感觉意象等直接升级到对事物本质属性的抽象的理性认识，而不只是外部物理对象的机械复制，从而使得儿童在提炼简化这方面比大人做得好。儿童能够本能地将事物提纯、简化，把事物最重要的特征、最本质的东西反映出来。这可以帮助儿童加深对事物的审美理解。脑科学的最新研究也指出，虽然人类的左右脑各有不同的责任分工，但艺术活动中的创造过程由左右脑同时提供各种不同的思维方式来实现，这个过程，也为儿童大脑的不同部分发展提供了活动的机会。在艺术活动中，正是知觉、想象以及理解、阐释等意识活动的参与，人的审美体验才能从表层走向深层，从在场延伸至无穷的不在场。

（三）充分而富有结构的环境材料促使儿童更多使用深层学习方式，获取更完善的艺术学习过程

马顿和萨尔戈于 1976 年首次把学生的学习方式分为深层学习方式和表层学习方式两种。深层学习方式是指那些倾向于智慧运用和问题解决的学习方式，已经被大量研究证实其具有高质量的学习结果和能够获得积极情感；浅层学习方式是仅仅指向材料的实行了机械学习的策略，其同样也被证实了获得低质量学习结果，并在情感上会感到不满足、厌烦和不喜欢。此后多个研究也表明，深层学习方式会导致后天突出的成就。由于"观察、提问、讨论、探究性操作、联觉学习、比较、选择、判断、推理与预测、争论与辩论、寻找资源、扮演与表演、分工与合作、联想与想象"等，更多地体现出了"联通性""变动性"和"创造性"的深层学习的特点，因而，属于深层学习方式范畴。有研究表明，在艺术区域活动中，儿童更多选择诸如上述的深层学习方式。这是由于艺术区域活动中，自由、自主的学习环境和充分而富有结构的材料更能激发儿童深入探究学习的欲望，使得儿童能够在自主选择和自由表达中较长时间专注、沉浸于自己的学习过程与状态中，如此更有利于儿童加深对艺术的理解，建立起"复合"的艺术经验——不仅学习艺术，而且通过艺术而学习，从而取得良好的学习成效。例如，儿童在区域艺术活动广泛地运用讨论、扮演与表演、分工与合作等学习方式的过程中，使彼此很好地联系在一起，感受到自己被同伴接纳并悦纳同伴，理解自己并理解他人，积累了社会交往技能和营造良好人际关系的经验。

四、教师对儿童艺术学习的支持

在我国的儿童艺术教育实践中，艺术学习的过程大多被教师当作灌输知识、技能训练及机械模仿的过程。同时，由于教师对儿童艺术学习的过程认识不足，在艺术教育中，教师尊重儿童的兴趣和自我选择不够，强调教师权威，忽视儿童探究体验，环境相对封闭等问题，导致儿童的艺术学习过程无快乐和审美所言。教师对儿童艺术学习的支持，至少要做到以下几个方面，才能获得良好的成效。

(一)提供丰富有结构的环境材料，让儿童感受到生活中的美

研究发现，除了生活中常见的自然材料、废旧物品是儿童进行艺术学习的"天然材料"，绘画的工具、音乐、文学、舞蹈、戏剧作品本身、建筑雕塑的图片及模型等，都能让儿童利用"感受形式美的眼睛，能聆听音乐美的耳朵"去感受到这些绘画中的线条、形状、色彩，音乐中的音色、节奏、旋律，舞蹈中的形体、动作的美，并能够在操作材料中突发奇想地创造美。例如，在活动室显眼的位置布置一些精美的艺术作品，可以提高儿童的审美能力。在这样的活动环境中，儿童会自由地讨论他们的艺术作品和展示出来的成人艺术范例，从而引发他们对自身作品和成人范例的比较。同理，在儿童的一日生活中，经常播放一些经典的音乐乐曲，让儿童身心自由的沉浸在优美的旋律和舒缓流畅的节奏中，也会提升儿童的音乐鉴赏力。因此，教师提供丰富的环境和有结构的材料，让儿童能够于自在、轻松的氛围中，用他们自己所擅长和喜欢的方式，把自己的所观、所感、所思充分表现和表达出来，让儿童在生活中，感受到生活给他带来的幸福和快乐——感受到生活的美，便成为指导儿童艺术学习的第一要务。

(二)适宜而有针对性的指导，促进儿童完满审美经验的形成

美来源于生活。当活动的目的与手段完美融合，当正在做的事情与想要做的事情相一致时，也正是在此时，人达到了物我两忘的境界，全身心投入活动，没有一丝强迫，充满着自由、快乐，日常经验就变成了审美经验——一个时间性的连续性事件，它有自己的开端和结尾，并且结尾应是圆满完成而不是中断，因而

这一过程所获得的经验也必然是强烈的、完整的、清晰的。在研究中发现，教师减少干预，给予儿童自由探索的空间以及时间至关重要。教师在儿童艺术学习和创作的过程中要学会宽容、等待和忍耐，才能看到儿童与众不同或独树一帜的表现。另外，教师还可以创设问题情境，让儿童在问题情境中，以及发现问题、提出问题、解决问题的过程中，提高艺术表达、艺术创作和艺术评鉴的能力，从而形成完满的审美经验，这也是建构儿童艺术学习经验的一条有益的路径。研究表明，教师在帮助儿童发现问题、提出问题、解决问题的过程中，采取恰当的设疑、示范及角色扮演（教师入戏）的指导行为能够促进儿童的观察、模仿、讨论、提问、探究性操作、直觉体验、联觉学习、扮演与表演、分工与合作、选择、判断、推理与预测、争论与辩论、联想与想象等深层学习方式的产生及增加。儿童在加深审美理解，产生良好的艺术学习效果的同时，获得身心全面发展。儿童在这一过程中，能够理解艺术运用独特标记和符号系统所表达的意义；能参与艺术过程激发自身创造性潜能并创造出表达个人观点、情感的艺术作品；具有将艺术知识、审美经验和技能迁移到其他各种场景中解决问题的能力。

(三)寓游戏于艺术之中，回归儿童艺术的本源

在康德看来，艺术与游戏都具有纯粹、愉悦、自由的特征，是沟通感性与理性的中间环节，是人类摆脱压力和痛苦而追求绝对自由的本真形态。席勒认为，人性结构中存在感性冲动和形式冲动，分别来源于人的感性与理性，只有游戏，才能使人达到完美并同时发展人的双重天性。而联系这两种冲动的正是"游戏冲动"，也正是游戏冲动产生了艺术。研究表明，儿童在自由游戏和处于能够自主的游戏情境（区域活动）中，从事艺术活动的兴趣最高涨，艺术学习的效果也更好。这说明，对游戏的偏好是儿童的天性。由于儿童艺术与儿童游戏都具有自发、自由、自主地表现与表达特性，实现自我满足的精神实质，因此，儿童艺术与儿童游戏无论从起源、特征、形式、内容等方面都具有本质上的渗透性与共通性，故而，体现了游戏精神（自发、自由、自主）的艺术学习过程才是儿童真正喜爱的，能够沉浸其中获得审美愉悦并享受生命幸福的过程。

第三节　儿童科学学习和艺术学习的分离与联合

有学者认为，在探究两种事物整合的可能性和现实性时，我们不妨反观构成

其差异的核心因素的本源分野及其发展历史，从中或可窥探出其现实的可能走向。本节我们将从科学和艺术的学科分立，儿童科学学习和艺术学习的分离及其弊端，儿童科学学习和艺术学习的必然联系，以及儿童科学和艺术整合学习的意义加以具体论述。

一、科学和艺术的学科分立

(一)科学与艺术产生的渊源

很多学者认为，艺术先于科学而产生，他们从发生学的视角阐明了艺术早在人类从事造物并进行美化时就已开始产生了，其历史已有数万年乃至几十万年的时间。而科学，尤其是自然科学，只是近代的产物。一般以1543年哥白尼发表《天体运行论》为标志。17世纪，自然科学的对象、方法等发生重大变革，欧洲一些国家先后建立了科学院，牛顿提出了万有引力定律和力学三大定律，这成为当时科学发展的高峰。19世纪是科学发展的黄金时代，科学受到了前所未有的尊崇和信任。20世纪科学技术的两场革命，更是掀开了人类发展进步的新纪元。科学建立的时间虽短，影响却极其深远，它不仅改变了人类的生活环境、状态、方式，也改变了人类自身，改变了包括精神、观念在内的很多方面。更有学者认为，艺术与科学的发生，不是先后的时间顺序问题——科学研究的起始，更是由于对某一事物或现象的好奇、喜好和对美好事物的向往开始的，而这一切与人的审美倾向不无关系。

(二)科学与艺术的差异产生学科分立

一般认为，科学和艺术作为两个不同的学科概念，是从18世纪后期法国大革命后开始的。在资产阶级的社会秩序中建立的学院制度，把科学分析和哲学思辨分开、技术和科学分开、科学和艺术分开。

此时，科学和艺术有了其明确的学科概念。科学主要指自然科学，是反映自然、社会、思维等客观规律的分科的知识体系，如物理、化学、生物学等；艺术是指用形象来反映现实但比现实有典型性的社会意识形态，主要包含文学、音乐、绘画、舞蹈、戏剧、电影、曲艺、书法、雕塑、工艺、艺术设计等，也指创造性的方式、方法。此时，它们是两个不同的事物，或者说是人类所从事的两大创造性工作领域。科学研究自然，寻找自然发展的规律，强调普遍性和规律性；

艺术创造形象，激发情感，强调独特性和典型性。

科学与艺术的学科分离，一方面说明这两大学科已有了本质的区别和完整的自我属性，是成熟的表现，也是人追求不同目标和分工的结果；另一方面也造成两者的进一步疏离。在实践的层面上，科学家开始沿着分析的道路，研究日益专业化，科学成为少数专家的事情，而脱离于整个社会大众和生活；同时艺术的地位也得到确立，艺术家们"为艺术而艺术"，使艺术成了一种贵族的精神载体，艺术家成了社会的新贵。在理论层面上，对科学和艺术本质的探讨也表现出了纷繁的见解，对两者差异的强调和专业划分，使两者的分化成为一种普遍性的社会现象和认识。

二、儿童科学学习和艺术学习的分离及其弊端

(一)科学学习和艺术学习的分离

科学和艺术被人们视为两个不同的领域，科学教育与艺术教育由此成为相互独立的课程，各有各的教育价值与概念体系，基本上互不贯通甚而是对立的。这导致儿童的科学学习与艺术学习也分道扬镳，并产生了不同的目的、过程和方法。

科学学习的目的被认为是对自然事物的普遍性、客观真理的探究；艺术学习的目的是对周围事物(包括自然和人文)的情感、态度的主观表达。科学学习是由于儿童"解决问题"的需要而发动的，主要是"发现并提出问题—分析并预测结果—通过行动寻求验证—问题解决"环节组成的"问题探究"的过程。而艺术学习则是基于儿童情绪情感的表达和宣泄的需要，由潜意识层面存在的"具有吸收性张力结构的审美先在图式"发起或发动，其主要是由"审美感觉—审美知觉—审美想象—审美创造"的"审美表征"过程。

有学者分析了即使同是"想象"，"科学想象"和"审美想象"也有着本质的区别。"科学想象"是按理性要求展开的想象；"审美想象"是按审美需要、审美理想展开的想象。"审美想象"是在情感的推动下展开的。在主体情感的推动下，审美需要借助想象而具体化，最终形成审美意象。正是在强烈的情感运动中，审美主体达到了一种深层的感动和理解，领悟到难以言传的生命价值与意义。也有学者认为，在一切心理要素中，唯有想象才是推动审美过程中的美感沿着不断深入的

航线进发的实在力量。在科学认识活动中，想象必须遵守客观现实及事物运动与发展的规律；在审美活动中，审美想象则可以突破现实的种种限制，将各种表象加以分割、粉碎、组合等，创造出一种崭新的意象。

(二)科学学习和艺术学习分离的弊端

受上述思想的影响，近现代以来，儿童的科学学习和艺术学习分离现象日益凸显。查阅世界文献库可知，对儿童进行科学和艺术整合的学习研究很少。我国一些学者也发现，科学与艺术学习相背离，导致儿童的理智和情感割裂、理性与感性分离、逻辑与形象脱钩，儿童的想象力、创造力得不到很好的发挥和培养，限制了儿童的全面发展。同时，不同的知识、观念在儿童那里得不到整合迁移，却相互抵消甚至产生冲突，在限制创造力发展的同时，也限制了知识本身的发展，这无疑对整个社会的创新发展和人类文明的进步是非常不利的。

这种把科学学习和艺术学习割裂开来的做法，导致儿童在学习中掌握的是一个个"没有情境背景的科学概念"和"没有文化支撑的艺术技能"。科学学习和艺术学习均丧失了它们原有的"灵魂"和"魅力"。当前众多学校和幼儿园，在儿童学习的过程中更重视冷静、理性与严谨逻辑，轻视热情、感性、灵动和形象，这使得儿童在学习中长期体验到的是呆板、枯燥和乏味，无法体验审美的愉悦和心灵的放飞。因此，儿童需要管束自己的思想、压抑自己的情绪才能"坐下来好好学习"。通过对我国中东西部 18 家幼儿园 828 名儿童学习现场观察与分析，我们发现，在教师组织的集体教学活动中，儿童的倾听学习占学习总时长的 48.08%，在以儿童自主区域活动中的倾听学习，只占总时长的 17.88%；而儿童擅长和喜欢的探究性操作学习，在集体教学中只占 9.17%，在儿童自主区域活动中却占了 34.10%。相应地，儿童在集体活动中，心情愉悦的时长只占总学习时长的 23.50%，神情专注约占 44.43%；但是在儿童自主区域活动中，心情愉悦占了总时长的 67.23%，神情专注占了 79.67%。这也从一个侧面说明了"端坐静听"的学习方式降低了儿童的学习热情，也降低了儿童对学习过程的愉悦心理体验。

有报道说，当前儿童的学习损伤其大脑的发育。笔者查阅了相关资料，依医学成像研究结论，人类大脑神经细胞相互联结，形成接收、传递、处理信息的神经回路和网络。新生儿带着数以亿计的大脑神经细胞降临人世，从第一天开始，大脑神经细胞就在外部环境刺激的作用下，以惊人的速度形成联结，每分钟内会形成 700 个新的神经联结——突触联系。两岁幼儿的突触数量达到成人水平；3 到 4 岁时，突触数量可两倍于成人，活跃程度约是成人的 2.5 倍，这时正是儿童学习和思维培养的关键期。8 至 10 岁，大脑就会进入突触联系的"减枝"过程，按照"用进废退"的原则，很少使用或不使用的突触联系就会萎缩、退化，不断激活使用的突触联系，将保留下来，成为永久性联系。因而，儿童所接受的环境刺激和早期经验决定神经回路的形成、修剪、保留、强弱，为未来的学习、行为等提供了可能坚实或薄弱的基础。依此类推，儿童长期只专注于倾听学习，支撑其他学习方式的神经回路就会解体，甚至消亡，因此此种意义上来说，如今以"传授讲解"单方灌输为主的教学方式，有可能不利于儿童大脑的发育。

三、儿童科学学习和艺术学习的必然联系

科学与艺术以文化作为共同的出发点，又分别向物质和精神、理性和情感、事实和价值两极延伸，从而内构成一体共生、同体异质的人类文化和价值体系。因而，科学与艺术实际上共处一个统一体，双方相互影响。对立统一是它们的本质特征。现代科学的迅猛发展扩大了艺术表现生命的手段，使艺术所产生的土壤发生了日新月异的变化，使艺术原用以传达自己的媒介得到了不断更新；科学进步也扩大了艺术的范围，艺术类型变得丰富而复杂，人们的审美视野也得到了不断扩展；科学思维和方法渗透到艺术之中，丰富了艺术的创造手段和方法；科学技术的革新亦深化和推动了艺术功能的拓展，推动了艺术的平民化。艺术思维的创造性拓宽了科学视野，使科学产品既有实用性价值，又能带给人审美的愉悦；艺术创作的过程促进了新技术的引用和改良。例如，达·芬奇的名画《蒙娜丽莎》，几百年来令世人所仰慕。他的作品既展现出高超的艺术表现技巧，又科学地运用透视学、光学与解剖学原理，惟妙惟肖，生动自然，洋溢着人文主义的思想光芒，其所应用的绘画技巧及透视学、解剖学原理等至今还被广泛地借鉴和运用。

对于科学学习和艺术学习来说，在儿童那里，它们也是对立而又和谐统一的辩证关系。儿童"心物合一"的认识特点，决定了儿童是同时运用理智和情感，并主要通过情感来认识这个世界的。一片树叶、一棵小草、一朵小花，在儿童眼里都是一个个和他们同等的生命存在，都有同样会哭、会笑的灵魂。它们既有漂亮的色彩、美妙的形状、可爱的线条，同时又需要土壤、阳光和水的养分来生长，

经历严寒温暖的四季。在这里，美和自然的规律是那样和谐地存在，这就是儿童的认知、儿童的思维、儿童的情感，这就是儿童的艺术与科学。儿童以直觉行动思维和具体形象思维为主的特点，决定了他们"以自身度他物"的"泛灵"特质，正是这种特质使儿童情感和理智常常合二为一，且无法苟同于成人。例如，一名儿童会说一位在成人看来长得很漂亮的教师"很丑，因为她总是对我们恶狠狠的，很可怕"；会说另一位长得一般的教师"很漂亮，因为她总是笑眯眯的，很好看"。儿童看人、看物、看事，常以情感带动理智，而非理智制约情感。有研究表明，儿童心情愉悦时，会思维开阔、语言连贯、行动积极，且学习效率更高。也有研究表明，儿童积极的情感和其创造力正向显著相关。所以对儿童来说，情感是一切认知和学习的启动器和发动机。在积极情感的基础上，儿童开启理智的认知行为。

四、儿童科学和艺术整合学习的意义

儿童科学和艺术整合的学习即理性认识与感性认识相结合的学习，是儿童智慧和情感联结的过程。整合是通过对具有内在统一性的两个或两个以上的概念和范畴进行结构、内容、功能差异的理性分析，为更好地实现异质事物功能优势互补目的而展开的，使彼此交叉、渗透和融合，形成有效率有价值的整体的过程。对整合可能性和必要性、整合基点和途径的探讨，将有助于我们更好地把握整合的原则和规律。科学和艺术的内在统一性，儿童的科学学习和艺术学习的必然联系，使科学和艺术进行整合成为可能。科学和艺术整合的学习亦是具有必要性的，下面对科学和艺术整合学习的意义做一些讨论。

(一)科学和艺术整合的学习有助于儿童理性和感性认识的协调发展，实现全脑思维

左右脑的细胞同时工作是儿童科学和艺术整合学习的思维基础。科学和艺术整合的学习促使儿童"艺术审美表征"过程的感知、灵感、顿悟、想象、创造等学习和思维方式可以随机地渗透进"科学问题探究"的"发现问题—推测猜想—行动验证—问题解决"的每一个环节。这使得儿童在一个充满自由想象和无限创造，同时又不断寻求与客观现实磨合的学习过程中，实现"想象"和"现实"的协调接洽和螺旋递进，即达到"想象变为现实"的目的。在这一过程中，艺术的想象力以及

创造力，帮助儿童开阔思维，不断有新主意、新想法并对科学探究保持一贯的热情；科学的连贯、精确、有序和方法，使儿童能够洞察、分析事物的内在特性，使想象不至于偏离现实太远，因而其促进了儿童理性与感性的螺旋递进、协调发展和全脑思维功能的拓展。吉尔福特认为，全脑思维是一种创造性思维方式，具有灵活、变通、独到、新颖性等特点。

达斯顿将艺术和科学学习之间的关系描述为人们的两种发现真理的方式，这两种方式是协调一致的，并且在想象力和理性达到平衡时处于最佳状态。这种创造性和逻辑性之间的和谐互动被客观的作为知识生产的支配形式的崛起所取代，即人的全脑思维的过程亦可促进知识的再生产。

(二)科学和艺术整合的学习有益于儿童身心健康和人格完善，实现全人发展

文艺复兴前后科学和艺术在观念上基本是一致的，达·芬奇等人对科学和艺术都是从经验整体的方式进行考虑，他们既是科学家又是艺术家。但是，自从科学从神学哲学中分化出来，并且得到发展以后，科学与艺术的分离也就开始了。受现代社会强调经济功能和教育的功利主义价值观的支配，科学教育与艺术教育分离在人们的理念中就更加确定。目前的科学教育注重左脑教育，重逻辑理性而轻情感理性，忽视了唤醒人的主体意识，在解放主体意识和精神、塑造健全人格方面部分缺失。

达尔文在晚年感叹自己的心灵似乎变成了一种从大量事实中榨出普遍规律的机器；蔡元培也批评那些专门从事科学的人太偏于概念、太偏于分析、太偏于机械作用、毫无生气、毫无情趣、毫无创造热情。如果我们看到一个懂得光折射原理的少年，面对绚丽的彩虹而无动于衷，则无论如何也不能认为这是一种健全的人格，也很难相信他所受到的教育是一种成功的教育……

然而世间万物，本来在儿童那里，却既是科学客观的存在，亦是艺术美的形式展现。提供科学和艺术整合学习的机会不仅可以培养儿童对自然现象的基本理解和过程技能，如观察、推断和探索，对儿童诸多方面能力的发展也具有重要意义。众所周知，人类擅长各种不同的学习方式，有人擅长视觉学习，有人擅长听觉学习，儿童大都擅长在"做中学"。有研究表明，不同的学习方式所获得的知识量占所要学习知识总量的比是不同的，倾听学习方式约占 5%；阅读约占 8%；试听结合约占 18%；看示范演示约占 30%；讨论约占 50%；实践练习能达到

70％；学生自己担任讲师则能超过90％。[①] 究其原因是，倾听学习仅仅是单独感官通道的理智参与；而视听结合、示范演示、实践联系、担任讲师，则在理智的基础上融入了个人的见识、经验、策略与情感，此过程使儿童知、情、意、行统一起来，从而使更多外界的信息进入他原有的认知结构，并促使其改进原有结构，重新达到与外界环境的融通、适应与平衡。

如果说科学认知是一个人发展智慧，能够生存和生活的基本元素的话，那么，艺术则对智慧和心灵产生综合性的影响。艺术的影响可以触及人的精神的任何角度。艺术使学习者丰富细腻，具有开放性和包容性，具有开拓精神和创造精神。学习不仅是习得知识的活动，更是一种塑造人的内在心理结构的过程，是使人的各种心理能力处于自由和谐的状态并得到最大限度发挥的过程。因此，科学和艺术整合的学习能够使智慧统帅知识，理想伴随人生，能把一个人的体力、智力、情绪情感、能力等各个方面的因素结合起来，使他成为一个完整的人、完善的人。

(三)在科学和艺术整合的学习中，儿童能够实现真正的心灵自由

自由是指动植物在自然规律范围内一切不受约束的行为。自由对于人类而言，不由外力作用，可以自我支配，凭借自身意志而行动，并为自身的行为负责。然而，真正心灵的自由不是幻想中摆脱自然规律而独立存在的，而在于认识这些规律，从而能够有计划地使自然规律服务于人生，以达到更好地生活的目的。科学学习帮助人达到自由的第一步，即认识和掌握规律，为人们的实践做好认识和行为上的准备。艺术虽然是间接的，但更服务于人的实践的态度，其价值是使人能够在体验生活的前提下超越现实，为崇高的理想奋斗。

科学以逻辑为主要思维方式，艺术以形象为主要思维方式，如果用科学来衡量艺术——"白发三千丈"，简直是违背科学的胡言乱语。但是，"白发三千丈"的缘由恰是"缘愁似个长"，到这里，作者和读者都能够理解"白发三千丈"只是一种意象，把人看不见摸不着的悠长的愁绪淋漓尽致地表现了出来，因而从古至今没有人去质疑其是否符合科学规范，是否真实。相反，大家却普遍认为这是真实的——艺术的真实，这是融合了感知、情感、想象、理解的真实，即"合情合理"：其既是主观的，又是客观的；既有情，又有理；既是一种假定，也是一种

---

① 陈晓芳：《促进儿童科学与艺术整合的学习》，载《人民教育》，2019(12)。

真实。虽然看似不符合外在的自然规律，却符合生活的逻辑，又超越现实，实现了艺术家和每一位读者心灵自由的联想。

一件生活中从未有过的事，由于艺术家充分地揭示了它在假定情境下的内部发展逻辑、内在的联系及其规律性，也能给人以真实的感觉。对于艺术的真实性来说，重要的不是所写人、事、景、物是否真实存在过，而在于所写人、事、景、物的整体联系。细节的逼真诚然是重要的，但整体的联系更重要。如果一部艺术作品只注意细节的逼真，不注重整体的合理性，仍不免给人以虚假的感觉。"黄河之水天上来，奔流到海不复回。"后半句完全是真实的，而前半句的描写客观地看起来就不真实，然而对这样一种明明是不真实的描写却从未有人指出过，相反古今读者都觉得这样描写是合情合理的，这是怎么回事呢？原来李白是写自己真切的感受：你看，黄河之水从高原奔腾而来，水流湍急，巨浪滔天，一泻千里，使人觉得这条河水似乎是从天而降。黄河的雄伟气魄被这句诗淋漓尽致地写出来了。看起来不符合事实的描写把真切的感受形象地表达出来了。如果诗人不按自己这种真切的感受去写，而是如实地写"黄河之水从巴颜喀拉山谷流出来"，那么事实倒是事实，可诗的意味也就全部丧失了。诗的意味一旦丧失，艺术真实也就不复存在了。

钱学森认为，科学起于形象思维而终于逻辑思维，艺术起于逻辑思维而终于形象思维。科学思维从形象走向抽象，艺术思维从抽象走向形象；科学家从大胆的想象和联想开始，经过小心求证，最终把握对象的实质从艺术走向科学；艺术家在对事物有了理性认识之后，赋予它饱满的情感、丰富的想象、完善的形式，从科学走向艺术。科学需要丰富的想象，艺术需要科学的认识。科学对自然界的现象进行抽象的阐述，运用越广泛，科学创造就越深刻；艺术唤起人心中珍藏的情感，情感越真挚，共鸣越普遍，艺术创造就越有价值。

儿童的思维本就是"诗性"和"思性"的结合体。你看一个小女孩，她把枕头里的棉絮拉出来，铺在房间，然后自己站在中间问她的妈妈："你看，我是不是云中的仙子？"因为她发现了棉絮和云朵的"形似"；一个男孩，他用树叶制作乐器，吹出悦耳的音乐；一群孩子，用草秸打扮美丽的公主、用泥土建造雄伟的城堡……科学和艺术自然融合，分不清谁是谁，只有儿童的心灵自由而又愉悦地徜徉在自己创造的科学与艺术自由组合的世界中。

第二章　儿童科学和艺术整合学习活动的内涵与价值

　　21 世纪，技术的变革影响着人们的生活方式，同时也影响着学校教育的教学方式和课程模式——以课程整合为主要特征的综合教育形式越来越受到重视。综合教育丰富了儿童的学习形式，并使学习内容更加系统化。在 K-12 教育阶段的前期，儿童的思维主要处于前运算和具体运算阶段，抽象逻辑思维正在形成和发展，尚未成熟，因而学习离不开具体事物的支撑。艺术作为对现实生活整体的、直观的提炼，使活动的开展更加符合儿童的经验与兴趣。因此，在以促进儿童全面发展为目的的综合教育实践中，教育工作者开始关注各学科整合的价值，并将科学和艺术的整合作为课程整合的重点。

　　整合学习活动是将两个或两个以上的学科或领域的教育目标和内容综合在一个活动中，其本意是使各学科中具有共同性质的成分得到彼此衔接、重新组合，提高效率和质量。

　　儿童科学学习和艺术学习的整合，即依据儿童的身心发展规律和学习特点，把科学学习和艺术学习过程诸要素排列、组合起来，使之相互渗透、相互连接、相互补充、相互促进和相互生发，提升学习质量和促进思维发展。整合是新质产生的途径，即内在精神层面（学习过程及内在关联）、物质层面（学习内容和方法）等实现整合，使儿童获得科学和艺术思维、经验、方法、态度及创造能力全面提升。儿童科学和艺术整合的学习，既是科学的艺术学习和艺术的科学学习有机结合的过程，也是逻辑思维与感性思维协同共进的过程，"认知"和"情感"融合互补的过程。这一过程也符合儿童整体认知事物的学习特点。

　　从历史来看，人类的科学学习与艺术学习是同根共源的，二者共同脱胎于人类的社会实践活动。科学和艺术是一枚硬币的两面，它们追求的目标都是真理的普遍性。科学史之父乔治·萨顿曾说，自己从学生时代开始，就受到两种激情的支配，一是对科学的热爱，或者也可称之为对理性的热爱；另一种是对人文学科的热爱。"很早的时候我就忽然意识到，没有科学，人就不能理性地生活；而没有艺术和文学，人就不能高雅地生活。"①欧洲自文艺复兴到 19 世纪时期，视觉艺术和欧洲科学中的核心知识与观察之间具有一种特殊的亲和力。这种亲和力的中心理念是：如果有关世界构造的潜在规律可以被理解的话，那么通过视觉对自然进行研究就是极为重要的。对自然的直接研究包含着极其广泛的智性与情感的方式。②

当前国内诸多学者呼吁儿童早期应让他们进行科学和艺术整合的学习。儿童的科学学习与艺术学习，本就互为条件，共为一体。科学发现、发明以及创造的过程中，融入艺术思维能够使最初的认识发生质的飞跃，从而帮助研究者洞察、分析事物的本质；艺术想象力和创造力避免了科学研究中教条的、机械的认识方法和思维逻辑，是科学研究者拥有不断创造力的本质内涵。研究表明，儿童在参与科学和艺术整合的学习活动时所运用的提出问题、知觉体验、推测猜想、想象创作、行动验证、争论评议等学习方式均与其创造性思维显著相关，所以科学和艺术整合学习活动的开展势在必行。本章将从儿童科学和艺术整合学习活动的内涵与特征、意义与价值方面加以论述。

第一节　儿童科学和艺术整合学习活动的内涵与特征

儿童科学和艺术整合的学习活动以"主题"或"项目"为主要形式，以游戏为基本手段，给儿童提供了对自然万物和社会关系加以自由思考、发现和建立联系的空间和机会。如观察"蚂蚁农场"后，儿童会根据自己看见的和所想的画出蚂蚁农场的地图，用直的和弯的线条表示他们所看到的"隧道"，还用图形、数量来标记隧道长度和施工日期，用泥土、水、石块、稻草等亲自设计建造真实的蚂蚁农场的隧道。在这里，科学与艺术不分家，艺术表达帮助儿童直观、形象、创造性地学习了科学知识、处理了科学问题；抽象的科学原理形象化的过程也帮助儿童理解了与自然科学的内容和方法有关的艺术思想。

---

① ［美］乔治·萨顿：《希腊黄金时代的古代科学》，鲁旭东译，3 页，郑州，大象出版社，2010。

② 郭亮：《科学改变艺术——马丁·坎普〈艺术的科学〉与隐蔽的世界》，载《艺术工作》，2019(1)。

一、儿童科学和艺术整合学习活动的内涵及要素

(一)科学和艺术整合学习活动的内涵

儿童科学和艺术整合的学习活动是指 3～6 岁儿童在教师有目的、有计划的支持与引导下，对自己感兴趣的自然事物或现象，把科学探究的学习方式与艺术直觉、通感体验的学习方式相结合，把发现问题、寻求答案、问题解决的科学探索过程与审美感知、审美想象、审美创造的艺术表达过程相互渗透，在获取对周围世界的认识及情感表达的过程中，获得身心和谐发展。

在这样的活动中，儿童不仅能获得有益的科学经验、艺术经验、跨领域经验及经验整合的能力，而且能获得探究事物的方法及经历感受美、表现美和创造美的过程，也能获得科学思维和艺术思维的协同发展，养成对自然、自身及其相互关系的关注，促进智慧、情感、个性以及创造力的全面发展。

(二)科学和艺术整合学习活动的要素

科学和艺术整合的儿童学习活动的要素包括学习主体——儿童；学习支持——教师；学习中介——学习环境(情境、材料)；学习过程——学习兴趣与学习方式；学习对象——陈述性知识、程序性和策略性经验。

1. 儿童

(1)儿童是具有主观能动性的自觉的人

在学习中，儿童能够把自己对于自然界和人类文化的好奇转变为行动和实践的力量，用自己已有的经验和能力，并在与同伴的互动中去把想象变成现实。儿童生来好奇、好问、好探究，这是人类的生物遗传特性，更是千万年来社会历史和文化积淀在人类个体内的潜意识存在。人具有创造"理想世界"的能力，人的本质就是人的无限的创造活动。这种本质能力则集中表现在了低幼儿童身上。在学习活动中，儿童是有主见、能决策、具有创造性的，而创造性则源于儿童心灵的自由。儿童在 5 岁之后就可以处理更复杂一些的思维问题了。这些问题要求儿童能够转换注意力，从一条规则转向与之不相容的另一条规则，再转而关注第一条规则。因而，他们同样需要具有抑制的能力，如抑制某种不合适但十分渴望的冲动，或抑制原有行为，转而专注于执行多个步骤的"探究计划"。如在玩"丢手绢"的游戏时，孩子们发现全班 25 人围成一个圈，人数太多，大家轮到丢手绢的机

会太少。于是有小朋友提出能否把一个圈变成几个圈，这样每个圈的人数少了，每个人轮到的机会就多了。尽管其中有的孩子玩兴正浓，他们也能够克制自己，转而投入到每个人"几人围一个圈更合适"的问题和探究中。

（2）儿童是按照自身的认知图式来探究和认识周围世界的

图式正是人们为了应付某一特定情境而产生的认知结构，是一种思维或动作模式。皮亚杰提出了三种能力结构：动作图式（感觉运动图式）、符号图式和运算图式。

动作图式：一种经常化的行为模式。儿童用它对物体或经验进行表征或做出反应。这种图式是最先出现的智力结构，大多在生命的头两年出现。这个时期，婴儿对事物和事件的理解仅局限于可能通过外显行为进行表征的方面。对一个 9 个月大的婴儿来说，皮球并没有被看成是一个有正规名称的球形玩具，而仅仅是他和同伴用来滚动的物体。

符号图式：不需要通过动作，而只要通过在头脑中表征的经验或心理符号就可达成目的。出生第二年，儿童已能够在没有直接操作的条件下，去解决问题并对事物或事件进行思考。换句话说，这时他们已经能够在头脑中表征经验，并使用这些心理符号或符号图式实现自己的目的。皮亚杰对 16 个月的女儿做的滑稽动作的描述：一个 18 个月大的小男孩来找她玩，下午小男孩开始发脾气，当他试图从游戏围栏中出来时大声尖叫，并且边踩脚边向后推那个游戏围栏。女儿站在一旁吃惊地看着他，这种场景她以前从未见过。第二天，当她自己在游戏围栏中玩耍时，也大声尖叫并试图移动围栏和踩脚……这种动作反复进行了多次。很显然，尽管当时她并未表现出这些动作，但事后却能模仿同伴的行为。她必须先组成心理表征，或者保存男孩发火时的形象，才能指导其后面的模仿行为。

运算图式：7 岁以后，儿童思维的特征是运用运算图式。认知运算是一个人为得出符合逻辑的结论所进行的内部心理活动。例如，一个 8 岁儿童把一块橡皮泥由球形压大了。为什么呢？因为在他头脑中保留了这个变形过程，所以他知道，如果再把这块橡皮泥团在一起，会变成相同的一个球。相反，由于 5 岁儿童不能对思维对象进行操作，他们的判断在很大程度上会受到外显表象的限制。所以，他们虽然亲眼见到了橡皮泥从球形变成了圆盘状，但仍然会认为盘状的橡皮泥更大，因为在他们看来它比球体占据了更大的空间。尽管给予一定提示，他们可以想象泥团再被卷成球形的过程，但仍不能意识到这样做的逻辑结果。他们仍会固执地认为盘状的橡皮泥更大。

（3）早期儿童是具有艺术和探究本能的

加德纳在其多元智能理论中提出，某些儿童对色彩、线条、形状、形态和空间及其相互关系，或对应的节奏、旋律及其相互关系非常敏感……他们有这方面的特殊才能，并以独特的方式来学习。例如，有的儿童一边做高度抽象的数学题，一边听节奏轻松、旋律优美的音乐，所以，对这些儿童来说，艺术可能是他们最佳的学习途径；而对于另一些儿童来说，艺术则是他们体验世界的新方法。在艺术创作过程或艺术鉴赏过程中，儿童可以发挥他们无与伦比的艺术表达力、想象力和创造力。儿童艺术的泛灵性、幻想性、整合性表明儿童本就是艺术化的存在。

杜威指出，经验是人与环境相互作用的结果。经验分为初级原始的经验和次级反思的经验。我们在所体验到的物质走完其历程而达到完满时——这就是一个完整的经验。该经验应是一个时间性的连续性的事件，它有自己的开端和结尾，并且结尾应是圆满完成而不是中断的，虽然在一个经验的内部，也会存在着停顿、静止之处，但是这种停顿并不是中断，更不是行为的中止。

儿童是最善于追求"一个完整经验"的群体。沙石土木、花鸟虫鱼，都是他们最理想的玩伴。他们因为相信苹果没有翅膀不能飞上天，因而聚在一起商量和探究如何给苹果装上翅膀的办法。他们争论，他们辩解，他们质疑，他们各抒己见，达成一致后，即刻合作分工，投入"工作"：一群孩子，早晨早早起床，一起埋头苦干；中午草草吃饭，因为有待完工；下午接着再干，直到夕阳西下，相约明天再来，不见不散！在这里，共同的幻想和创造，共同的志趣和爱好，使他们从身体到心灵，凝结成一个牢不可破的整体。直到有一天，看似无所不知、无所不能的成人告诉他们，苹果不能飞上天，是因为地球的万有引力，他们才慢慢收工。

因此，在科学和艺术整合的学习活动中，尊重儿童的主体能动性，遵循儿童自己的认知图式，满足儿童的探究和艺术本能，是教师首先要做到的事。

2. 教师

教师的生活经验、教师的科学文化基础知识、教师的专业经验是支撑教师指引儿童开展有效的科学和艺术整合学习活动的前提和基础。教师的世界观和价值观是影响儿童成长和发展的关键的潜在因素。教师对儿童的引导和支持主要体现在科学和艺术整合学习活动的设计、组织、实施与评价的过程中，具体如下。

（1）活动计划阶段

教师对儿童的兴趣进行积极反馈，并促进学习活动的生成。活动计划往往始于儿童的兴趣、社区活动相关信息的搜集，此外教师还要与儿童、父母、祖父母等一起商议，听听他们的想法和建议。

（2）活动准备阶段

教师应对儿童的想法给予支持和指导，并在活动进程上把握大的方向，使儿童在各自的探究中获得有益的经验。儿童的兴趣往往有所不同，教师会采用分组活动的方式开展，并对每个小组进行逐一指导；还要为每个小组提供所需的材料、工具，并在使用上给予指导和建议。

（3）活动进行阶段

教师在活动进行中，要密切、主动地观察儿童，倾听儿童，跟随儿童的引导，谨慎地决定什么时候加入游戏，什么时候为儿童提供服务。教师要观察儿童在做些什么，怎样谈论自己感兴趣的事物，也要识别并确认学习是否在延续。教师还应鼓励儿童个体或小组的探究、质疑、测量等活动，帮助每名儿童都能在活动中有所收获。

（4）活动结束阶段

教师要对活动的进程、内容以及每名儿童的表现做较为详细的记录，并对活动是否达到《幼儿园教育指导纲要（试行）》《3—6岁儿童学习与发展指南》等文件中各教学目标的要求做出反省和评价，为下一步活动的开展打下基础。

3. 学习环境

学习环境是指影响学习者学习的外部环境，是促进学习者主动建构知识、意义和促进能力生成的外部条件。

威尔逊认为学习环境是这样一个场所——学习者在这里相互合作，相互支持，并且用多种工具和信息资源相互支持，参与解决问题的活动，以达到学习目标。荷兰学者基施纳认为，学习环境是学习者能找到充分的信息资料和教育辅助手段的地方。借助学习环境，学习者能够有机会去根据自身的情况及其与他人的关系去构建定向基础，决定他们将介入的目标与活动。乔纳森认为，学习环境是学习者一起学习或相互支持的空间，学习者控制学习活动，并且运用信息资源和知识建构工具来解决问题；学习环境是以技术为支持的，在学习过程中技术是学习者探索、建构和反思学习的工具。乔纳森提出了认知工具和学习策略的重要性并且还考虑了社会背景的支持因素问题。

综合大多数学者对学习环境的定义，我们发现，学习环境与学习场所、空间、支持、技术工具、信息资源、共同体、建构性学习、情况与条件、社会环境有着密切的关系，我们可以从以下几个方面理解：

第一，学习环境最基本的理念是以学习者为中心，在这里即以儿童为中心；

第二，学习环境是一种支持性的条件，它引发儿童的学习兴趣并让儿童置身其中；

第三，学习环境是为了促进儿童更好地开展学习活动而创设的；

第四，学习环境是一种学习空间，包括物质空间、活动空间、心理空间；

第五，学习环境和学习过程密不可分，是一种动态概念，而非静态的，它包括物质和非物质两个方面，其中既有丰富的学习资源，又有人际互动的因素；

第六，儿童在学习环境中处于主动地位，由儿童自己控制学习；

第七，学习环境需要各种信息资源、认知工具、教师、同伴等因素的支持；

第八，学习环境可以支持自主、探究、协作或问题解决等类型的学习。

在儿童的科学学习和艺术学习中，教师需关注把自己的教育目标和内容"物化"在环境和材料中，通过设计有挑战的问题情境，提供丰富的能够调动儿童各种感官功能的"富有美感又有内在联系"的自然材料或半成品的艺术品，同步唤醒儿童的多种感知觉，在促使儿童自发"生疑"的同时，这些情境还应该分别着眼于事物的不同侧面，让儿童有机会了解不同领域的知识和经验。

4. 学习过程

学习过程是指学习者通过与信息和环境的相互作用而得到知识、技能和态度的成长过程。学习是一个过程。对人来说，学习是一个很复杂的过程。由于它的复杂性，人们曾从多方面进行过分析。

我国儒家的学习思想就曾把学习划分为若干个阶段。孔子把学习过程划分为七个阶段——立志、博学、审问、慎思、明辨、时习、笃行。行为主义学派认为，学习的结果是行为的变化。其强调外部刺激对个体的影响，把学习的过程概括为"刺激—强化"的过程。但是这种简单地以练习律和效果律的观点对待儿童的学习，完全忽视了儿童的兴趣和动机，否定了儿童的自我意识和主观能动性，受到认知主义学派的批评。认知主义学派认为，学到的是知识，知识的变化使行为的变化产生可能。他们假定了心理加工过程的存在，认为学习是通过人脑"信息加工"系统，一种获得、记忆和使用知识的积极心理过程，"呈现先行组织者""意义学习""概念教学""发现学习""创造性问题解决"成为其学习过程的主要形态。认知建构主义学派认为，认识既不起因于主体(成熟论者所强调的)，也不起因于客体(行为主义者所强调的)，而是主体与客体之间的相互作用，是儿童在与周围的环境与材料的互动过程中主动获得发展的，因此学习被定义为学习个体(个人)的一种"同化—适应—平衡"的过程。赫尔巴特把学习划分为连续进行的四个步骤，即明了、联想、系统和方法。心理学家列昂节夫依据活动理论，将学习过程分为由如下三个基本环节组成的环状结构：定向环节(即"感受环节"或"输入系统")、行动环节(即"运动环节"或"输出系统")、反馈环节(即"返回系统"或"回归式内导系统")。

　　本书借鉴比格斯的 3P 学习过程模型理论中"学习兴趣、学习方式是儿童学习过程的基本要素"，以及"学习阶段由儿童根据不同的学习任务，运用多种不同的学习方式有机组合而成"的观点，认为儿童科学和艺术整合的学习活动的过程，是在教师适当而有效的支持与引导下，以"方案达成"为任务导向，在帮助儿童"把想象变为现实"的过程中，科学学习的"问题探究"和艺术学习的"审美表征"相结合的过程。这一学习过程使儿童的感性与理性、情感与逻辑结合起来，内在思维与外在行为联系起来，使得儿童在一个充满自由想象和无限创造，同时又不断寻求与客观现实规律磨合的学习过程中，实现了"想象"和"现实"的协调接洽。因而，科学和艺术整合学习活动的过程，也是促进儿童"智商"和"情商"的协同统一，以及促进儿童全人发展的过程。

　　5. 学习对象

　　儿童的学习对象包含陈述性知识(概念)和程序性知识。陈述性知识也叫描述性知识，是个人能用语言进行直接陈述的知识。这类知识主要用来回答事物"是什么""怎么样"的问题，可用来区别和辨别事物。这种知识与人们日常使用的知识概念内涵较为一致，也称为狭义的知识。它是一种静态的知识。例如，儿童认识一种水果或动物，知道水果的名称、形状、颜色、口味，了解动物的名称、外形、生活习性，这些就属于陈述性知识。程序性知识也叫操作性知识，是个体难以清楚陈述，只能借助于某种作业形式间接推测其存在的知识。这类知识主要用来回答"怎么想"的问题，用来解决"做什么"和"怎么做"的问题。程序性知识包括心智技能和认知策略两个亚类。心智技能是运用概念和规则对外办事的程序性知识，主要用来加工外在的信息。认知策略也可叫策略性知识，是运用概念和规则对内调控的程序性知识，主要用来调节和控制自己的加工活动。它是一种动态的知识。例如，儿童收集各种材料，选择、裁剪合适的材料制作风筝，使风筝飞上天的过程，这里儿童掌握的就是程序性经验。

认知建构主义学派和社会建构主义理论认为，知识具有建构性、社会性、情境性、复杂性，而与其相对应的学习观则强调"文化和情境对儿童学习具有重要价值""学习是一种共同体的实践""学习的本质是一个社会对话的过程""学习和发展是有意义的社会协商"。社会建构主义理论运用唯物史观和辩证法创造性地解释了人的心理机能及其与社会文化的共生关系，揭示了人类认知和思维的社会文化根源。杜威强调"完满经验"及"经验的整体性"。他指出，真正的整体发展是一个蕴含在时间性经验过程的整体发展，即"整体"是一个具有时间意义的"连续体"。由此，他认为，教育的目的不是组装一个完整的人，而是促进一个不断生成的人，人的整体性就存在于趋于完满的这个经验过程之中。

科学和艺术整合的学习活动，既强调陈述性知识的获取，又注重程序性经验的习得，其主要目的之一是为儿童提供将知识经验进行重组、转化，在现实生活情境中运用的机会。因此，儿童的学习环境，最终应与生活环境的复杂性相适应，这有利于儿童通过知识经验的迁移来解决生活中经常面临而且需要解决的真实问题。这里，知识或概念应与具体情境联系起来，每个概念的教学都包含了充分的实例变化，这有助于儿童对某一事物的深刻理解。例如，儿童通过一系列的科学探究活动，了解了不同质地的纸具有不同的吸水性能之后，教师设计了如下问题情境。教师指着教室外面操场上不远处的花圃对孩子们说："哪些小朋友能够给那些小花浇水？但是材料只有牛皮纸、A4 纸和宣纸。"孩子们跃跃欲试，他们在"如何把水从教室里运到室外的操场"这一问题上动起了脑筋。一会儿，只见有的孩子把宣纸弄湿后直接去挤到花上……有的孩子发现，如果想方设法把牛皮纸折成碗状和杯状，这样就可以盛更多的水。

(三)科学和艺术整合学习活动要素的关系

1. 主体间性关系

主体间性是指主体与主体之间的相互性和统一性，是两个或多个个人主体的内在相关性。因此，它要以个人主体为基础。个人不成为主体，不具有主体性，人与人之间就不会有主体间性。但主体性与主体间性又有区别。主体性是主体与客体(包括自然和作为客体的人)发生关系时所表现出来的以"自我"为中心的能动性、占有性等个体特征。而主体间性则只是主体与主体在交往活动中所表现出来的以"共主体"(交互主体)为中心的和谐一致性等集体特征。

对主体间性的理解涉及以下几个方面：第一，主体间性意味着双方的共同了解，不仅了解自我，而且了解"他我"；第二，它意味着交往双方的彼此承认，承认"他我"与自我有相同的地位、权利；第三，它意味着交往双方人格平等与机会平等，反对强制与压迫；第四，它意味着墨守共同的规则，交往双方必须遵守共同认可的规则；第五，它意味着主体与自然界的和谐。

师生的主体间性关系，是在人与人的主体间性关系中发展起来的。归根结底就是教师与学生之间的互为主客体的关系。在这种关系中，教师与学生站在了同等重要的位置，教师不再是教育舞台上的唯一主角。其基本要求是：师生之间相互尊重、相互理解和相互作用。教师的角色也应由知识的传播者转变为学习材料的提供者、学习过程的调控者、学习气氛的营造者、学习兴趣的激励者、学习信息的交流者和学习探究的协作者。这表现在教育中就是一种交往式的教育活动。教育主体间通过平等的对话和相互的融入，生成了主体间性。

主体间性有两个方面：主体间的互识和主体间的共识。互识表明交往中的差异性，共识表明交往中的统一性。交往的过程不是为了达到某种共识而泯灭个性的过程。真正的交往是以人格平等、互相尊重为基础的主体间性关系，在这里一切等级压制、思想强迫、话语霸权、人格歧视等都让位于平等的对话、深入的理解和真诚的合作，渗透在这种自由交往中的是真正的个性，交往的空间是一个充满自由、民主和活力的公共领域。因此，这种交往式教育所实现的不是去复述一个标准答案，而是学生富有创造性思想的生成。教师与学生、学生与学生之间的交往，获得的不是一个答案，而是多个答案，师生在交往中共享这些成果，促进师生共同发展。传统占有式教育中，教师把知识教给学生，教师是知识的权威，教的过程不是教师发展的过程。但交往式教育，发展的不只有学生，同样还有教师，这才是真正的教学相长。

科学和艺术整合学习活动的组织与实施，正是遵循了主体间性关系的原则，使学习过程变成了教师、儿童双方相互学习与共同学习的过程。教师广泛征求儿童的意见，和儿童共同设计学习活动计划、内容和过程，倾听儿童的观点和学习的建议，根据儿童的学习情况随时调整计划、内容和过程；支持儿童的设想，教师利用一切手段和策略，帮助儿童"把想象变为现实"，使儿童真正成为学习的主人。

2. 儿童与环境"对话"的关系

让儿童和环境互动，和处于环境中的人（包括成人和同伴）产生对话，这样，才能在环境中建构新的经验，促进成人和儿童的共同进步。让环境富于美感，使儿童获得多感官的体验，以此激发儿童的好奇心和探索欲。最为重要的是，似乎在这样的环境中，儿童和儿童之间、成人和成人之间的关系也更加具有了启发性、审美性。例如，幼儿园以浅色系为主的园所大厅，配以富于创意的色彩渲染装饰，让整个空间入口充满了吸引力，让人想要一探究竟，也自然成为儿童流连忘返的乐园；绿植和碎石的搭配让自然的美感渗透到本来只能作为一个狭长走廊的地带，增加了空间的吸引力；使幼儿园的大厅和广场具有空间上的通透性，会让儿童和成人感到舒适和愉悦；把自然光源引入幼儿园，儿童可以在这里交流嬉戏，自由对话；教室内开阔的阶梯式设计，可以帮助儿童很好地进行建构材料的搭建，同时能够随时进行调整变化；只要能够契合儿童学习的需要，楼梯也能成为儿童学习探索的绝佳场所。如果真的希望环境能够"说话"，那么就应该打破它的空间限制，使其富于变化。这里，儿童和环境对话的关系，成为他们构建生活经验、情感经验、交往经验的一个重要因素。这里，儿童的自主探索、自主学习将无处不在……当你给儿童自由表达的机会和空间时，他们就会向你展现奇迹般的创造力和表达力。

3. 教师对儿童的支持作用

教师对儿童的支持作用体现在以下几个重要方面。

(1)通过任务驱动设计暗含问题的情境

学习活动是解决问题的过程。儿童运用探究的方法提出问题，调查一个话题，利用各种资源寻找解决方案。随着儿童对问题的探索，他们会得出结论，同时对问题的探索会导致更多的问题。为了确保学习的有效性，教师必须创设暗含问题和富于挑战的问题情境，不断提出挑战的任务和提供必要的支持，以帮助儿童从借助支持到摆脱支持，逐渐达到独立完成任务的水平。

（2）通过路径探寻提升儿童的自我纠错能力

教师要确立"儿童的错误是学习的机会"的观念。错误是不可避免的，错误对儿童的学习也是必要的，这些错误在检测儿童的学习障碍中起着重要作用。知识不是不变的确定性存在，知识是一直不断地生成变化着的，所以错误可以被教师用作诊断儿童知识结构和思维的工具。所以，对儿童的错误应予宽容。教师可以引导儿童意识到由错误而造成的问题和冲突，提示解决问题的线索。教师也可以通过创设具体的问题情境来促进学习（学生自我纠错），并通过有效的提问介绍和澄清概念信息等。总之，学习涉及观念的改变。儿童目前所信的，无论正确与否都很重要。

（3）使枯燥的知识呈现在生动的背景中

知识是通过社会互动，从文化背景中获得的。因而知识是带有情境背景的。知识应与具体情境联系起来。儿童是热情的观察者，教师可以通过多变的学习情境设计，使每个枯燥的概念都包含充分的实例变化，这有助于儿童对某一事物的深刻理解。这一过程不是抽象地让儿童记住概念，而是将概念具体到一定实例中，与具体情境联系起来。每个概念的学习都包含了充分的实景变化，且每次实景都分别着眼于问题的不同侧面，促进儿童从不同侧面、不同程度、不同视角去理解同一事物或概念。因为每次学习的落脚点都不相同，所以能促进儿童更深刻地把握表面看起来枯燥的概念的形象实质。

总之，教师的作用集中体现在创设暗含问题和富于挑战的问题情境，引发儿童进入学习；在儿童遇到困难时启发儿童通过自己的思考解决问题；在儿童准备放弃时点燃儿童继续探索的勇气和热情；帮助儿童总结和回顾学习所获得的经验与学习所经历的过程等方面。

二、儿童科学和艺术整合学习活动的特征

（一）目标的整体性

目标的整体性集中体现在"真""善""美"相统一的科学和艺术整合学习的价值定位。

求真、扬善、立美，既是科学和艺术共同的基础，也是科学和艺术共同的目标，更是儿童学习与发展的本质诉求。求真，要求客观公正；扬善，意味着利

他、利民、利于社会及生态；立美，彰显了人性的自由、愉悦，与人际关系、生态关系的和谐。因而，这要求我们在设计儿童学习活动目标时要"登高望远"，致力于儿童的全人发展与可持续发展，把儿童发展的大目标和当前学习活动的具体小目标相结合；基于对儿童的认知与思维、情感与态度、过程与方法的综合考虑，把握住将科学问题探索的严谨思维过程与艺术审美表征的扩张发散的创造过程相结合；把握科学的客观公正与为人类造福的科学道德和艺术的追求弘扬正确价值观的审美意趣相结合的学习目标的顶层设计理念；从儿童自身的需要和兴趣出发，激发儿童对学习活动内容、学习过程本身保持愉悦的情感和良好的体验，而投入学习、献身学习。

(二)内容的联结性

内容的联结性聚焦在自然与人文互动关系自组织形式的科学和艺术整合学习的内容范式。

辩证唯物法告诉我们，世界万物之间均是相互联系、对立统一、相互依存的关系，虽一时荣辱有序，但终是共损共荣的。科学和艺术本就是同一事物的两个侧面，世界万物既是科学客观的存在，又是艺术美感的呈现，自然事物的对称性、果实的圆弧形、海浪的曲线等，无不给人圆满、和谐、柔软、刚硬的审美感受，同时又具引人探究、发人深省的神秘。只有当我们从儿童的视角去看世间的一切事物，我们才不会仅仅去关注一个一个无法相连的"学科知识点"，而是把儿童的学习活动的内容放在一个更广阔的背景中，用自然事理的逻辑，遵循事物间有机联系的线索，更多采用"主题教学""项目教学""问题教学"的方式去连接不同学科、不同领域、不同视界、不同层面的内容知识，让儿童获得关于这个世界的"核心概念(价值观)—具体概念(事实与事理)—个别事实(现象与表象)"的知识架构或知识网络。在这个架构和网络中，有意识地找寻到自己："我是谁？我在哪里？我往哪里去？"从而达到个体与人类的共存共生的状态，在学习知识的同时，也能找到心灵的归属。

(三)过程的伸展性

过程的伸展性体现在问题探究与审美表征相结合的科学和艺术整合学习的过程策略中。

科学和艺术整合学习的过程，一方面可以引导儿童在学习科学知识和提出科学问题时，通过联合自己的直觉体验、同理心、共情作用、联觉、联想和想象等，使得科学知识和科学问题与其心理感受相结合，从而使他们更好地去发现问题和提出问题，并延伸与拓展有价值的问题，让儿童适应科学问题本身所具有的现实性、开放性、严谨性，获得多种答案和多种解法。另一方面，也可以推广扩充或迁移艺术知识和经验，拓展科学学习过程中的解决问题的思路，找到新的观点和方法，获得更加广阔的思维空间，培养和发展儿童的创新能力。

阅读材料

几个重要概念——儿童感官功能发展与审美感知觉形成

一、听觉

(一)相关器官及形成机制

听觉是个体对声波刺激的物理特性的感觉。声波从外耳传入，引起鼓膜振动，经听觉神经传入大脑皮层的听觉中枢，就产生了听觉。过程如下所示。

声源→耳郭(收集声波)→外耳道(使声波通过)→鼓膜(将声波转换成振动)→耳蜗(将振动转换成神经冲动)→听神经(传递冲动)→大脑听觉中枢(形成听觉)

(二)听觉发展特征

婴儿在胎儿期的第 5 个月就有了听觉能力，6 个月时听觉感受器就已基本发育成熟。

新生儿喜欢听母亲的说话声和轻松、优美的音乐声，尤其是听到胎教音乐时会表现出相对的安静、愉快和安全感。对强烈的噪声表现出烦躁的情绪。

出生 3 个月时，婴儿能够明显的集中听觉，能够感受不同方位发出的声音，并且向声源方向转头。

到了 5~6 个月时，婴儿对于声、像刺激相吻合的物体注视的时间会更长一些；到了 7~8 个月时，婴儿能根据声音的方向用视觉去寻找发声的物体，声音的分辨能力明显提高。

二、味觉

(一)相关器官及形成机制

味觉是个体辨别物体味道的感知觉。物质溶解于水或唾液中后，作用于舌面、口腔黏膜和咽喉上的味觉细胞(味蕾)，产生的兴奋传至大脑便引起味觉。人的味觉可分为基本的 4 种：酸、甜、苦、咸。其他味道都是由这 4 种混合而成的。

(二)味觉的发展特征

婴儿的味觉系统在胎儿 3 个月时就开始发育，并且开始受到多种味觉刺激。出生前味觉系统已经发育成熟，新生儿一生下来就有了味觉，并且相当敏锐，表现出明显的对甜物的"偏爱"，对咸、酸、苦的液体有不愉快的表情。

人类味觉系统在婴儿和儿童期最发达，以后就逐渐衰退，这与味觉在人类种系演化进程中的趋势是一致的。

三、嗅觉

(一)相关器官及形成机制

嗅觉即辨别物体气味的感觉。人对各种气味的辨别一般通过 4 种嗅觉来实现，即香(芬芳)、酸、焦气味(焦糖味)和腐臭。嗅觉感受器是位于鼻腔上部两侧黏膜中的嗅细胞。嗅觉的传递较为特殊，一般认为不经过丘脑，而是嗅细胞受到刺激兴奋后，发放冲动直接传入嗅球而产生嗅觉。

(二)嗅觉的发展特征

在妊娠末期胎儿已具有了初步的嗅觉反应能力，已大致能区别不同的气味。

新生儿已能对各种气味做出相应的各不相同的反应，如"喜爱"好闻的气味，"讨厌"或"躲避"不好闻的气味。

新生儿已能够由嗅觉建立起食物性条件反射，并具有初步的嗅觉空间定位能力。

四、触觉

(一)相关器官及形成机制

触觉是皮肤受到机械刺激时而产生的感觉。触觉是婴儿认识世界的主要手段，在其认知活动和依恋关系形成的过程中占有非常重要的地位。

新生儿的触觉器官最大，全身皮肤都具有灵敏的触觉。

(二)触觉的发展特征

实际上，婴儿在胎儿期就有了触觉，当他被子宫内温暖的软组织和羊水包围时就开始有了触觉，出生以后仍然习惯于温暖的怀抱和依偎在母亲的身边。

新生儿对不同的温度、湿度、物体的质地和疼痛有触觉感受能力，也就是说他们有冷热、疼痛的感觉，喜欢接触质地柔软的物体。嘴唇和手是触觉最灵敏的部位。婴儿也依靠触觉或触觉与其他感知觉的协同活动来认识世界。依恋关系的建立主要依赖于身体的接触。

五、视觉

(一)相关器官及形成机制

光作用于视觉器官，使其感受细胞兴奋，其信息经视觉神经系统加工后便产生视觉。视觉形成过程如下所示。

光线→角膜→瞳孔→晶状体(折射光线)→玻璃体(固定眼球)→视网膜(形成物像)→视神经(传导视觉信息)→大脑视觉中枢(形成视觉)

(二)视觉发育阶段

宝宝的视觉发育会经历黑白期、彩色期、立体期和空间期这几个阶段。

(三)宝宝的视觉发展规律

新生儿刚出生时没有视觉。

出生后 1 个月内，注视物体时间逐渐延长。

出生后 3 个月时，双眼视机能开始发育，初步形成了视觉条件反射。

出生后 4 个月时，建立了视觉与听觉的联系。

出生后 6 个月时，建立了集合反射、中心视力、双眼单视与立体视觉。

出生后 10 个月时已把视觉与触觉结合起来。

1 岁后，喜欢看图书，能区别物体，会模仿动作。

2～3 岁，双眼视觉发育最为旺盛。

6 岁时视觉达到成人水平，而立体视功能到 9 岁才可达到正常。

(四)视觉刺激开启宝宝智力

0～6 个月：在宝宝眼前放一些具有黑白对比色的玩具，可以刺激宝宝的眼睛移动，同时也可以介入红色色彩刺激，为宝宝进入色彩期做准备。

6～12 个月：是宝宝视觉的色彩期，也是宝宝视敏度发展的关键期。宝宝可以透过清楚的影像，开始发展其他的感官功能。经由丰富多样、颜色鲜艳的图案刺激，加速脑部视觉区的成长，启发高层次的认知发展。

3 岁：宝宝进入建立立体空间感的黄金时期，开始对远近、前后、左右等立体空间有更多的认识。3D 图形可以很好地引导这一时期宝宝的视觉从二维向三维转化，独特的视觉启智图案可激发宝宝无限的想象力。

3～6 岁：是宝宝视觉发展的空间期，他们可以准确判断出物体的大小、上下、前后、左右、远近。这时候玩相应的游戏可很好地锻炼宝宝对物体空间关系的把握和手眼协调的能力，并进一步培养宝宝更细微的观察力。

六、审美感

审美感是人对事物审美的体验，它是根据一定的美的评价而产生的。儿童的美的体验也有一个逐步发展的过程。

婴儿从小喜好鲜艳悦目的东西，以及整齐清洁的环境。有的研究表明，新生儿已经倾向于注视端正的人脸，他们喜欢有图案的纸板多于纯灰色的纸板。幼儿初期仍然主要是对颜色鲜明的东西、新的衣服等产生美感。他们自发地喜欢相貌漂亮的小朋友，而不喜欢形状丑恶的任何事物。在环境和教育的影响下，幼儿逐渐形成审美的标准。比如，对拖着长鼻涕的样子感到厌恶，对于衣物玩具摆放整齐产生快感。同时，他们也能够从音乐、舞蹈等艺术活动和美术作品中体验到美，而且对美的评价标准也日渐提高，从而促进了美感的发展。

七、理智感

理智感是人对认知活动产生的情感体验，是人类所特有的高级情感。它与人的求知欲、认识兴趣、解决问题的需要是否满足相联系。

理智感在很大程度上取决于环境的影响和成人的培养。适时地向婴幼儿提供恰当的知识，主要发展他们的智力，鼓励和引导他们提问等教育手段，有利于促进儿童理智感的发展。对一般儿童来说，5岁左右，这种情感明显地发展起来，突出表现在幼儿很喜欢提问题，并由于提问和得到满意的回答而感到愉快。同时，幼儿喜爱进行各种智力游戏，或者动脑筋、解决问题的活动，如下棋、猜谜语、拼搭大型建筑物等。这些活动既能满足他们的求知欲和好奇心，又有助于促进理智感的发展。

第二节　儿童科学和艺术整合学习
活动的价值与意义

科学和艺术整合学习活动的开展，使儿童不再进行各学科知识之间割裂的学习，"通向儿童智慧和情感的那条小道终于被连通了"，使儿童在有限的时间和空间内获得更加高质和完整的经验，对儿童的发展产生巨大的价值。

一、科学和艺术整合的学习活动促进儿童创造力的提升

众多研究表明，正是由于科学和艺术的整合——科学的内聚思维和艺术的发散思维的结合，促进了人的创造力的发展。

创造力是指产生新思想、发现和创造新事物的能力。克拉夫特等人提出的创造力的概念适合特定的人群和特定的环境。他们认为，在教育环境中有用的创造力的定义是：创造力的本质是产生新的方法或问题，这些方法或问题有助于从已知的"是什么"过渡到"可能是什么"。儿童的创造属于表达式创造（指以自由和兴致为基础，因情境而产生，随兴致而感发，但是却具有某种创意的行为表现）。[①]我们认为，儿童的创造力是创造性思维和探究创意行为的结合，是知识（经验多样化）、智力、能力及优良的个性品质等复杂因素综合优化构成的。在研究中，我们以设计和实施儿童感兴趣的科学和艺术整合活动为抓手，充分利用自然和艺术人文资源，以"提出问题—推测猜想—行动验证—交流解释"的"问题探究"为学习过程主线索，同时融入"直觉体验、知觉通感、想象创作、争议评论"的"审美感知和表达"的艺术学习方式，让儿童在"学与做""思与行""理性与感性""科学与人文"的接洽统一中，积累科学经验、艺术经验、跨领域经验。众多研究表明，知识和经验的多样化和相互连接促进了新思想的产生，远高于个体在一般情形下所能达到的创造力水平。在科学与艺术探究的过程中，儿童在一个不受约束且充分自由的氛围中进行科学研究与探索，通过想象、直觉等方式互相作用而达到理想状态，得到满意的结果。贝弗里奇认为理性的科学创造中必定包含着感性的直觉、想象、情感等艺术思维。任何创造性的产物，都是左右脑密切配合、协调活动的结果。左脑与右脑的共同协调思维才是创造力的真正基础，才能帮助创造性思维的展开。这也促成了儿童创造想象和现实问题解决定向的有机结合，因而同时发展了观察力、记忆力、思考力、行动力及多种经验整合迁移解决新矛盾、新问题的能力，形成了"自信进取"的积极心理品质。儿童在"敢想敢为"的行动探究与实践过程中，获得了创造性思维和探究创造行为能力的提升。黄海涛的研究也证明，实验班儿童在"发现问题和规律的能力""独创性""完成任务的能力"方面明

---

① 王小英：《幼儿创造力发展的特点及其教育教学对策》，载《东北师大学报（哲学社会科学版）》，2005（2）。

显好于对照班儿童。①

二、科学和艺术整合的学习活动促进儿童知、情、意、行的协调统一

在科学学习和艺术学习的过程中，儿童虽分别主要运用相应的脑半球工作，但脑科学成像技术表明，儿童在科学学习时，"艺术脑"中部分细胞同时也在工作，其原因是儿童本就是形象地感知事物和概念的；儿童在艺术学习时，"科学脑"中负责抽象逻辑的部分细胞也参与工作，这是因为儿童在艺术学习中，同样需要对形象具体、细节繁杂的外界生态进行简化抽象的处理，才能认识和表现事物的主要特征。画家丰子恺说："儿童能够本能地将事物提纯、简化，把事物最主要的特征和本质的东西反映出来。在这一方面，儿童比大人做得好。"比如，儿童在画完成人看来并不太像的竹子后，会在竹竿上画上眼睛、鼻子和嘴巴，眼睛弯弯，笑眯眯地看着自己；嘴巴大大，好像在说话……这就是儿童艺术的抽象、夸张、拟人、形变的艺术特质。它所传达的是儿童内心对他所画事物的美好情感与亲和的关系。正是在这样独特的表达中，儿童的艺术具有了不同于成人的艺术灵性。

儿童自身所具备的"吸收性张力结构的审美先在图式"使得儿童具有先天的审美能力。胎儿，听到音乐会有反应；两个月的宝宝能配合音调变化，手舞足蹈；6 个月的婴儿经常随旋律摇摆跳动，这不能不说是儿童的审美本能，是人类千百万年生存繁衍遗存的文化基因在儿童个体潜意识层面的本能存在。儿童在 1.5 岁时可理解客体永久性概念，便开始逐步具有了意识层面的审美，他们开始涂鸦、伴着音乐自由舞蹈。3 岁以后开始喜欢各种角色扮演，展开角色游戏和戏剧表演。儿童通过这些艺术活动，用审美的方式把握外部世界的规则、自然的形式、规律和节奏，并用审美的方式获得理解。

科学和艺术整合的学习，对于儿童而言是一种形象与抽象整合、主体与客体交融的认知方式，它广泛地存在于儿童的生活和学习活动中。当儿童将物体与自我作为客观对象审视时，儿童就产生了好奇和疑问。好奇心和疑问使他们行动起来，在行动中，其具象性的思维方式，使儿童善于用形象、画面、动作来表现他

---

① 黄海涛：《科学与艺术整合教育中幼儿创造力培养的实验研究》，载《当代教育科学》，2007(16)。

们对事物的自然属性和规律的理解，所以儿童对周围世界的把握往往是用一种科学和艺术天然整合的方式进行的。这种移情和抽象同时并进的学习过程达成了儿童与周围环境的"物我交融"，形成了积极情感，并从中获取力量，形成自信。因而，科学和艺术整合的学习活动，促进了儿童知、情、意、行的协调统一。

三、科学和艺术整合的学习活动促进儿童科学世界观的建构

世界观是人们对整个世界的总体看法和根本观点，它客观地反映世界的本质和一般规律。

世界是纷繁复杂的、发展变化的，但万变不离其宗，也都是有一定的规律和线索可寻的。年幼的儿童虽然懵懂，但按照一定线索组织的环境和材料，却可以使他们认知、理解并能够感同身受的。科学和艺术整合的学习活动，可以让儿童对多变世界的时空结构、物质变化、事物的多样性与同一性、事物间的差异与联系等有更加深刻的认识，从而能在此过程中形成唯物的、辩证的科学世界观和方法论。而这种科学世界观和方法论的形成，对儿童亦是终身有益的。

第三章　儿童科学和艺术整合学习研究的现状

如前所述，科学与艺术本就是对立而又统一的。它们是随着人类社会、历史和文化发展而生发出的两朵"并蒂莲"，也同时服务于人类社会和文化的发展。本章将探讨中外对儿童科学和艺术整合学习研究的现状。

第一节　我国儿童科学和艺术整合学习研究的现状

一、我国古代思想家关于儿童科学学习和艺术学习的见解

科学和艺术整合的教育思想，在我国"天人合一""以和为贵"的文化传承中源远流长。从远古的殷商时期，到先秦诸子，均注重科学和艺术整合的教育。孔子的教育内容是"六艺"：礼、乐、射、御、书、数。按照今天的观点，就是提倡德、智、体、美、劳的全面发展。中国古代墨家尤其重视生产技能与科技知识的教育，鼓励学生的发明创造，主张在实践中学习，主张以动机与效果的统一去评价人的学习行为。墨家机关举世闻名，而墨家机关术更是科学和艺术整合的教育成就最有力的见证，不仅机巧精致，而且美奂绝伦。墨家思想以培养具有兼爱品质的贤士和兼士为己任，以备担当治国利民的职责，必须能够"厚乎德行，辩乎言谈，博乎道术"；在教育内容上，同时重视文史知识的掌握及逻辑思维能力的培养，注重实用技术的传习教义、战略战术和各种兵器的使用。其内容涉及认识论、名学、几何学、力学、光学等，造诣都达到了当时的先进水平。墨家亦提倡判断事物的是非，需要有论证、有论据。论据要有所本，也就是说，要基于观察的实证研究，仅凭间接的经验来证明是不够的。由此可见，墨家在重视逻辑思维的培养以及概念分析归纳的同时，亦注重艺术与审美的教育。

魏晋南北朝时期虽然政权割据分崩离析，但也是精神解放、个性伸展的年

代，是"精神上极自由、极解放，最富于智慧、最浓于热情的一个时代"。它对前此以往的中国文化的批判和改造使当时的中国文化呈现出光耀一时的多元化的面貌。人们从不同角度去追求和发展个体存在的意义和价值，这在中国思想文化发展史上是一个具有深远影响的思想转折。"它是历史老人借助于非理性化的、野蛮化的冲击，摧毁旧文明的坚固堡垒，从而为新的文明的根苗生长准备条件。"[①]此时学术思想相对自由，许多科学家、艺术家创造了承上启下的灿烂文化。例如，祖冲之第一次把圆周率计算到小数点后第七位；举世闻名的石窟艺术，堪称科学和艺术结合的典范，我国此时的科学技术和艺术成就已领先于世界；汉唐时期的陶瓷艺术、敦煌飞天壁画、唐三彩等，更是以其极高的科技含量和审美价值而流传了千年，达到了当时世界科学与艺术结合的巅峰。这些均是我国古代重视科学和艺术教育的成果。

二、我国近现代关于儿童科学和艺术整合学习的研究

(一)蔡元培先生关于科学和艺术整合教育的主张

蔡元培先生提倡完全人格教育，他推行思想自由、兼容并包的办学原则。为实现完全人格教育，他提出了五育并重、和谐发展的教育方针。他也是中国近代教育思想史上第一位提出了国民教育、实利主义教育、公民道德教育、世界观教育和美感教育"皆今日教育所不可偏废"的教育思想家。尚自然、展个性的教育理念，展现了蔡元培先生注重科学及自然主义教育，同时提倡在美育活动中展示儿童的个性、伸张儿童的个性，提倡个人的独特主体性的正常健康发展或自由发展的教育主张。在教学过程中，提倡教育科学的实验研究，摒弃重视教学方法，强调用启发式教学，特别提倡学生自主自学。他认为，科学和艺术是人类文化史上的两翼，既有差别，又有联系。科学是属于概念的，而情感是艺术的，它们之间又有渗透，如声学与音乐、光学与画面、矿物学与美丽的结晶等都有关联。他提倡科学和艺术并举，治科学兼艺术。他认为，科学和艺术整合的教育可以培养人健全的人格。对于那些只学科学的人，他们往往具有机械的世界观，不仅对于自己毫无兴趣，对社会无感情，就是对于自己的科学也一样，毫无创造精神。而

---

① 周建平：《浅析魏晋南北朝文化的多元化》，载《南京理工大学学报（社会科学版）》，2000(4)。

美育可以超越利益，发展个性，使人提高创造精神。创造人才非独科学家需要，美育皆然也。

（二）陶行知"生活课程"中关于儿童科学学习和艺术学习的观点

生活课程的目标首先是让人成为"真人"，成为"活人"，所以"生活课程"的关键点是把儿童培养成为一个人格健全的人，因而主张"真"的学习应该活学活用，在活学活用中，培养儿童的创造精神；主张要将自然知识作为生活课程的重要内容，培养学生的创造能力，培养学生运用生活工具、制造生活工具的能力。他重视艺术课程，主张在教和做合一的过程中，让学生学一点他自己渴望要学的学问，干一点他自己高兴干的事情，以此陶冶学生的情感，并使学生形成对艺术的兴趣，以养成优良品德。陶行知先生认为，优雅的校园环境不仅能够为儿童带来美好的生活感受，同时也能够促进儿童优雅性情的养成。特别是一些自然景色、艺术戏剧、美术作品等方面的教育，均会提升儿童的审美观念以及审美情操。同时，儿童还能够在这种优美、和谐的学习环境中学会如何发现美、传播美。在实际的教学过程中，教师还可以带着儿童经常走到大自然当中，通过感悟与接触来体验人与自然之美，同时学校还应当定期组织学生积极的走进各类纪念馆、博物馆当中，通过对一些文物古迹、历史掠影等资料来提升对历史的认知。以上这些，无一不说明，陶行知先生提倡儿童进行科学和艺术整合的学习。

（三）陈鹤琴"五指课程"中关于儿童科学学习和艺术学习的观点

陈鹤琴先生主张儿童课程应是综合课程，学习是综合的学习："儿童的生活是整个的，所以教材（学习内容和材料）也必定要是整个的互相连接的，不能是四分五裂的……"他认为，儿童是独特的、发展的、应受尊重的人。儿童是人类中最特殊的群体。儿童的身上集中着人类精神的本原：儿童的执着，表现着儿童求真的实验精神；儿童的烂漫，体现着儿童求美的艺术精神；儿童的率真，反映着人类求善的道德精神。儿童清澈的眼眸闪烁着科学家的敏锐、艺术家的热情和哲学家的简洁。所谓成熟，不过是重新体验儿时游戏的认真态度和重新审视儿时积累的早期经验。只有了解儿童，才会尊重儿童。尊重儿童，就是尊重人类本身。[1]

---

[1] 王振宇、秦光兰、林炎琴：《为幼儿教育发现中国儿童，为儿童创办中国幼儿教育——纪念陈鹤琴先生诞辰125周年》，载《学前教育研究》，2018(1)。

由此可见，陈鹤琴是主张儿童需进行科学与艺术整合的学习的。陈鹤琴的"儿童综合教育"思想对我国现代儿童教育观念有深远的影响。幼儿园课程的五大领域实际上均来源于陈鹤琴先生的"五指课程"。但如何使不同领域的学习内容互相连接，不能让"五指课程"四分五裂，依然是当今国内众多幼儿教育机构亟待解决的问题。

三、我国当代有关儿童科学和艺术整合学习的研究

(一)当代有关儿童科学和艺术整合教育的理论研究

科学与艺术的关系一直是各领域专家所关注的。正如李政道所说，科学和艺术的关系是同智慧和情感的二元性密切相连的。对艺术的美学鉴赏和对科学观念的理解都需要智慧，随后的感受升华与情感又是分不开的，所以，科学和艺术是不可分的，二者都在寻求真理的普遍性。普遍性一定根植于自然，而对自然的探索则是人类创造性的最崇高的表现。事实上，科学和艺术源于人类活动最高尚的部分，都追求着深刻性、普遍性、永恒和富有意义。[1] 钱学森曾说，从人的思维方法来看，科学研究总是用严密的逻辑思维，但科学工作往往是从一个猜想开始，然后才是科学论证。也就是说，科学创新的思想火花是从不同事物的大跨度联想激活的。而这正是艺术家的思维方法，即形象思维。接下来的工作是进行严密的数学推导计算和严谨的科学实验验证，这就是科学家的逻辑思维了。换言之，科学工作源于形象思维，终于逻辑思维。也可以简单地说，科学工作是先艺术而后科学的。近年来，在中国，由于科学家呼吁艺术与科学之间的对话，许多著名人物都参与进来，并且进行了一些理论研究和实践探索。在每年一次的"艺术与科学"主题的盛会中，艺术家与科学家都会就同一个主题进行交流。

然而，由于我国长期受传统分科教学思维的影响，当代对儿童科学和艺术整合学习的研究并不多见。经过对文献的梳理，我们发现有如下一些相关研究。

1. 对科学和艺术整合的理论研究

秦元东从理论上探究了科学与艺术在物质、心理和本质层面存在的互动关系，认为这种互动关系是三位一体的，在三个层面之间层层递进，彼此渗透。幼

---

[1]　李政道：《科学与艺术》，10 页，上海，上海科学技术出版社，2002。

儿园科学教育与艺术教育的整合应该实现科学与艺术在物质、心理和本质层面的整合。他详细论述了什么是物质层面的关系——主要表现在科学发现、科学方法和知识等经常会对艺术产生影响，艺术手段、方法等也会通过在科学中的应用对科学产生影响。这就是科学和艺术关系的物质表现形态。他认为，如果仅仅认识这一层面的关系，科学和艺术整合的学习活动很可能成为科学和艺术活动的简单拼凑。同时，他论述了科学和艺术之间心理层面的关系——主要表现为科学思维与艺术思维、理性与非理性之间的内在联系，即科学思维、理性中具有艺术思维、非理性的成分，在而艺术思维、非理性中也蕴含着科学思维、理性的成分。艺术活动指导时，教师要有意识地激发儿童进行理性思考，以深化儿童理解艺术作品的深度。最后，他解释了什么是本质层面的关系——科学和艺术通过不同的方式揭示与把握实质相同的东西，即秩序、和谐、节奏、周期等，二者殊途同归，最终实现了整合，这就是科学和艺术在本质上的相通性。[①] 黄海涛对科学教育与艺术教育整合的教学过程进行了研究。他认为，科学教育与艺术教育整合的教学过程是"明了—迁移—表现"统一的过程，是使学生的思维从分析思维到直觉思维，先聚合思维后发散思维，使学生的思维完全起来、完整起来的过程。[②]

2. 对科学教育和艺术教育综合实施路径、方法、过程的研究

屠美茹教授在 20 世纪 80 年代进行的"认知与情感相结合"的美术教育研究，逐步建立了一个以发展儿童创造潜力为中心，把发展儿童认知与情感紧密结合的美术教育课程模式。值得注意是，这个课程模式主要有两种教学方式。以"引导—发现式"教学为主的基本教学程序：提出问题—探索模式—操作练习。以"运用情境—陶冶式"教学为主的基本教学程序：创设情境—参与活动—表现创作。前一种教学方式是科学教育的方法，重在儿童的认知、发现，后一种是艺术教育方法，重在儿童的情感表现。

黄进从传统科学教育与艺术教育分裂的现状及问题谈起，找出了科学教育与艺术教育分裂的症结以及综合二者的难点所在，提出了可以通过"主题活动"的实施来进行儿童艺术活动和科学活动的整合，并提供了路径与方法。主题的

---

① 秦元东：《科学与艺术关系的层次论》，载《幼儿教育（教育科学版）》，2007(4)。

② 黄海涛：《科学教育与艺术教育整合的教学过程研究——兼论分析思维与直觉思维联合方式的教学》，载《当代教育科学》，2006(18)。

选择——寻找那些能够充分发掘其科学和审美内涵的主题，如自然事物和现象的主题"回声""影子""星月""泥""沉与浮"；事物性质和感受的主题"柔软与坚硬""快与慢""冷与暖""爱"；社会文化性的主题"人从哪里来""街道的故事"等，既能引发儿童强烈的探索兴趣，又能给人以丰富生动的美感，能够将科学和审美两个方面较好地统合。思路的设计——以儿童混沌的、完整的生活经验为基础，不强行去做学科或领域上的划分，把儿童的学习过程还原到真实生动的情境中去，依照生活的本来面目以及"感情上的生动的联系和活动的联结"，自然地将科学和艺术融合为一体。具体活动的开展——综合性并不是要落实在每个活动都既要唱要画，又要做要学的情形上，而是从经验的角度而言，它甚至可以呈现出单纯的特点，但并非一定拘泥和限定于某个学科领域之中，改变以往的思维方式，不是从知识的角度而是从经验、体验的层面进行科学和艺术的整合。教师在进行科学和艺术整合时，首先应选择那些能够充分发掘其科学和审美内涵的内容，其次在活动设计上应该触发儿童的原有经验，并将其还原到生活化的活动情境中去。[1] 柳志红在现实的幼儿园课程模式的基础上，提出了单科渗透式、多科并列式、主题网络式三种整合模式，并就整合教育中活动主题与内容的选择、活动中的整合策略做了较为详细的论述。[2] 王春娟的研究更为具体，她提出可以通过创作科学幻想画，以艺术的涂鸦进行科学启蒙；借助科学绘本，以艺术的描述传授科学知识；通过科学游戏，以艺术的设计揭示科学原理；结合亲子制作，以艺术的情趣引导科学实践，这四种方式促进科学和艺术整合。[3] 邓海虹认为，科学和艺术之间的整合可从增强多元化教学之间的紧密性、强化儿童艺术感觉和感官的有效结合、提升儿童综合艺术修养、创设具有艺术气息的科学教育环境、以实践活动促进艺术教育和科学教育的整合几方面入手。[4] 徐韵、杜娇在科学和艺术的整合活动和 STEAM 的对比研究中提出，科学和艺术的整合活动的形式主要有两种：一是学科知识的渗透式，二是主题

---

①　黄进：《儿童科学教育与艺术教育的分裂及其综合》，载《学前教育研究》，2005(5)。

②　柳志红：《幼儿艺术教育与科学教育的融合研究》，硕士学位论文，南京师范大学，2003。

③　王春娟：《幼儿园"科艺整合"形式探究》，载《教育实践与研究》，2015(2)。

④　邓海虹：《幼儿艺术教育与科学教育融合探析》，载《艺术教育》，2019(6)。

活动融合式。① 刘志强认为，为了使幼儿园课程符合儿童"整体性"的学习特点，应该对儿童的科学教育与艺术教育加以整合，并从目标、内容、实施、评价四个方面提出了儿童科学教育与艺术教育的整合路径。②

3. 对科学和艺术整合教育的意义与价值的论述

沈致隆认为，科学和艺术的整合可以培养有创新精神的人。③ 李红竹认为，儿童艺术教育与科学教育整合有助于培养儿童的创造力与创造意识，可以丰富儿童的精神世界与感情世界，有助于儿童健全人格的塑造与智力的开发。④

(二)儿童科学和艺术整合教育实践

1."领域课程"中儿童科学学习和艺术学习相互渗透的思想

《幼儿园教育指导纲要(试行)》(以下简称《纲要》)把幼儿园的教育内容划分为健康、语言、社会、科学、艺术五个领域，统称"五大领域课程"。《纲要》同时也规定：幼儿园的教育内容应是全面的、启蒙性的，各领域的内容应该相互渗透，从不同的角度促进儿童情感、态度、能力、知识、技能等方面的发展。《纲要》还指出，幼儿园科学领域的教育目标应是：对周围的事物、现象感兴趣，有好奇心和求知欲；能运用各种感官，动手动脑，探究问题；能用适当的方式表达、交流探索的过程和结果；能从生活和游戏中感受事物的数量关系并体验到数学的重要和有趣；爱护动植物，关心周围环境，亲近大自然，珍惜自然资源，有初步的环保意识。儿童运用视觉、听觉、触觉等各种感觉通道来进行探索活动，并且，在用多种方式表现、交流、分享、探索的过程中，一定会包含着审美的、艺术的表现方式，如唱歌、跳舞、戏剧表演、绘画、手工、雕塑等，因而在这里，艺术是为科学学习服务的。艺术领域的目标是：能初步感受并喜爱环境、生活和艺术中的美；喜欢参加艺术活动，并能大胆地表现自己的情感和体验；能用自己喜欢的方式进行艺术表现活动。要达到这些目标，必须引导儿童充分接触周围环境和生活中美好的人、事、物，在科学的观察、认知过程当中，丰富儿童的感性经验和

---

① 徐韵、杜娇：《从科艺综合活动到 STEAM 教育——对学校教育中艺术与科学融合的本质反思》，载《现代教育技术》，2017(11)。

② 刘志强：《论幼儿科学教育与艺术教育的整合》，载《江苏幼儿教育》，2018(3)。

③ 任远：《〈科学与艺术——沈致隆美育演讲精选录〉评介》，载《美育学刊》，2018(4)。

④ 李红竹：《幼儿艺术教育与科学教育的融合研究》，载《吉林广播电视大学学报》，2016(9)。

审美情趣。

为了提高儿童感受美、表现美的能力，丰富儿童的审美经验，使之体验到自由表达和创造的快乐，教师应根据儿童的发展状况和需要，对表现方式和技能技巧给予适时适当的指导，而对表现方式和技能技巧的学习过程，又是科学与技术相结合的学习过程。此学习过程——技术使用的技能、技巧等都必须是通过科学学习的过程来完成的。在这里，科学学习的过程是为艺术审美的目标而服务的。从这个意义上来说，儿童的科学和艺术学习领域是相互渗透、相互连接的。可以看出，其实在《纲要》中，科学教育和艺术教育的目标基本一致，都要求对周围的事物进行感知，强调儿童与环境（自然环境、人文环境和其他人）的互动，以及儿童自身创造力的发展。

2.“主题课程”中科学教育与艺术教育的衔接

主题课程是指围绕生活中的某个主题而设计的课程。主题课程要求一切以儿童的兴趣为中心，实现其主体性并满足其未来发展的需要。在主题课程中有效开展科学和艺术整合的活动，更有利于儿童的情感、心理、认知力、创造力、情商等协调健康的发展。

幼儿园的主题课程总体涵盖了健康、语言、社会、科学、艺术五个大的领域。科学和艺术是儿童主题课程中的两个重要方面，与其他三个方面相互联系、相互影响、相互制约、相互衔接和统一。科学和艺术活动的开展离不开其他三个方面的支持。以主题活动“认识影子”为例。儿童在探究了影子与物体的存在关系、位置关系、距离与大小变化的关系以后，他们意犹未尽，还在画影子、和影子玩捉迷藏的游戏、玩皮影戏的过程中，体验影子的艺术美和感受审美过程的愉悦，又在画影子、玩皮影戏的过程中对影子的形状、变化、性质，与周围事物的关系有了进一步把握；这样使科学和艺术紧密相连，融为一体，艺术中体现着科学原则，科学中展现着艺术精神。当然，自然与社会是儿童最好的教材。美丽的大自然蕴藏着巨大的教育财富，是最具体、最形象、最生动的科学和艺术的教材，更是主题活动的重要内容。例如，以自然四季为主要内容的主题活动，教师只要给予恰当的引导和组织，使儿童在五彩缤纷的大自然中，自然而然地接受科学和艺术的熏陶，寓教于乐。社区美丽的公园、青翠的草坪、亭台楼阁和花鸟鱼虫都是丰富的科学、艺术教育资源。社区的书店、菜市场、超市、文化中心、邮局、银行等，这些都是贴近儿童生活的场所。儿童在这里既可以通过对周围的观察和探究获得丰富的关于自然物质、现象的科学知识和探究经验，也因为目睹着雨后绚烂的彩虹、雪中娇艳的寒梅，耳听优美的音乐，眼见社会生活的方方面面而获得丰富的情感体验和生活常识，体味着生活的美好。

第二节　国外儿童科学和艺术整合学习研究的现状

在西方，文艺复兴运动以前，艺术与科学在观念上基本是浑然一体的。人们对自然、人、社会、艺术的价值认识多半只停留在数、和谐、均衡、比例、整齐划一、稀奇、神秘、博大之类的感性认识上。直到 1543 年，哥白尼《天体运行论》的发表引起了自然科学、神学、哲学的分化。或许，科学和艺术在这一历史阶段的分化和断裂在某种意义上促进了科学和艺术各自长足的发展。但所谓分化和断裂无论从实质上看还是从现象上看，从来都不是绝对的。文艺复兴运动的巨人达·芬奇、德国的诗圣歌德以及法国百科全书派的大师们，都是科学家兼文学艺术家，他们同时具备对科学符号和艺术形象的综合感知和理解能力以及把握与创造能力。早在公元前 60 年，希腊的毕达哥斯拉学派就提出了黄金分割理论以及音乐里的数量比例关系并且将这些原则运用到建筑、雕刻、绘画、音乐等各门类艺术中去。

一、国外有关科学和艺术整合学习的理论研究

由于艺术与科学是人类文化的重要组成部分，西方学者对二者关系的探讨也由来已久，如苏霍金的《艺术与科学》、马丁·约翰逊的《艺术与科学思维》都是对艺术与科学关系的探讨。此外，还有一些著作，如普列汉诺夫的《论艺术（没有地址的信）》、斯诺所著的《两种文化》、卡西尔的《人论》等都不同程度地谈论了二者的关系。[①] 很多艺术家、科学家以及理论家将形象思维以及想象力作为艺术与科学沟通的重要通道，试图说明它们在创造性发挥的过程中起着不可估量的作用。

---

① 柳志红：《幼儿艺术教育与科学教育的融合研究》，硕士学位论文，南京师范大学，2003。

(一)在文化领域，艺术与科学的联手已成为社会发展的趋势

1. 从个体经验的角度论述科学和艺术在个人成长中相互促进的关系

科学和艺术是人类认识世界和改造世界的不同手段，是具有不同规律但又相互联系的两个领域。人们认识和驾驭科学和艺术通常会采用不同的方式，但有些人善于把两种不同的方式统一起来，即将科学和艺术整合。美国人罗伯特研究了150位科学家的传记，发现几乎所有的大科学家、发明巨匠都同时是诗人、提琴手等艺术家，而艺术家也从科学中获益。最为典型的是对爱因斯坦、牛顿、达·芬奇等历史上著名的科学与艺术巨匠的研究，许多作者都将他们列为艺术与科学双赢的典范，进而剖析科学能力与艺术能力在个体发展过程中如何相互促进、相互关联，从而激发出个人的优异素质。

2. 从文化异同的角度来分析科学与艺术的关系

科学家以博大的人性情怀拥抱自然之理，把认识抽象为自然定律，艺术家则以宇宙之理倾诉人性之情，把生命精神的思考谱写为人性和宇宙和谐的自律。[①] 19世纪的伟大哲人、科学家亚历山大·冯·洪堡认为艺术和科学都是自然在人头脑中的反映，艺术是通过想象得出的反映，科学是通过理性能力得出的反映；[②]"直觉知识与理性知识的最崇高的焕发，光辉远照的最高峰，像我们所知道的，叫做艺术与科学。"[③]

美学家克罗齐说："艺术与科学既不同而又相互关联，它们在审美方面交会。每个科学作品同时又是艺术作品。"达·芬奇研究力学、光学、生理学，总结出绘画的透视原理和人体美的规律。现代艺术大师毕加索曾探讨过几何学，他在绘画中借鉴数学中的第四维，即非欧几何的一种特殊形式，以独特的思维方式及视觉天赋，把不同的透视画面在时间同时性里展示出来，于是就有了《亚威农少女》，这是立体主义的开山之作，几何学成为他"充满热情地探索着的"新艺术语言。法国作家福楼拜也曾说："越往前进，艺术越要科学化，同时科学也要艺术化，两者从山麓分手，回头又在山顶汇合。"[④]

---

① 刘巨德：《心通天宇的艺术与科学》，载《语文学习》，2002(11)。
② 李砚祖：《大趋势：艺术与科学的整合》，载《文艺研究》，2001(01)。
③ 李砚祖：《艺术与科学》，39页，北京，清华大学出版社。
④ 转引自钱学森等著：《文艺学、美学与现代科学》，39页，北京，中国社会科学出版社，1985。

3. 从脑与思维发展的角度来探讨科学与艺术思维过程的对立统一性

思维心理学、大脑科学等的研究表明，人的大脑两半球有着不同的思维功能，左脑主管逻辑思维，右脑主管形象思维。因此，艺术与科学的思维方式确实主要分别由左右半脑支持，而每个个体也必然会存在某种思维能力占优势的可能。然而，更进一步的研究表明，具有高度创造性的科学和艺术却需要左右脑全部思维能力的支持。例如，卢茨和约翰在"通过与艺术教育的跨学科融合提高科学教育潜力"的研究中，通过收集、测查、评价学生的16种个性因素、个人生平情况、创造性表现等数据，分析学生的创造性、个性等方面与科学教育的相关性，以及文科与理科所共有的变量之间的关系，得出初步的测查结果：一是某些艺术和科学概念间存在肯定关系；二是一些适于培养艺术才能的情感技巧与科学家个性侧面图中的某些因素密切相关。这个结论说明：艺术教育与科学教育是有关系的，而且对学生进行艺术教育，有助于其科学科目的学习，能够提高学生的科学探究素质。

(二)在教育领域，对儿童实行科学和艺术整合的教育已逐渐成为一种共识

1. 科学教育与艺术教育基于生活和经验而有机联系

科学的探究发现和艺术表现是儿童本能的冲动，因而科学教育与艺术教育基于生活和经验而有机联系。

杜威认为，教学的方法与思维的方法应该是一致的，任何知识的学习，既是为某一理论提供依据，又是形成新理念的素材。所以，他提出了相应的五个教学步骤：设计问题情境；产生一个真实的问题；占有资料，从事必要的观察；有条不紊地展开所想出的解决问题的方法；检验或验证解决问题的方法是否有效。其次，杜威的"艺术即经验"以及"从做中学"的教育理论，将艺术的感性和科学的理性拉向现实的生活实践与生活经验。

杜威1934年出版了《艺术即经验》。他以艺术即经验为核心观点，全面讨论了艺术与生活、艺术与人生、艺术与科学等一系列的问题。首先，杜威提出艺术的源泉存在于经验之中，而艺术就是恢复审美经验与日常经验的联系。杜威认为，审美经验之所以不同于日常经验就在于它是一种"完整的经验"，其构成了"理想的美"，这种完整的经验以现在为核心，将过去和将来紧密联系在一起，从而使人成为"真正活生生的人"。艺术即"活生生的人"的"完整的经验"，是"理想

的美"，这就是杜威对于艺术即经验的中心解说。同时，他在《经验与自然》一书的序言中写道："本书中所提出的这个经验的自然主义方法，给人们提供了一条能够使他们自由地接受现代科学的立场和结论的途径。"他破除西方古典美学中艺术与生活、内容与形式两极对立的观点，而以经验为纽带将其紧密相连，突破传统二元对立的纯思辨方法，对美国当代的科学教育与艺术教育产生了广泛的影响。

杜威确定了儿童在教育过程中的主体地位，提出"从做中学"的思想原则。不管是科学还是艺术教育要以儿童的生活经验为起点，通过设计和实施实用的科学和艺术活动来实施科学和艺术教育，着眼于人的全面发展。这一原则实际上是"教育即生长""教育即生活"理论在教育实践中的应用。"从做中学"要求学生主动学习，在活动中求知。杜威指出，儿童的兴趣，或者说本能冲动，往往表现在四个方面：语言交际、探究发现、建造、艺术表现。儿童习惯于以自我为中心，对人讲述自己的经验或听取别人的经验。杜威特别指出，对年幼的儿童来说，艺术的冲动主要是和社交的本能——想讲述和变为现实的愿望——联系着的。杜威认为，这四个方面的兴趣是儿童的天赋资源，教育者要从这四个基本本能出发，通过一种适当的媒介制约这些基本本能的表现，从而促进和丰富儿童的个人成长。由此我们可以看出，杜威已经意识到艺术对激发儿童的学习兴趣和培养儿童的科学观察力具有极其重要的作用。

2. 科学教育与艺术教育整合的方法和路径

杜威的"以儿童为中心"以及"从做中学"的教育思想也使当时美国的科学艺术教育一开始就以儿童的成长为重心，以儿童的科学实践和艺术创作为主要途径。他的这一观点对美国乃至世界当代的教育理论产生了深远的影响。

夏洛特·斯莱、萨拉·克拉斯克回顾了英国科学—艺术（Sci-Art）的历史建构，以及它所谓的跨学科性是如何影响科学传播的。他们认为，早期关于艺术和科学的讨论是从认识论的角度出发的，尤其是想象力和好奇心的性质。他们接着讨论了在这十年里，科学和艺术的话语是如何随着这两个组成领域文化政治的变化而改变的，并成了一种以"创造性"为特征的"跨学科"方式。[1]

---

[1]　Sleigh C，Craske S，" Art and science in the UK：a brief history and critical reflection," *Interdisciplinary Science Reviews*，2017，42(4)，pp. 313-330.

马丁·布朗德、迈克尔·J. 赖斯探讨了科学与艺术发展的关系，认为科学学习没有艺术参与是不完整的。他们认为，艺术可以在三个层面上改进科学的学习。第一个是宏观层面，涉及学科（包括艺术和科学）的结构方式，以及提供和显示研究选择。第二种是中观层面，通过使用 STS（科学、技术和社会）背景来吸引学习者，指导构建科学课程的方法。第三个是微观层面，即科学和科学教学中的教学实践可以从艺术中汲取动力。而科学、技术、艺术、工程和数学的学科融合范式为 21 世纪的科学本质增加了新的维度，并使科学可能更快地脱离传统学校科学的教学范式，有助于缩小学科之间的差距。其结果可能是一种更真实、更吸引人的学校科学，一种更切合 21 世纪需要的科学教育。①

布劳迪认为，艺术与其他学科的整合应该是将艺术教育融入普通学术教育中，让学生能够感知艺术作品以及与之相关的环境、自然等，而不是传统的艺术表演或艺术欣赏的方式。② 布雷斯勒提出了艺术与其他学科整合的四种不同表现形式，分别是辅助式整合、平等式整合、情感式整合和社会式整合。辅助式整合是指艺术在其内容上、教学上作为其他主要科目的载体，可以说扮演着一种调味品或者添加剂的角色，其艺术任务不具有认知上的挑战性，也不需要审辩式思维或者审美意识以及艺术技能等。平等式整合是指将艺术与其他课程作为平等的课程对待，通过特定的内容、技能、表征以及思维方式进行有机结合，这种方式需要教师要求学生使用高级认知的学习技能，以审美方式进行观察、感知和解读信息，对于教师的艺术背景及专业知识有很高的要求。情感式整合是一种艺术沉浸，强调对艺术的感受和态度，以及以学生为中心的学习和学生学习的主动性，重视学生的创造性及自我表达，主要是情绪和创造力的改变。例如，学习舞蹈动作之前，可让儿童对这个舞蹈的起源，其产生的社会、文化和自然背景有先期的认识，这有利于儿童更深入理解舞蹈所要表达的思想情感并有更深入的表现。社会式整合重视艺术在建立和维护学校与社区关系方面的社交功能，如舞蹈节、合

---

① Martin Braund, Michael J. Reiss, "The 'Great Divide': How the Arts Contribute to Science and Science Education," *Canadian Journal of Science, Mathematics and Technology Education*, 2019, 19（3）: 219-236.

② Broudy H S, *Enlightened Cherishing: An Essay on Aesthetic Education*, University of Illinois Press, 1972, pp. 120-125.

唱节、民族之夜等社会活动。①

二、国外主要发达国家学前课程中科学和艺术整合教育的现状

(一)英国

1.《基础阶段课程指南》中关于儿童科学学习与艺术学习的整合

《基础阶段课程指南》(以下简称《课程指南》)是英国有关幼儿园科学课程与艺术课程实施的权威文件,其提出了四大主题:"独一无二的孩子＋正向积极的关系＋激发能力的环境＝自主学习与持续发展"。《课程指南》将儿童的学习与发展分为以儿童为核心发展的三大方向:游戏和探索、积极主动地学习、创造和批判性思维。以儿童为核心学习的七大领域又被分为核心领域和特定领域两个部分,其中核心领域包括交流与语言,身体发展,个人的、社会的和情感的发展三个子领域;特定领域包括读写、数学、理解世界、艺术表现与设计四个子领域。其中"理解世界"子领域与我国的科学领域相似,其中包括人和社区、世界、科学技术三个方面。且根据不同年龄段的目标提出不同的教育建议。例如,早期数学体验:数学观念对于儿童来说是重要的,儿童应经常在不同的背景下体验数学观点,在此过程中,开发他们以下方面的理解力,包括数字、形状、空间、尺寸、图形、排序和时间等方面。在艺术方面,儿童需要在成年人的激发和鼓励下来帮助他们表达自己的观点,通过一系列音乐、舞蹈、戏剧和角色表演等活动来拓展他们的创造性和开发他们头脑中的原始想法。

由上我们可以看出,《课程指南》是以儿童的发展为核心视角,虽然在科学领域和艺术领域学习的内容侧重有所不同,但它们也并非截然分开,而是你中有我,我中有你。随着建构一体化学前儿童服务体系成为各国政府的关注焦点,英国政府于20世纪90年代末期启动了全面整合学前儿童服务体系的改革进程,试图走出一条全面整合学前儿童服务体系的英国道路。

2.《基础阶段架构实施纲要》中关于儿童科学和艺术整合的学习

自罗伯特·欧文于1816年在纽兰纳克创设幼儿学校以来,到如今,英国的幼儿教育已处于世界领先水平,其在幼儿教育领域所采取的政策措施,纷纷被世

---

① Liora Bresler, "The Subservient, Co—Equal, Affective, and Social Integration Styles and Their Implications for the Arts," *Arts Education Policy Review*, 1995, 96(5), pp. 31-37.

界各国争相学习。2012 年 6 月 29 日经济学家智囊团发布的《良好开端》报告结果表明：英国在所被调查的 45 个国家和地区中，幼儿教育质量排名第三，总分排名第四。这充分说明了英国不仅是世界幼儿教育起步较早的国家，其目前的幼儿教育质量亦处于世界幼儿教育的领先地位。这与近十年英国出台的一系列文件有关。20 世纪 80 年代到 90 年代初，英国出台的教育性文件很少，而且这些文件几乎没有涉及学前教育这一领域。英国"科学教育协会"（the Association for Science Education，ASE）自 20 世纪初成立以来，始终致力于开展教师教育活动，在促进英国科学教师专业发展和提升科学教育质量方面发挥了重要作用。英国"科学教育协会"的成立表明，在经历了多年的曲折道路后，英国科学教育的教师专业组织终于从一个弱小分散的教师协会演变成全国统一且规模最大的学科教师协会，开始步入稳定发展期。在其办会宗旨中，改善或推动英国科学教育发展被列为首要目标。英国"科学教育协会"的教师教育活动，从面向精英的协会走向面向大众的协会，经历了 110 多年的历史。如今，它已成为英国最大的学科教育协会。2008 年 5 月，为了促进幼儿基础阶段（the Early Years Foundation Stage，EYFS）的发展，儿童、学校和家庭事务部（Department for Children，Schools and Families，DCSF）为 0～5 岁儿童颁布了《基础阶段架构实施纲要》。其主要包括个性、社会性和情感发展（Personal，Social and Emotional Development），交流、语言和读写（Communication，Language and Literacy），解决问题、理解和算数（Problem Solving，Reasoning and Numeracy），认识和了解周围的世界（Knowledge and Understanding of the World），身体发展（Physical Development），创造性发展（Creative Development）六个方面。其中，认识和了解周围的世界的具体内容是儿童应该学会正确使用自己的感官去探索各种对象和材料；理解相似性、差异、模式、变化等概念；学会提问，如"为什么事情会发生""事情是如何运作的"；学会使用各种材料进行建构，懂得选择合适的材料，学会在必要时调整自己的工作；学会选择需要的工具和技术对材料进行塑造、组装、衔接；学会使用工具或者技术去帮助自己进行学习；了解有关自己、家人以及熟人的过去和现在；了解并观察自己生活的地方以及自然界的特征；了解自己及他人的文化和信仰。

在创造性发展领域，教师需要支持儿童的好奇心，为儿童提供机会，鼓励儿童去尝试各种探索活动，如艺术、音乐、运动、舞蹈、角色扮演、数学、设计等，并帮助儿童分享自己的看法、观点和情感，扩展他们的创造力。具体内容是儿童应该学会对各种刺激做出反应；学会通过各种方式表达和交流自己的看法、观点和情感；学习探索颜色、结构、形状、形式、二维或三维空间；探索声音是如何被改变的，学会唱简单的歌曲，认识反复发出的声音以及声音模式，学会伴随音乐进行运动；在艺术、设计、音乐、舞蹈、角色扮演、故事活动中，充分发挥想象力。

3. 科学和艺术整合的学习必须基于儿童的兴趣和真实的教育情境

《基础阶段学习规划》首先阐明，课程规划（课程内容选择）的目的是使儿童的学习始于一种有效、有趣、多变、发展的教学情境。儿童天生具有"冲动"的本性，正是这种本性造就了儿童无穷无尽的兴趣。儿童对一切新鲜事物都好奇，想去触摸，想去感知。在这种好奇的背后隐含着无穷的学习潜力。其基本的教学模式是建构主义教学模式。此模式以激进建构主义与社会建构主义为理论指导，在教学中，注重呈现真实的教学情境，让学生在这种情境中进行个人建构与合作探究。目前，这种教学模式在幼儿园教育中已经占据主导地位，强调师生共同参与的教学活动必须具有交流性、多样性、整合性、发展性，强调教师应通过积极、主动、全面、细致地观察，寻找儿童的兴趣点，组建临时课程，实施以学生兴趣为导向的情境教学。《基础阶段学习规划》所给出的案例形象地说明了这一课程的切入方式：一位幼儿园教师发现一名跟随父母外出旅游归来的儿童兴致勃勃地给同伴们讲述旅游经历，还不时用手在沙地上边画边说："这是德国……"其他儿童也表现出浓厚的兴趣，最后大家一起来画旅游路线图。这位教师面对儿童所表现出来的兴趣灵机一动，顺势带领他们到附近的小镇上，并对儿童沿途所感兴趣的建筑物或标志性自然物拍照，将这些照片按行进的路程展示给他们，让儿童通过"回忆"和眼前的照片在沙地上绘出一条行进路线及小镇的地图。由于儿童的兴趣使然，大家兴致很高，不断地在绘出的路线上添加自己所见到的事物。有的加上几棵有点特别的树，有的加上自己在路边见到的一只猫。由于城镇的地图比较难画，教师又带领儿童回到镇上，将镇上的主要建筑物拍摄下来，插在沙堆上组成儿童自己的地图，然后每个人在地图上描绘出自己的行程。待到大家都熟悉了自己的沙式地图后，教师又分给大家纸和笔，让大家在纸上画出城镇地图，这样儿童就可以带着自己的地图去城镇游览了。

可以看出，作为课程的切入方式，教与学遵循这样一条路线：教师观察与学生表现—发现兴趣的来源与类型—准备教学并切入相关课程或构建临时课程—儿童单独或合作式学习。这种兴趣导向的课程切入方式，以儿童观察事物、表征世界的冲动为前提，从而保证了儿童在课程中的真实参与。这个过程融合了儿童的感性与理性思维过程，使儿童的自然观察、理性认知与创意想象、感性表现相结合，正是科学认知与探索和艺术表现与创作相结合的过程。

(二)法国

1. 提倡儿童在完整的科学学习过程中养成良好的科学态度和价值观

在如今的法国，3 岁的儿童就已接触科学教育了。法国人认为，这样做不是为了培养诺贝尔奖获得者，而是为了拓展儿童良好的思维。从小培养儿童对事物的独立看法，进行有根据、有条理的思考，是法国科学教育追求的目标之一。法国十分看重儿童科学态度与价值观的形成。他们力图通过以实验为基础的科学教育，让儿童从小懂得事实最为重要，证据是说明事实最为有利的载体，尊重事实是最起码的科学态度。他们力图通过培养儿童对实验现象的解释能力，发展儿童对事物进行缜密而有逻辑的思考，增进科学推理的能力；也力图通过激励和引导儿童提出问题，使其养成良好的质疑习惯，培养其洞察力。

法国教育十分强调儿童在科学学习中要依靠自己的努力，而不是靠他人的努力去完成。这一思想非常具体地体现在科学教学的每一个细节中。关于学习主题的问题也是由学生提出的，实验的过程同样要学生尽可能地独立完成。他们强调，错误是学生必须经历的过程，错误往往能起到建设性的作用，错误要靠学生自己纠正，教师不能代替学生的自我更正。让学生在不断地尝试中发现科学事实和概念，可能是科学教育的价值之一。实验记录已经成了法国科学教育的一个工具，成了学生学习生涯的人生档案和教科书。法国教师将学生的实验记录前后分成三份，一份是实验前的预想，一份是实验的真实记载，一份是集体讨论后的共同结论。可以说，三份实验记录的完成就是一个完整的科学认识过程。在实验记录中，学生要用文字加以说明，要回答教师提出的问题，还要自己提出问题，对语言的要求很高。正是实验记录，强化了儿童尊重科学实验事实的思想，帮助他们体验了科学研究过程，整理了思路。对语言表达的要求，又促进了儿童思维的发展，帮助他们进行交流，从而有助于他们形成科学概念和科学素养。

法国科学教育更多从儿童身边的科学现象入手，充分调动儿童的多种感官来发现世界。例如，从如何将教学用的大纸固定在黑板上引出关于磁铁的探索；从"今天你吃了什么"引出关于食物消化路径的思考与实验；由生活中的垃圾照片与实物观察引出关于垃圾材料的认识与分类。这些生活化的导入及对生活中问题的探索使儿童的思维在启动阶段就能自然进入，并在问题情境的逐步引导下具有更加明确的探索与思维方向，学习在不知不觉中进行和深入。这种课程的价值在于它为儿童终身发展积累了早期宝贵经验，即用科学的视角去观察思考生活中各种事物的兴趣、习惯和能力。

法国科学教育非常强调儿童的猜想、实验、记录和交流等环节。尤其在猜想环节中，教师鼓励儿童通过不同想法的碰撞引出需要通过动手探索的问题；伴随着动手发现科学现象的探索，引导儿童将问题、探索过程和发现用图画、符号等及时记录并组织儿童之间有效的交流，从而达到经验碰撞、提升、梳理的目的。科学探索使儿童的语言更加准确、丰富，艺术的手法也帮助他们非常个性化地描述自己的发现。

2. 艺术教育关注儿童艺术认知、艺术探究的过程

1987 年 12 月，法国国民议会正式投票通过《艺术教育法》。法国《艺术教育法》指出，每个人应该在学校接受艺术的基础教育，参加艺术实践活动。小学和初中应把艺术课列为必修课，高中为选修课。除音乐和造型艺术课外，中小学艺术教育还包括建筑艺术、工业和手工业、应用艺术、舞蹈、戏剧、电影、视听表达、艺术史等教学内容。法国的艺术教育致力于培养学生的观察力、想象力、创造力、动手能力，以及塑造学生的审美情操。

法国学前教育机构类型较多，但无论是何种形式的学前教育机构，其教育目标都是从促进儿童自身发展的出发点来制定的，其主要目标就是促进儿童身体、智力、性格、感情的全面发展，强调锻炼儿童身体，培养自我服务能力，提高社交技能，激发求知欲与学习兴趣，此外还特别关注艺术欣赏与表达能力的培养，采取的教育活动方式灵活多样，在尊重儿童学习习惯和学习节奏的基础上帮助儿童获得有益的经验。这样的活动方式不强求教育的功利性结果，不追求系统化课程的学习，充分体现了关注儿童本性的教育特色。

法国幼儿园的艺术启蒙教育决定着每名儿童在艺术道路上迈出的第一步，其目的是在共同基础上培养个人的艺术素养。这一阶段的教育目标是通过艺术活动增进儿童的行动力、表达力与理解能力。学习范围包括视觉艺术、声音艺术和表

演艺术。因而学习过程中更加关注儿童艺术认知能力，如观察、记忆、选择、判断、归纳、推理等学习方法的使用，而这些又和儿童的科学思维紧密相连。

(三)意大利

意大利有一个著名的课程体系——瑞吉欧教育体系。它的课程目标注重儿童人格的培养，也注意激发和丰富儿童的感觉经验、审美体验，特别凸显对儿童想象力、创造力的开发和提升。

瑞吉欧教育体系将教师角色予以多元定位，关注儿童的学习潜能，将其视为拥有独特权利的有力量的个体，主要分为活动的发起与准备、活动的组织与实施、活动的总结与回顾三个阶段。瑞吉欧有一个经典案例"小鸟的乐园"。这个案例最初的构想来自校园里的一池清水。在校园里放置一池清水，原意是给栖息的小鸟解渴，儿童认为如果小鸟会口渴，也一定会肚子饿，如果它们又饿又渴的话，也许会疲惫不堪。于是，有的儿童建议在树上搭建鸟巢，还有小鸟玩的秋千、老鸟搭乘的"电梯"；也有的儿童建议安置一个音乐旋转木马；还有的儿童建议给小鸟准备滑水用的小木片，让它们滑水；更有的儿童提议做个喷泉，是又大又真实的、能把水喷得高高的那种喷泉。于是，一个具有想象力同时也鼓舞人心的主题出现了：为小鸟建造一个真正的乐园。接着就是一个漫长的探索与实验过程，儿童遇到了各种各样的难题。为了建一个喷泉，儿童各自谈了自己的构思。有一个名叫菲利普的孩子说："这是天使喷泉，我认为在这里应该有输送水的管子。水管里的水来自水道，当水流到倾斜处和进入喷泉时，水流的速度开始加快。喷水池底有一些水，也许它每年更换一次。"一个名叫爱莉莎的女孩认为："水来自天上，那就是雨，它从山上流下来，流入山的小洞里，最后流入山脚下的湖中，然后又有条往下倾斜的水道将水先带入另一个湖，再带入水道中。地下的通路有很多条，老鼠会喝掉一些水，但喝得很少，其余的水就流入喷泉，从喷泉的石块中往上喷出，而石块就像滑梯一样，让水滑下来。"另有一个名叫西蒙尼的孩子也谈了自己的创意："我真想有一个很大的装满水的储水槽，看到没有，我们做了两个，一边一个，上方有一座天平告诉你水槽中是否有水。比如，如果天平平衡，表明水槽中有水，喷泉可以喷水；如果天平倾斜，就代表水不多了，你就得按开关处的按钮，让水槽装满水。"经过实验，儿童为小鸟做成了水车和喷泉，还为小鸟乐园举行了开幕式。

在瑞吉欧，这类活动就是儿童学习的过程，这是一种师生共建的弹性课程与探索性教学，一般主题都是合乎儿童生活经验和兴趣的，并且儿童能进行创想和操作——为实现自己的创想而操作，活动是有意义和价值的。在探索的过程中，儿童不断地把主题引向深入、拓展广度，最后问题终于得到创造性的解决。儿童通过自己感兴趣的方式来表现和展示其成果，如绘画、卡通、泥塑、模型等。

在瑞吉欧，教师成了儿童的伙伴，他们倾听儿童的心声，并使儿童进入主动学习的状态；教师同时也是向导，引导儿童在学习中观察再观察，思考再思考，使儿童各方面的能力得以发展；教师还是记录者，他们记录了大量的第一手资料，从而了解儿童是怎样思考的；教师还是研究者，研究如何发现既有挑战性又能使儿童得到满足的项目活动等。因此，在瑞吉欧有句名言：接过孩子抛来的球。而组成这"球"的材料，是儿童科学学习与艺术学习的兴趣、特点、内容、过程与方法。

(四)德国

1. 综合课程导向

德国是一个地方高度自治的国家，幼儿教育的改革也以地方或幼儿园为单位，没有全国统一的课程改革方案或课程大纲。德国的幼儿教育课程的特点可归纳如下。

第一，幼儿园教育的目标是加强儿童的自我意识，并进一步挖掘其个性特征。儿童应该被看成一个独立的人。幼儿园的任务是通过一种家庭补充式的设施，为儿童营造一种舒适与快乐的气氛。

第二，混合编组而不是按年龄分组。通过异质分组强调尊重不同年龄儿童的相似性和相异性。

第三，加强儿童的积极性和生活的体验。强调在游戏和运动中发展儿童的自我。课程设计的重心是创设儿童生活体验的活动空间和环境。

第四，强调保育员是儿童的伙伴。应持有特别的耐心，鼓励儿童的自主活动和学习。此外，还强调家长的参与。

第五，课程应该促进儿童的全面和谐的发展，即促进儿童社会性行为（通过创造性合作或合作游戏），锻炼其自我尝试的能力。据此，儿童的课程被视为体验领域，包括游戏、社会教育、语言教育、动作教育、韵律与音乐教育、图像与劳作性教育、事实与环境教育、实际生活与家政教育八个方面。

游戏是儿童通向真实世界的桥梁，是儿童生活与学习的活动形式。游戏给予儿童自由的机会，使儿童的个性得到广泛的发展。

社会教育——协调儿童的需求与社会的实际需要，从儿童的个性与社会背景出发来促进其社会性行为。

语言教育——通过阅读图书、听故事、猜谜语、游戏等，促进儿童的语言和表达能力。

动作教育——发展儿童的动作能力，包括触摸、手工操作、闻气味、跳跃、跑步等，提高儿童的行动欲望和自我创造力，学会认识和领会世界各个部分之间的相互关系。

韵律和音乐教育——通过音乐节奏、运动、舞蹈的体验，使儿童获得对美的感受力、想象力和心灵的陶冶。

图像和劳作性教育——给儿童各种各样的材料，引导他们熟悉不同的工具与技术，引发儿童对创造性活动的兴趣，给他们机会设计和实施自己的想法，并现实化，从而进一步训练他们的注意力和耐心。

事实与环境教育——唤起儿童环境保护的初步意识；通过观察，访问不同的机构，促进儿童对周围环境的兴趣，直观地体验自然过程。通过各种方式让儿童接触事实与自然，是促进儿童成为环境主人的前提条件。例如，让儿童认识能量与水的意义、避免多余垃圾的意义，或直接参与分拣垃圾等。

实际生活与家政教育——设计有意义的情境，给儿童机会，形成集体生活中必须具备的技能，如穿衣；熟悉使用各种玩具；认识每年重复的事件；掌握家务劳动(整理房间、洗衣服、做饭等)；熟悉交通规则；学习操作一些仪器(收录机、煎锅、烤箱)；对紧急情况做出反应。给儿童机会，进行模拟练习。

德国的综合课程导向和"华德福"课程中培养"全能感"的人的核心理念值得我们在儿童科学和艺术整合学习活动的实施中学习和借鉴。

2. 华德福课程

(1)华德福课程的教育思想——"儿童是具有全能感"的人

周期及循环。人的发展与大自然、宇宙的规律运转息息相关。规律、重复的活动使儿童拥有健康的身体，并使日后的韵律系统得到完善的发展。

以感官认识周围世界。儿童在这个阶段不是以理智学习，而是通过感官对事物的接触认识世界。

游戏的欲望。这段时间儿童的主要工作内容是游戏，游戏的经验是孩子日后智力发展的根基，任何种类的游戏都对其身、心、灵平衡发展具有关键影响。

艺术活动。想象力一样是儿童日后智力发展所不可或缺的能力，艺术的活动给予儿童发挥想象力的机会。

模仿及模仿的对象。0～7岁的儿童主要通过模仿学习。生活在儿童周围的大人，其言行举止、想法及反应均是儿童模仿的对象，所以儿童教师的工作态度及行为也被融入课程活动当中。

（2）华德福儿童教育的课程安排

华德福儿童教育的课程安排主要是依据大自然的韵律，以自由活动（呼气）、团体活动（吸气）交替的方式来呈现大自然里的动静交替原理。同样的艺术活动在每周的同一天进行，儿童通过每周的重复课程能感受到规律性及循环性。课程主要包括以下内容。

自由创造游戏。每天至少一次户外活动及一次室内的自由创作游戏。对儿童而言，游戏是工作，也是儿童的生活。儿童以取之大自然的天然物质：木头、叶子、松果、石头、贝壳等进行游戏，在反复的游戏活动中，达到身、心、灵的满足。

晨圈。教师和儿童手牵手围成圈，配合歌和肢体语言来表达诗的内容，或意境。

温馨的点心时间。儿童围绕在餐桌前，对食物以敬虔的态度，手牵手唱感恩歌。唱完后，教师和儿童则在愉快的气氛中用餐。这个仪式是为了培养感恩的态度。

户外探索游戏。儿童在自然的环境里，自由游戏或散步。儿童在花园里可以自由地探索，或者和花园内的植物说早安，观察花朵、叶子、昆虫、小鸟等。

故事。说故事是一个很重要的活动，一样的故事，每天一再反复地说。教师会用桌子直接当舞台，铺上棉纱、棉布等天然的布料，并用石头、贝壳、果实、木头、树叶等天然的东西做装饰，可以使用布偶来说故事，但多数直接以口述故事内容来传达故事的含义。故事教学主要是让儿童"听故事"，等到时机成熟的时候透过"说故事"来与同伴互动。借由听故事来学习，并将听来的印象储存在头脑中，通过艺术活动表现他们习得的知识。例如，在捏塑的过程中，儿童可以运用嗅觉、触觉感受那份与橡皮泥相互传递的温暖与自然的香气，这种感受促成儿童与蜂蜡心灵接触，同时，蜂蜡也可让儿童自由的塑形，满足其对造型、创意的乐趣。

(五)美国

1. 政策法规中科学教育与艺术教育结合的思想

(1)艺术教育中涵盖科学教育的思想方法

1994 年，美国全国艺术教育协会联盟出台了面向全美国学生的《美国艺术教育国家标准》，指出艺术教育有益于学生，艺术的内在价值能提供其他学科和途径所不能提供的审美经验；缺乏基本的艺术知识和技能的教育决不能称为真正的教育；没有艺术的教育是不完整的教育，全体学生，不论其背景、天赋，都有权享受艺术教育及其提供的丰富内容；在一个科技日益先进、感官信息日趋复杂的环境中，对这类刺激的感知、阐释、理解和评价的能力便成为关键；艺术有助于全体学生发展理解和辨别这种充满形象与符号的世界的多种潜力，每一名儿童都有参与、欣赏和表现艺术的权利，并通过欣赏和使用艺术去改善他们的生活；艺术教育对于建构一个完整儿童是必不可少的。

如果一个孩子没有被给予机会参与艺术活动——律动、绘画或者音乐，那么我们就剥夺了另一种他所拥有的语言。视觉艺术、音乐、舞蹈和戏剧工作中的创造性过程将真正改变未来我们思考、学习和解决问题的方式。事实上，艺术教育对于建构完整儿童是一个必不可少的组成部分，这是一种权利，而不是特权，从幼儿园到高中所有的孩子都要接受艺术教育。

美国儿童艺术教育在内容上主要包括艺术创造和艺术欣赏两个方面，即通过艺术创造的实践培养儿童的审美能力，通过对艺术品的鉴赏活动提高儿童的审美体验。20 世纪 80 年代，美国把创造力的培养纳入艺术教育课程结构中。教育家与心理学家致力于解决艺术教育工作中的问题，并为艺术教育课程的具体实施做出了富有成效的设计。①在童年时期，任何形式的艺术学习都应以创作活动为中心。②有关艺术的感知以及其他相关"艺术外围"的活动，都应该尽可能来源于儿童的创作并与之紧密相连。只有将艺术感受、外在的艺术活动与其创作联系起来，艺术作品才会显得鲜活生动，而非空洞无味。③艺术的学习要多元化。④艺术教育需要相互合作。艺术教育需要由艺术家、教师、行政管理人员、研究人员和儿童相互配合才能顺利开展，每个单位或个人都扮演着不可或缺的角色。另外，在艺术教育教学过程中，教育者在全面了解儿童个性特征的基础上，重视儿童间存在的个别差异，注重因材施教，充分开发儿童的内在潜能。这种教学方法有助于培养儿童对艺术教学活动的浓厚兴趣，促进儿童在艺术活动中的潜能发展。

美国的艺术教育强调改变儿童"思考、学习和解决问题的方式"，强调"感知、阐释、理解和评价的能力"，而这些也都属于科学教育的范畴。另外，从学习方法看，美国儿童艺术学习也是探究性和多元化的，整个过程，既是艺术探索，也是科学探究。

(2)科学教育中包含艺术审美和创造

"美国国家科学标准三维度"(表 3-1)之一的科学实践维度把"开发和使用模型"作为重要的科学学习内容，这就需要儿童运用形象、直觉、联想与想象等思维方式参与学习过程，从而达到科学学习与艺术学习相结合的目的。

2. 关于科学和艺术整合教育的课程实践

(1)"零点项目"研究

哈佛教育研究生院的著名哲学家和美学家纳尔逊·古德曼教授创建了"零点项目"。"零点项目"的研究者认为艺术思维虽然确实需要灵感和美感，但它与科学一样需要用脑去思考和理解，也要靠逻辑。科学是发现、分析、解决问题的过程，艺术过程同样要发现、分析、解决问题。艺术思维与科学思维同等重要，二者之间相辅相成，它们都是人类重要的思维方式，对于大脑的工作来讲没有区别。研究者认为，形象思维和逻辑思维有很多共同之处，可以互相弥补、互相促进，这两种思维方式都是人类重要的思维方式。通过对 100 多个公立学校和私立学校做实验(有的从幼儿园起连续进行了 20 年的追踪对比)，最终取得的研究成果对美国教育产生了巨大影响。多元智能理论是"零点项目"最重要的研究成果之一。依据智能的前提与标准，加德纳整理出了八种形式的智能，从某种意义上说，这为艺术教育提供了有力的辩护，指出了艺术教育的培养方向，阐明了艺术教育能够开发儿童音乐、空间、语言、身体运动等各方面的智能，对早期儿童的成长与发展有着重要意义。"零点项目"也成了美国和世界教育界持续时间最长、规模最大的课题组，最多时有上百名科学家参与其中，至今已经投入了上亿美元

表3-1　美国国家科学标准三维度①

维度一：科学与工程实践（Scientific and engineering practices）	维度二：跨学科概念（crosscutting concepts）	维度三：学科核心概念（disciplinary core ideas）	
1. 提问和问题定义（Asking question and defining） 2. 开发和使用模型（Developing and using models） 3. 规划和开展调查（Planning and carrying out invest igations） 4. 分析和解释数据（Analyzing and interpreting data） 5. 运用数学和计算思维（Using mathematics and computational thinking） 6. 构造解释和设计解决方案（Constructing explanations and designing solutions） 7. 基于证据进行论争（Engaging in argument from evidence） 8. 获取、评估和交流信息（Obtaining, evaluating, and communicating information）	1. 模型（Patterns） 2. 因果关系：机制和阐释（Cause and effect：Mechanism and explanation） 3. 规格、份额和数量（Scale, proportion, and quantity） 4. 系统和系统模型（Systems and system models） 5. 能量与物质：流动、循环及守恒（Energy and matter：Flows, cycles, and conservation） 6. 结构和功能（Structure and function） 7. 稳定与变化（Stability and change）	物质科学（Physical Sciences）	PS1：物质和相互作用（Matter and its interactions） PS2：力与稳定性——力和相互作用（Motion and stability—Forces and interactions） PS3：能量（Energy） PS4：波及其在信息传递技术中的作用（Waves and their applications in technologies for information transfer）
		生命科学（Life Science）	LS1：从分子到组织——结构与进程（From molecules to organisms：Structures and processes） LS2：生态系统——相互作用、能量、动力学（Ecosystems：Sinteractions, energy, and dynamics） LS3：遗传——性状继承与变异（Heredity：Inheritance and variation of traits） LS4：生物进化——统一与多样性（Biological evolution：Unity and diversity）
		地球与空间科学（Earth and Space Sciences）	ESS1：地球在宇宙中的位置（Earth's place in the universe） ESS2：地球系统（Earth's systems） ESS3：地球和人类活动（Earth and human activity）
		工程与技术、科学应用（Engineering, Technology, and applications of science）	ETS1：工程设计（Engineering design） ETS2：工程、技术、科学、社会之间的联系（Links among engineering, technology, science, and society）

① National Research Council, *A Framework for K-12 Science Education Practices, Crosscutting Concepts, and Core Ideas*, Washington DC, The National Academies Press, 2012, p. 3.

的研究经费，在心理学、教育学、艺术教育等方面取得了多项令人瞩目的研究成果，明确了美国早期儿童艺术教育方向，在一定程度上反映了美国各界对艺术教育重要性的认识。

(2)著名的"八年研究"与泰勒的综合课程实验

在实验学校，学生接受了一套新的课程体系，这套课程体系的宗旨是：强调学生的认知和情感相互协调的完人发展；寻找打破学科之间界限的办法，建构以综合课程为主的课程体系。其出发点是让学生的认知和情感协调发展，寻找打破学科之间界限的办法。在美国，儿童艺术教育并非"天才教育"，它是全体儿童所享有的。

(3)"项目课程"中科学、艺术教育的浑然一体

项目式学习(Project Based Learning，PBL)教学法给学生提供了主动、合作探索现实世界问题和挑战的机会。在这个过程中，学生更深刻地理解知识，并掌握技能。PBL教学模式一般包括五个环节：提出项目或问题—小组合作制订方案和计划—探究实践—交流分享—项目反馈与评价。例如，以"树"为主题的项目活动：以树为主题抓住儿童的兴趣点，让儿童到大自然中去，了解和观察树，开展一些有关树的科学、美术、音乐、环保等方面的活动，其间教师会不断地观察记录儿童的一些情况，作为今后活动的依据，并通过活动的照片、文字向家长反馈儿童的学习情况，同时，也通过这一项目，发展儿童的认知、审美、情感等方面的能力。

(4)"高瞻课程"中儿童的科学学习与艺术学习

在"高瞻课程"中，儿童一日生活安排一般包括以下环节：问候时间、计划时间、工作时间、收拾和整理时间、回顾时间、茶点时间、小组活动时间、大组活动时间和户外活动时间。

在计划时间内，教师与儿童一起围坐在地上或围坐在小桌旁，教师轮流与每名儿童交谈，了解儿童的愿望。在这个环节中，儿童是有意识地综合运用图画、符号与文字，围绕计划去做事的；儿童会根据自己的兴趣选择去做什么，怎么做。儿童可以用语言、动作、手势等方式来表达自己的意图。当儿童有了想法后，教师给予支持、鼓励和回馈，并指导儿童将计划做精细化和具体化的处理。处理完毕后，儿童的计划会保留在留言板上，这样可以使儿童有意识的围绕计划去做，可以使儿童更好地理解，为后面的回顾和交流提供依据。计划是教师与儿

童轮流讨论，了解儿童愿望的最佳环节。

儿童订好计划后，会进入工作时间。在这个环节中，儿童可以修改自己的原计划。儿童可以自由选择各区域的各种材料，可以自由地把材料从一个地方搬到另一个地方。他们自由地作用于材料，利用材料验证自己的想法，利用材料解决问题。总之，儿童可以自己决定在哪儿玩、玩什么、跟谁玩等。在操作过程中，儿童可以偶尔和教师或同伴交流自己在做什么。遇到问题的时候，儿童会努力自己解决或寻求教师与同伴的帮助。这即杜威所说的"一个完整经验"。这里没有什么科学、艺术等学科之分。儿童围绕自己的目的做事，把各种经验（这里包括科学的、艺术的、社会的）糅合在一起，为完成目标而服务。

儿童游戏后，要对材料进行收拾和整理。儿童要把材料放回原处。在这一过程中，活动室不仅变得干净、整洁，儿童也会积累一些经验。比如，什么东西应该放在哪儿，为什么这些东西可以放在一起，为什么那些东西可以放在一起，等等。

在回顾活动中，儿童对他们在计划时间、工作时间及整理时间内的活动有选择地进行回顾，他们可以用语言表述自己在哪个区域，做了什么，跟谁一起，怎么做的；可以用手势、动作表达自己在工作时间的活动；可以通过唱歌、戏剧表演来表示；也可以展示自己的作品、图画、制作的东西等。

总之，他们是"寓教于玩"。例如，当海盗电影第一辑刚上演，儿童非常热衷于海盗的故事，于是，教师以"当海盗去寻宝"为主题，每天朗读一段《金银岛》的内容；再问儿童怎样去寻宝，一起学习"地图""指南针""左、右"等知识；还有读数字，鼓励儿童充分利用想象力及团结合作去寻宝。儿童学得兴高采烈，印象深刻。

又如，某个小朋友对海洋生物充满了好奇，教师不但订购新的书读给他听，还定了"我们的海洋"的主题活动，让到过沙滩的儿童带来照片等做展览，带儿童到生物系看标本，画标本；还讲解海洋里的动物和植物，教育儿童要爱护海洋，要有环保意识。

由此可见，"高瞻课程"本就是儿童科学学习与艺术学习相结合的过程。儿童对每一个活动所经历的环节，既是科学认知的过程，又是艺术表现和表达的过程。

(5)"STEAM"创新教育中科学和艺术整合的学习

STEAM 创新教育，即科学、技术、工程、艺术与数学有机整合的教育。其支持学习者以学科整合的方式认识世界，运用跨学科思维、综合创新的形式改造世界，培养他们解决实际生活问题的能力。

①STEAM创新教育的起源及特征。

STEAM是美国政府提出的教育倡议，即加强美国K-12关于科学、技术、工程、艺术以及数学的教育。最初的倡议只有四个字母STEM，是美国反思其基础教育在理工科方面渐渐呈现弱势而做出的改变。近期加入了Arts，也就是艺术，变得更加全面。美国STEAM教育的特征如下。

第一，注重学习与现实世界的联系。STEAM课程需要给学习者提供能够让他们自己建构知识的环境和机遇。STEAM教育注重实践、注重动手、注重过程。正是受到了建构主义教育理论的影响，STEAM教育希望让儿童通过制作自己喜欢的东西，在制作的过程中建构起关于科学、技术、工程、艺术和数学的知识。所以，与现实相关联，儿童自己动手完成他们感兴趣的，并且和他们生活相关的项目，从过程中学习各种学科和跨学科的知识。建构主义者认为，知识是由学习者自己建构起来的。教师需要给学习者提供能够让他们自己建构知识的环境和机遇。

第二，注重学习的过程，而非仅体现在试卷上的知识结果。美国STEAM教育注重让学生自己动手完成他们感兴趣的，并且和他们生活相关的项目，从过程中学习各种学科以及跨学科的知识。STEAM其实是对基于标准化考试的传统教育理念的转型，它代表现代的教育哲学，更注重学习的过程，而不是结果。与考试相反，其希望儿童创造能够应用于真实生活的知识。所以美国的STEAM教育是让儿童在充满木板、锉刀、画笔、电线、电路板、芯片、3D打印机，以及各种奇怪教育科技产品的工作坊中学习。这种注重动手的学习体验，源自美国的创客运动。最早是DIY，自己动手做家具；慢慢地加入更多的科技元素，制作电子设备；之后又融入了设计思维，制作样品，不断改进。而创客运动下，在城市的图书馆、博物馆或者社区中心，建立起了许多"创客中心"，让更多的人能够接触到制作工具(3D打印机、激光切割机等)以及专业的指导人员。这股"创客"之风也吹进了学校。学校结合科学、技术、数学、艺术、工程，创生出了注重实践动手的STEAM教学，让学生像"创客"一样投入创造之中，从"做中学"，拥有自己的作品，同时也拥有创造作品的学习过程。

②STEAM课程中科学与艺术互动的关系。

儿童STEAM课程，亦是将科学、技术、工程、艺术与数学有机整合，促进儿童创新意识的觉醒，促进儿童学习过程、思维过程、情感过程有机整合的新课程。STEAM的教育理念认为，在科学、技术、工程、艺术、数学之间存在着一种相互支撑、相互补充、共同发展的关系。只有在对这些领域的交互运用中，在相互碰撞中，才能实现儿童深层次的学习(理解性学习)，也才能真正培养儿童各个方面的技能和认识。STEAM课程的学科整合教育的思想，跟儿童整体认知事物的认知学习特点是一脉相承的。

学前儿童STEAM课程的核心特征是：跨学科、体验性、协作性、设计性、情境性、艺术性。教师需要基于"项目学习""问题学习"的方式，引导儿童通过合作与实践，完成主题项目和解决生活中遇到的难题。教师通过巧妙的学习问题情境设置，以学前儿童的生活经验为基础，通过生活经验的回忆、动手操作、实物观察、想象、描述、联想、模拟、分析和推理等途径，结合绘画、陶艺、设计、音乐、戏剧、电影等艺术领域的表现、表达及理解方式，促进学龄前儿童思维、情感、智慧、人格的全面提升。

在STEAM学习过程中，儿童要能自己描述问题，找出解决这个问题的条件；接着通过各种渠道收集资料；在已获得的资料的基础上，根据自己拥有的经验提出所有能想到的解决方法(科学)；在这些方法中筛选出最好的一个，建立模型，画出设计图；利用材料，对材料进行裁剪、测量、拼装等(技术)，创造出实物(工程)，实现自己的想法并对实物进行艺术审美的处理(艺术)；和教师一起测试作品；为作品做出评估(数学)，并进一步完善设计。这是一个完整的科、技、艺融合的探究性学习过程。这也是一个激发好奇和主动探索的过程；引导同伴之间的合作和强调解决问题的能力的过程；在动手实践过程中培养创新意识的过程。这些活动通过选择多种多样的场合，充分利用现有基础设施和社区环境，以及精心设计、丰富多彩的活动流程、工具和材料，创设出积极的、参与的、合作的、以学生为中心的、基于现象和问题的、情境式的学习氛围，最终为儿童带来沉浸式的STEAM学习体验、探索的乐趣。主要的活动形式有STEAM俱乐部、营地教育等。

STEAM课程体系的提出和实践也为幼儿园科学教育和艺术教育的整合提供了参考依据，受到了全世界的认可。2011年，英国国家科学技术与艺术基金会发布了《未来一代》报告，倡导将艺术类课程加入 STEM 教育中。同年，韩国教育部发布《整合型人才教育（STEAM)方案》，提出融入人文艺术知识，发展学生综合运用能力。2014 年，全美艺术教育学会制定了四项 STEAM 标准，其中强调了对艺术的重视。2017 年，我国发布《中国 STEAM 教育发展报告》，就 STEAM 教育的本土化进程进行了深入阐述。

三、中外儿童科学和艺术整合学习的研究与借鉴

(一)中外儿童科学和艺术整合教育的比较

1. 中外儿童科学和艺术整合教育的相同点

探寻以往的研究，我们发现，中外儿童科学和艺术整合教育有其相同之处。首先体现在教育目标的相似性。二者都主张科学和艺术教育的整合共同为儿童的身心发展服务；同时促进儿童感性思维和理性思维的协调发展，培养人格健全且富有创造力的儿童。其次体现在教育内容的一致性。二者都是对客观自然的探究和对艺术美的表达。再次，教育的形式、手段和方法相似。二者均提倡通过"做中学"以及儿童的"直接操作、亲身感知、经历体验"的学习方式获得科学和艺术的经验；均提倡儿童在生活中、在游戏中学习科学与艺术。

2. 中外儿童科学和艺术整合教育的差异

因为文化、环境、资源、国情的差异，中外儿童科学和艺术整合教育又存在极大的差异。

我国在儒家文化影响下，历史上"重文轻理"，对自然科学缺乏应有的重视，导致近代中国科学技术落后于一些国家。而传统艺术观念注重艺术符合道德与伦理要求，礼、义、仁、智、信的标准要求艺术"依于仁，游于艺"。中国早期伦理与道德标准早在孔子时期就已经确定，倾向文科的艺术始终在人文意识形态领域徘徊，在精神领域起一定的引领作用，而在技术创新领域的创新作用则鲜见。西方艺术注重与数学、物理、生物等自然科学的融合。自然科学的创造、发明自达·芬奇、牛顿、爱因斯坦以后方兴未艾。计算机科学的数字技术进入了二维、三维艺术，太空技术、电子游戏、军事技术等均得到高度发展。

近现代中国以学科内容体系为主要视角的儿童教育观，导致了我国当前的儿童科学和艺术整合教育研究一般从手段和方法的整合研究入手，大多关注如何把

科学教育内容与艺术教育内容拼盘在一起，而对儿童科学与艺术整合学习的机理缺乏研究；然国外教育则大多基于儿童成长和发展的视角出发，主张科学学习与艺术学习的无痕衔接与自然融合。

(二)中外儿童科学和艺术整合学习研究的启示与借鉴

认识是实践的前提，实践是对认识的进一步深化。通过对前人研究的探寻，这里重新审视儿童科学教育与艺术教育的相互关系。

1. 从物质层面、心理层面和本质层面正确认识儿童科学学习与艺术学习的互动关系

科学学习与艺术学习物质层面的关系，即科学知识和科学学习方法等经常会对艺术学习的过程和结果产生影响，艺术学习手段、方法等也会通过在科学学习中的应用对科学学习的过程和结果产生影响。认识这一层关系，有助于我们进一步去厘清儿童科学学习和艺术学习的差异点，弄清楚在儿童的学习活动中，哪些科学知识、科学方法会对艺术学习过程和艺术创作产生促进作用，它们是如何产生作用的，哪些艺术手段和方法会对科学学习有帮助，如何帮助，从而科学合理规划和设计儿童科学和艺术整合学习的活动。

学习是思维的活动。科学与艺术学习心理层面的关系主要表现为科学思维与艺术思维、理性与非理性之间的内在联系，即科学思维、理性中内在具有艺术思维、非理性的成分，而艺术思维、非理性中也蕴含着科学思维、理性的成分。科学需要想象，想象能够使科学思维在一定程度上超越现实的规定性，赋予科学思维以灵活性和超越性。而在艺术活动中，想象、情感、理性等诸多要素彼此渗透，情感通过与理性的对话变得更加深刻。[1] 单纯的情感的发泄不可能成为美的艺术，只有当艺术家意识到了他的情感所包含的深刻的理性内容，并把他的情感对象化、客观化，呈现为情理交融的艺术形象时，这才有美的艺术的产生。认识这一层关系，有助于我们挖掘儿童科学思维中感性的成分、艺术思维中理性的成分，找寻到儿童科学学习和艺术学习的共同点是什么，即儿童科学和艺术整合学习的整合点在哪里，使我们对儿童科学和艺术整合学习的过程研究更加理性和规范。

---

[1] 秦元东：《科学与艺术关系的层次论》，载《幼儿教育(教育科学版)》，2007(4)。

科学与艺术学习在本质层面的关系即科学与艺术学习通过不同的方式揭示与把握实质相同的东西，如秩序、和谐、节奏、对称、周期等，都追求深刻、普遍、永恒和富有意义。二者殊途同归，最终实现了整合。秦元东认为，艺术活动可以激发、提升与优化人类内心深处的"生态原型"。生态原型是存在于人类心理深层的一种具有自动调节、自我补充和自动平衡能力的高级生态系统，能够直接组织或稳定神经能量，其本身也遵循秩序、和谐、节奏等美的原则。生态原型的激发、提升与优化，通过异质同构的方式影响着个人的知觉、直觉、想象、思维等，进而使人对各种形式的秩序、和谐、对称、节奏等更加敏感。通过对秩序、和谐、节奏等地揭示与把握，科学探索也会激发、提升与优化人的生态原型，进而提高人类个体对自然界中各种形式的秩序、节奏、和谐等的敏感度。对其以上论断，笔者深表赞同。有了以上的认识，我们在从事儿童科学和艺术整合学习活动实践的过程中就不仅是只关注活动组织层面（物质层面）的整合，即目标、内容、手段与方法的整合，更要关注从心理层面调动儿童感性思维与理性思维的互动与激发，以及关注让儿童透过客观事物的外在表现，发现其美的意蕴和存在的精神价值。

2. 科学和艺术整合的学习，还有待进行更深入的研究

针对科学和艺术整合的研究，已有研究更多的是停留在理论层面，而没有在教育实践层面进行更深入的实证或实践研究。尤其体现在科学教育和艺术教育整合意义和价值方面，更多的是思辨型的研究成果，拥有完整、科学研究过程的实证研究较少。

已有研究也只是从理论层面说明了科学教育和艺术教育整合的可行性和必要性，在实践层面也仅做了一些整合方法的研究，即以上所说物质层面整合的研究，但是对科学学习与艺术学习应怎样从本质层面、心理层面、物质层面进行系统整合？即对儿童开展科学和艺术整合学习的活动时，目标如何整合？内容如何整合？过程如何整合？很多方面都未形成系统的活动设计与指导实施体系。

第四章　儿童科学和艺术整合学习活动的目标

纵观人类历史，科学与艺术两个对立而又统一的学科，无时不在发生着联系。形与数、形与力、形与色等都每时每刻影响着人类的生活，扩展着人类探究物质世界规律的思路，丰富着人类意识的审美理想。

科学家与艺术家感受美的角度、留住美的方式或许不同，但享受美与再现美的意愿是相通的。艺术家欣喜的是色彩斑斓，或用巧妙的线条与色彩组合，构造成美丽的画卷；或用优美的旋律与节奏组合，幻化成多情的曲调，让人沉醉其中；或用动作与音乐组合，用肢体的律动表现出绚丽的情感世界。它们均再现美并让美万古流传，让同代人与后来者都从美中获得愉悦。科学家亦是基于对美的渴望，探索物理手段，如发明分光器件或照相机等，实现美的重现与美的再创造。今天，人们在享受丰富物质生活的同时，精神生活也得到极大丰富。置身于演唱会的现场，看那灯光伴随着优美的舞蹈，观众分不清哪些是艺术家的创造哪些是科学家的构想。① 正是由于这种实质或本质的相通性，使科学与艺术可以实现深层次的积极互动。也正是由于科学与艺术实质或本质的相通性，使二者可以在学习活动的目标层面进行整合。

本章将探讨儿童科学和艺术学习活动目标整合的导向、定位、路径与方法以及不同年龄段儿童科学和艺术整合学习活动目标的构成与具体内容。

第一节　儿童科学学习活动目标
和艺术学习活动目标的整合

目标指想要达到的境地或标准。学习活动目标是指儿童在教师的支持与引导

---

① 杨兵初，朱开成：《科学教育与艺术教育相互促进》，载《现代大学教育》，2012(04)。

下完成某项学习任务后，应达到的质量标准。它在方向上对儿童的学习活动设计起指导作用，并为教学评价提供依据。

一、科学学习活动目标和艺术学习活动目标整合的导向与定位

(一)国家政策文件中科学学习目标和艺术学习目标整合的导向

我国出台了一系列关于学前教育及儿童学习和发展的文件。其中，多个文件中有对儿童科学学习目标和艺术学习目标的阐述。以《幼儿园教育指导纲要(试行)》和《3-6岁儿童学习与发展指南》为例。

《幼儿园教育指导纲要(试行)》中指出儿童科学学习的目标是：

①对周围的事物、现象感兴趣，有好奇心和求知欲；

②能运用各种感官，动手动脑，探究问题；

③能用适当的方式表达、交流探索的过程和结果；

④能从生活和游戏中感受事物的数量关系并体验到数学的重要和有趣；

⑤爱护动植物，关心周围环境，亲近大自然，珍惜自然资源，有初步的环保意识。

儿童艺术学习的目标是：

①能初步感受并喜爱环境、生活和艺术中的美；

②喜欢参加艺术活动，并能大胆地表现自己的情感和体验；

③能用自己喜欢的方式进行艺术表现活动。

虽然《幼儿园教育指导纲要(试行)》中列出了科学和艺术各自不同的学习目标，但其同时指出："教育活动内容的组织应充分考虑幼儿的学习特点和认识规律，各领域的内容要有机联系，相互渗透，注重综合性、趣味性、活动性，寓教育于生活、游戏之中。"仔细分析以上几条目标，也可以发现"科学目标2"和"艺术目标1"、"科学目标3"和"艺术目标3"等，本就是相互贯通的：儿童必须"运用各种感官，动手动脑"的科学认知方式，才能够感受到"环境、生活和艺术中的美"；"用适当的方式表达、交流探索的过程和结果"的科学目标，其中适当的表达方式本身就包含了艺术的表现和表达方式。

《3-6岁儿童学习与发展指南》指出儿童科学学习的目标包含：

①亲近自然，喜欢探究。

②具有初步的探究能力。

③在探究中认识周围事物和现象。

儿童艺术学习的目标是：

①喜欢自然界与生活中美的事物。

②喜欢欣赏多种多样的艺术形式和作品。

③喜欢进行艺术活动并大胆表现。

④具有初步的艺术表现与创造能力。

显而易见，一方面，上述目标的确定与表述本就具有养成性、弥散性、浸透性和整合性等学前儿童学习的特点。这里所强调的是，儿童是在与周围环境、事物、现象的相互作用过程中，运用各种感官获得与生活紧密联系的，并且是该领域中最基础的、能够满足儿童发展需要的关于情感、态度、能力、认知、技能的体验与分享的经验。例如，儿童只有对自然和生活中的事物和现象进行认真细致的观察，才能关注其色彩、形态等特征，艺术创作时才能表现得更加淋漓尽致；儿童只有对相关物体的特征或事物前后的变化进行比较，才能够产生相应的联想和想象；儿童在运用多种材料或不同的表现手法创作自己的作品的同时，也能获得对这些工具和材料形状、性质、功能等各种科学特性的认识；儿童在体育、音乐和舞蹈等艺术表现和表达活动中，也能够获得对空间方位和不同运动方向的科学认知。另一方面，从其目标内容和表述的方式来看，两大领域在知识技能、探索创造、情感态度、人格塑造等目标纬度上具有内在的、高度的互通性和一致性。其价值取向均是丰富儿童的生活经验，提高儿童的生活质量；其宗旨亦是以儿童为本，培养儿童初步的科学态度、美感体验，为将来接受学校教育、终身学习和可持续发展奠定良好基础。为国家的发展、民族强盛培养生力军。

(二)科学学习目标和艺术学习目标整合的定位设计

如前所述，科学和艺术整合的内契点，即二者内在地统一于人自身。进一步地分析明确，这样一种整合实际上是要通过文化、精神的相互渗透、有机结合，实现真、善、美的统一，而最终指向个体自由而全面地发展、人的幸福的全面生成以及人与自然、与社会的和谐共处。

1. 真、善、美相统一的学习目标的价值定位——培养人格健全的儿童

(1)真、善、美是科学和艺术追求的共同目标

①科学和艺术的共同精神诉求——真。

"真"是真实的、真理的存在，是客观事物的本原属性。但是，一切"真"都是具有相对性的。科学中的"真"，侧重对客观事物的本质以及规律的揭示。科学探索中的"真"以真理为前提，揭示的是由个性中抽象而出的共性，是人类本原的看见或看不见的"真"。艺术揭示的是一种虚拟的"真"，这种"真"来源于生活而高于生活，是依靠思维主体，通过幻想、情感而激发的对客观事物本质、规律的认识。简而言之，无论是科学探索追求的揭示客观规律的"真"，还是艺术创造追求的虚拟的体现主体价值的"真"，二者的"真"都是关于人类共同精神的诉求。

②科学和艺术的共同终极追求——善。

科学中的"善"作为一种精神境界，它是科学造福于人类的终极目标，它由圆满、秩序、和谐等含义所组成，它是人类道德原则所证明的理想状态。"善"的存在，可以帮助科学研究避免不必要的错误，以帮助人类社会健康、全面的发展。艺术中的"善"体现了人类思维中最原始、最自然、最普遍的需要，它以"求善"为本，要求从"善"的角度出发，在思维的最大限度上满足人类道德上的价值与准则。艺术活动是无所为而为之的思维活动，活动越是自由，生命就越有意义与价值。艺术创造的求"善"与科学探索的求"善"是人类共同的终极追求，艺术与科学的"善"是符合人类不断走向文明的"善"。科学和艺术的"善"亦是人类智慧的具体表现。

③科学和艺术的共同理想标准——美。

"真"和"善"的存在状态是为了达到"美"的标准。世间万物生态的平衡与人类的不断进化都是"美"的结果，都是按照"美"的标准生成的。为了更好地进行创造，为了创造更符合人类内心的审美情趣，科学创造选择追求"美"。有学者曾说过，在当代物理学领域中，人脑思维中的审美元素已经成为物理学不断前进的驱动力。现如今，许多科学研究者对美的追求已成为他们从事科研的强大推动力。历史上许多科学家为了追求完美人格，而呕心沥血于科学创造之中。艺术创造产生"美"。人类社会的实践经验与过程为艺术思维追求"美"提供了素材与基础。劳动创造了"美"，这种"美"是源于人类内心的情感需要，是促进社会发展与变革的"美"，是推动人类社会不断走向文明的"美"。科学研究者内心中非功利的好奇心与浓厚的探索兴趣促使和激发他们从事科学创造的研究工作。他们这种寻求内心世界的感情成为他们从事科学研究的最初推动力。他们这种试图破解某个或某领域的科学之谜的精神就是一种普遍性的、追求完美的人格之举。

亚里士多德认为，科学涉及"善"与"美"，并大量阐述了科学与艺术之间"和谐美"的关系，如科学产品中的对称美、变化美等。毕达哥拉斯说："每个科学作品同时也是艺术作品。""美是和谐""黄金分割法"等艺术原理本身也包含了科学的理性认识之美。

(2)真、善、美亦是儿童健全人格的反映

儿童天性纯真、善良而美好，这与科学和艺术所要追求的目标境界是一致的。在理念层面上，科学和艺术学习活动的整合，意指用一种整体的眼光看待教育活动的性质，使活动超越单个学科的范畴，而赋予儿童更为丰富的眼光和广阔的视野，使其不仅能从科学的，还能从艺术的和人文的眼光来看待周围世界。

科学和艺术既不同而又互相关联，它们在审美方面交会。科学和艺术都表现美、创造美。科学和艺术整合的儿童学习活动的目标即构建真、善、美相统一的完整的人。如前文所述，求真、扬善、立美是科学与艺术共同的前提和目标，同时，求真的过程是儿童客观公正、实事求是地对待世间一切事物的过程；扬善的过程是儿童以亲和、友善的态度和行为对待周围的人和事的过程，是由内而外地体现儿童的心灵美、行为美的过程，也更有利于儿童真正地立于天地之间。因而其更是儿童学习与发展的终极诉求，是儿童健全人格的反映。

2. 兴趣、需要与发展相统一的学习目标的顶层设计——培养自由、自主、自觉的儿童

(1)尊崇天性，养育心灵自由的儿童

"自由"是指人在现实生活中，在一定范围内，通过采取自己的活动为自己的意识和意志的对象。它是人类活动的一个自主状态。儿童天性爱自由。好奇、好动、模仿、想象、玩耍、探究是童年"自由"的全部内涵，更是儿童的天性使然。儿童游戏的自发、自由、自主的本质特性是最吻合于而且也最自然地展现了儿童"好奇、好动、好玩耍、好探究、爱模仿、爱想象"的天性。儿童在游戏中能最大限度地满足自己的需要、兴趣和爱好，最大限度地发挥自己的聪明才智和天赋潜能，因而游戏是儿童的基本活动，也是儿童生命存在的基本方式。在游戏中，儿童与自然、与社会、与自我之间达到了一种和谐共生的理想状态。

康德和席勒，均认为游戏的核心是人的主体性自由，它是一种非功利的主体性活动，不受任何外部指令的强迫与制约，是根源于纯粹的人的本性的活动，是

从人性深处流淌出来的旋律，是正在成长中的儿童最大的心理需求。

科学与艺术整合的学习活动，以尊崇儿童的天性为前提，首先满足幼儿的好奇和想象。习近平总书记说："好奇心是人的天性，对科学兴趣的引导和培养要从娃娃抓起"。儿童的懵懂无知，以及对探索周围世界的渴求，使儿童产生了好奇。好奇心有一种强大的推动力，推动儿童去探索事物的真相，儿童大部分的创造行为来自好奇心的驱使；同时，为了寻求自身与周围世界的衔接与融合，儿童产生了想象。而想象力是无限的，概括着世界上的一切，推动着进步，亦是知识进化的源泉。其次于游戏和学习中给予儿童充分的思想和行动自由，从而获得创造力发展的机会和条件。自由也是人的创造力产生的前提。正如马克思、恩格斯所说："自由更是一种能力，即认识世界和改造世界的能力，自由是人能够按照自己的意志驾驭自然，成为自然和自身的主人。人类正是在追求自由的实践活动中，不断发展自身的能力，特别是创造能力。"

(2)满足需要，培养意志自主的儿童

意志自主是指儿童有自主意志，能够主宰自己的意志。马斯洛认为，人作为一个有机整体，具有多种动机和需要，包括生理需要、安全需要、归属和爱的需要、尊重的需要、自我实现的需要。其中，自我实现的需要是最高层的，追求真、善、美，将最终导向完美人格的塑造。儿童自出生后依据自己的需要和兴趣，凭借"有吸收力的心理"①与环境积极互动，这一主动吸收环境经验以生成自我、创造自我的过程，即儿童的学习过程。学习的发生，首先必须基于儿童的身体基本需要；学习的内容，必须满足儿童好奇、好问、好探究的需要；学习的过程必须适应儿童"自我实现"的需要，以让儿童在学习过程中感觉到被尊重、被关爱，享受到学习过程和结果给他们带来的身心愉悦和成功的感觉。这样才能保证儿童借助自己特有的形式实现自身与环境的有效同构，才能不断提高儿童的环境适应能力，保证儿童"精神胚胎"充足生长和发育的时间，提升社会适应力。艺术是儿童的天性精神需要，艺术学习应是儿童自我发起的行为；科学是儿童生命生存的需要，科学学习是基于生命对于外在世界的好奇以及保证肌体安全和更好地存在而发起的自觉的探究行为。因而，艺术学习与科学学习的有机结合可以培养

---

① ［意］玛丽亚·蒙台梭利：《吸收性心智》，蒙台梭利教育研究组编译，109页，兰州，兰州大学出版社，2001。

自主的儿童。

(3)着眼发展，塑造品质自觉的儿童

品质自觉是指意志品质的自觉性和自制性。自觉是指对行动的目的有深刻的认识，能自觉地支配自己的行动，使之服从于活动目的的品质。因此而能在活动过程中控制自己的行动和情绪，克服困难、排除干扰和诱惑来实现目的。自觉这里也指内在自我发现、外在自我创造的意识的觉醒，是儿童的主观能动性的一种反映。

密歇根大学的苏珊·纽曼教授认为，21世纪，有一个非常重要的认识，就是我们不仅是知识的消费者，而且是知识的创造者。作为教育工作者，我们的任务不仅是帮助儿童去认识已知的世界，而且要帮助儿童去创造未知的世界。[①] 这是时代赋予儿童本身和教育者的责任。维果茨基提出，遗传素质与前辈积累的文化共同决定了人的发展。儿童正是通过与他人的互动掌握了前辈传承下来的文化，才摆脱了生理遗传的限制而变得无限丰富和具有创造力。这里强调了人和环境的相互建构，突出了儿童通过社会互动与交往，在经验、知识和能力生成中而觉醒。那么如何帮助儿童觉醒呢？"最近发展区理论"帮我们回答了这一疑问。儿童通过与"比他更有经验的同伴或成人"的互动交往，由"现有的独立解决问题的水平"，发展到"能达到的潜在的发展水平"。儿童由最初的感官知觉、不随意注意、具体形象记忆等到高级的、复杂的心理机能，如有目的的观察、注意力在分散和集中之间转换、词语的逻辑、抽象逻辑思维等，这些均依赖于他参与的活动，依赖于他接受的相关群体成员的支持与帮助。

教育的应然目标与功能是改善人，是促进人的心、智、力的发展，是促进人的理解力与判断力的发展，是促进人的理性力量、道德力量与精神力量的最充分发展。促进理解力与判断力的发展，是科学教育的应然目标与功能；促进道德力量与精神力量的发展，是艺术教育的应然目标与功能。科学与艺术整合的学习活动，因其是儿童要实现自己拟定的"方案"，这里学习的目的、任务是儿童自己的意愿的达成，而非外界力量的驱使，因而他们能够自觉地支配自己的行为。儿童在"方案达成"的过程中，一定会遇到很多的问题和困难，如现实的条件无法满足自己创想的材料和条件需求，他们就需要调整自己的想法或竭尽所能去创造条

---

① 苏珊·纽曼：《21世纪需要怎样的儿童教育》，载《人民教育》，2014(3)。

件，这种"调整"和"尽力"是出于"主动"而非"被动"；现有的他自己掌握的知识、技术和技能无法满足"方案"的技术需要，他就需要去学习新知识、新技术和技能等，这种学习是出于"自愿"而非"他愿"。这就是"品质自觉"或主观能动性在儿童身上最真切的反映。课题实验幼儿园若干的儿童学习的案例证明，儿童在这一过程中专注于活动本身，他们能够排除困难主动地想出各种办法解决问题，并在问题解决时，发现了自我的力量，惊喜与自身的创造。

二、科学学习活动目标和艺术学习活动目标整合的成效达成

学习活动目标的达成，体现在认知、思维、情感、态度、价值观形成与发展等方面。而学习认知目标由低到高排序，分别是记忆、领会、应用、分析、评价、创造。整个学习认知目标结构呈金字塔分布，分析、评价、创造目标由于其指向更高水平的思维技能被置于塔尖部分。科学和艺术整合的学习可以促进高水平思维技能的形成。其强化了儿童以直觉思维为主的联合思维方式，并促使问题解决导向的整合思维模式与创造性思维品质及能力的形成。和其他类型活动相比，科学和艺术学习活动目标整合的成效在这两个方面也尤为凸显。

(一)加强以直觉思维为主的联合思维方式

1. 以直觉思维为主的联合思维方式是儿童认识世界的主要方式

根据皮亚杰的儿童发展理论，2~7岁的儿童正处于象征和直觉思维阶段。这个时期儿童思维的主要特征是思维只受知觉到的事物的显著特征、整体特征所左右，而不能同时注意事物发展的多个维度。在儿童的直觉思维中，最为明显的是整体把握现实和幻想的因果关联。例如，一个3岁的孩子对他的母亲说："妈妈，我会画人。"母亲非常惊奇，因为从没有人教过他握笔和画画。于是拿来纸和笔，孩子满手握笔，一边画一边说："人是长成这样的，圆圆的头，两只手，两条腿，妈妈你看，人！画好了！"妈妈一看，圆头在上，两条横线似的胳膊分两边，两条竖线似的腿在下边。这是一个"抽象"的人，有人的轮廓，但像人不是人，因为没有眼睛、鼻子、嘴，也没有所谓身体的部位。

可见，儿童的直觉思维的整体性，还不能把握事物的真正的整体，只是一种精神的或思维的"感觉"，它是对现实的感觉世界的"超感觉"把握，它无法离开原始的感官感知活动，却又企图去探求神秘的世界。例如，在某大班一次"盘古开

天辟地"的活动中,小朋友们观察天空,老师让他们想象一下"古时候的天空是什么样的",小朋友们回答如下。

　　幼1:有很多东西混在一起的(与古人设想的天地之初混沌一片的感觉很接近)。

　　幼2:古时候的天和地是盖起来的(对天地在远处相接的基础上的想象,很接近古人对天地形成的"盖天说")。

　　幼3:古时候的天是黑白颜色组成的,地是由一块拼板拼起来的(既有原始的想象,又有零星的科学知识融合在里面)。

　　在儿童的思维活动中,还存在着另一种幻想的因果关联,如儿童将下雪的原因解释为天上有个造雪的机器在造雪,下雨则是老天爷在哭。原始人也有类似的表现,数不清的创世神话、起源神话、始祖神话、图腾神话等,便是对事物来由的原因及本原的追溯。这种因果关联的思维程序,有"实"的一面,即以直观感知到的事物和现象为基础,通过类比、联想等推想它们的原因以及可能出现的结果;也有"虚"的一面,即用幻想的因果关联,建构神话中那些直观与不可直观的事物、已知和未知、现象和本原等相互关系的对应思维程序。

　　2.儿童以直觉思维为主的联合思维方式具有"心物合一""天人交感"的特点

　　思维是个体精神发生的心理基础,原始人的科学从神话思维中萌芽,儿童的科学也在儿童的思维发展水平上建构。原始人类的神话思维和现代儿童的思维在本质上是相似的,儿童思维的发展复演了人类思维发展初期的历程。通过对二者之间相似性的回顾,我们惊奇地发现,以上的共同点中都包含着审美——艺术思维的特征。在神话的思维结构中,心物合一、天人交感,一切事物都可以成为主体投射的对象,一切事物都在它的可见可闻的形式因素中,在它的有整体感、层次感和节律感的形式中,都包含着蓬勃的生机和旺盛的生命力,都包含着丰富的喜怒哀乐的情感和各种道德情操。儿童身上也同样普遍地存在着对世界的审美。可以这样说,神话中的科学就是从艺术的母体中孕育出来的,现代科学又是从神话科学中发展出来的。儿童的科学也一样,它们只有在丰饶的艺术土壤中才能结出灿烂的科技之果。

当然，我们也不能否认：虽然儿童和原始人在先天的种族遗传和进化的基础上具有惊人的一致性，但他们所处的社会文化环境已相去甚远，甚至自然环境都发生了一些变化。原始人生活在纯天然的自然环境和原始的、独立的文化氛围中，他们充分运用自身的灵性和潜能去发现和影响周围的环境。而我们的儿童，由于他们在身体上的弱小，从小生活在成人的庇护和影响之下，受成人思维方式和文化环境的影响，他们先天的潜能和灵性受到成人理性的、现代的思维方式的挑战。成人将儿童看作"小大人"，将自己世界中的抽象的符号和科学的知识有意或无意地传递给他们，剥夺了他们充分发展自己的直觉思维的时间和空间。

科学和艺术整合的活动，由于我们以"帮助儿童将想象变为现实"为目标任务前提，拓展了儿童以直觉思维为主的联合思维方式作用的空间。

(二)形成问题解决导向的整合思维模式

在科学和艺术整合的学习活动中，教师在支持儿童"把想象变为现实"的真实生活问题解决的过程中，促使儿童通过"问题探究""审美表达"过程的交融镶嵌、回环转换、螺旋递归，体验到学习过程的愉悦和结果的成功，从而不断地积累知识、情感、思维、技能、交往的经验，从而形成一个具有问题导向的经验构架（即"完整经验"）①和创造性思维特征并具备可持续发展能力的统一体。例如，在我们设计的科学和艺术整合的学习活动中，有这样一则案例：因为活动室太小，无法容纳孩子们感兴趣的娃娃家。于是孩子们设想建造一个能收放自如，可以随意在室内外搬迁的娃娃家。他们结合自己的生活经验，决定为自己建造一个蒙古包娃娃家。于是，孩子们开始参观、调查，研究蒙古包的构造；接着设计、制作模型；然后选址、选材、测量、裁剪、切割、建造、装饰美化，到最后，蒙古包娃娃家完成。孩子们在蒙古包娃娃家里准备了他们自制的乳酪等美食，选择好听应景的音乐，载歌载舞欢迎客人来参观。整个活动进行了长达两个多月的时间，孩子们边思考、边探究、边表达，在问题解决的实践过程中，随时随地融入自己的灵感和创意，和同伴们边商讨、边质疑、边合作分工，最终完成自己的构想，体验了学习过程的充实和快乐。其实，就生活经验本身来说，没有所谓学科的分裂与对立，生活本身就是完整的、鲜活的、生动的。儿童的思维本身也是动作、

---

①　[美]约翰·杜威：《我们怎样思维·经验与教育》，姜文闵译，155页，北京，人民教育出版社，2010。

形象、抽象的混合状态，儿童的经验往往既有童话式的审美特质，又有科学式的探寻因果的意图。儿童只有在解决真正的生活问题的过程中才能增长智慧、增加才干，促进问题整合思维模式的形成和发展。

三、科学学习活动目标和艺术学习活动目标整合的路径方法

(一)回到"自组织性"的学习内容

世间万物，本就相互联系，相互依存，互补共生，儿童学习的内容，均来自于自然和社会，因而本就有其内部组成规律。而科学知识经验和艺术知识经验统整的学习要求儿童的学习回到学习内容的自组织性。

1. 世间万物，既是科学的存在，亦是艺术的存在

和谐、节奏、秩序、周期等是科学和艺术努力追求的目标，也是儿童科学学习和艺术学习中的重要内容。在物质世界和自然科学之中，周而复始的运动形式呈现出多姿多彩的样式。像圆周式运动、椭圆式运动、螺旋式运动、波浪式运动，等等，它们都是周而复始的运动，都表现出一种周期美。同样，在艺术领域，像舞蹈演员的旋转、戏剧演员的腾翻、杂技演员的侧旋、跳水运动员的空翻等，之所以给人以无穷无尽的美感，也是因为他们的运动轨迹是圆或螺旋线。这些运动轨迹图形的千变万化产生一种富于变化和韵律的和谐美。同时，又由于其变化的周期性而产生一种周期美，从而给人以美的艺术享受。事实上，教师可以引导儿童注意观察与体验自己探索的各种事物的各种形状的韵味，借此深化科学学习与艺术学习的整合。比如，水平线往往给人广阔、宁静的感觉，垂直线往往给人挺拔的感觉，斜线则常常会让人感觉极不稳定，曲线又会使人产生变化、柔和、优美、愉悦的感觉等。通过这些活动，教师可以帮助儿童深入体验客观实在的事物中蕴含的秩序、节奏与和谐，感受其中艺术的意蕴美、精神美，实现科学与艺术学习在本质层面的整合。本质层面的整合活动又会促进儿童在心理层面和物质层面实现科学与艺术的进一步互动与整合。

2. 找回因内容割裂而失去的科学与艺术知识的应用价值

科学与艺术割裂的学习导致学习内容的碎片化，一方面是指把原本连贯的知识分割成若干片段，彼此不相连。这些学习内容只分别聚焦在一个一个的知识点上，儿童对这些知识点的学习也只是"浅尝辄止"，即只知道"是什么"，而不问

"为什么""怎么样"。另一方面，当前儿童的学习内容大都被划分为各学科系统知识，这些内容仅在学科领域内有些许联系，没有领域间的横向关联。结果是儿童的学习不能再按照其本身理解事物的自有心智结构自然地、完整地、持续性地展开，儿童被迫频繁地辗转于互不关联的知识学习之间，获得了大量孤立的碎片经验和即成知识(指那些能立即掌握的知识)。这些碎片经验和即成知识因缺乏背景性的存在，儿童虽然靠背诵手段记住了，但却无法理解和产生共鸣。这些知识因各成体系，彼此之间界限分明，互不连接，因此，知识丧失了它应有的深度和广度，因而也无法在生活情境中加以运用，很快便随着时间的推移，消失在儿童的脑海中。

科学与艺术整合学习活动目标的顶层设计，以建构主义的学习论为基础，遵循事物发展的本原逻辑，而非人为的学科体系的划分，使多方面的学习内容根据儿童"方案达成"的需要而相互连接，即把知识放在了一定的情境背景中，有利于儿童更加深入的理解和运用。

(二)经历"自我建构"的学习过程

学习过程是思维的过程。科学思维并不排斥艺术思维，在一个人身上这两种思维完全可以达到完美的统一，而且这种统一又促进了人的思维水平的健康和全面发展，使人的素质、能力得到极大的提高。这正如钱学森先生所说的，科学家不是工匠，科学家的知识结构中应该有艺术，因为科学里有美学。艺术家也同样如此。科学与艺术等创造性活动都存在观察、比较、选择、判断、联想、想象、直觉、灵感等思维过程，科学学习与艺术学习的过程、方法可以借助这些共性的思维过程达到统整。但这些统整也需要在一定的条件或背景下才得以进行，它们包括"任务驱动""路径探寻""知识实景化"。

1. 任务驱动——让儿童去完成自己的事情

任务驱动的核心是解决问题。解决谁的问题？一定是解决儿童自己提出的问题或设想。建构主义和社会文化论强调学习是儿童主动建构的过程，也是儿童通过迁移、重组、运用原有经验解决新问题的过程。解决问题使儿童能够建构概念，并将其应用于新的情境，这给了儿童超越已知信息和发展自我想法的机会。儿童运用探究的方法提出问题，利用各种资源寻找解决方案和答案，随着儿童对问题的探索，他们会得出结论。同时，对问题的探索会导致生成更多的问题。成人在此过程中可设置一些悬念和挑战，按照每名儿童的"步调"与"图式"去设计、安排学习活动的过程，帮助儿童建构自己的学习策略和方法。据此，儿童可以从依靠教师的支持解决问题到独立解决问题，以达到更好的学习效果。例如，在区域活动中，儿童发现到"超市"去买东西，有时东西买得太多了，用双手无法全部拿走，于是他们想："如何才能将很多的东西一次性拿走？"儿童想了很多办法，最后经过商量，决定做一个小推车——任务生成了。但新的问题又产生了："做一个什么样的小推车呢？"儿童开始设想，画出自己设计的推车图案，然后比较谁设计的小推车又大又稳。是两个轮子的好用，还是四个轮子的好用？哪些材料制作小推车又轻便又牢固？这些材料如何剪裁？如何测量这些材料？如何拼接这些材料？轮子不转怎么办？……随着任务的不断推进，儿童需要边操作边琢磨，不断地试误、调整，再试误、再调整……直到逐一解决了他们遇到的所有问题，任务才能完成。这一过程不仅要知道如何直接应用定理、概念和性质，而且要同时利用这些定理、概念和性质来解决问题。

正如杜威所说，当儿童要做的是他自己想做的事，当他能够按照自己的意愿完成所要完成的任务，当他心情愉悦地享受完成任务的过程，日常的活动就具有了审美的意蕴。儿童在此过程中体验了流畅、舒适、愉悦、惊奇、灵感的触发……他们获得了审美的体验，因而这一过程既是科学的认知与探索过程，又是艺术的创造和鉴赏的过程。

2. 路径探寻——帮助儿童拓展解决问题的思路

科学是"发现问题—分析问题—寻求路径—解决问题"的过程。这一过程不仅是理智思维的过程，更是人获得安全保障的生命存在的过程。人就是在这样的过程中获得生存和发展的，这是基本生活的过程。但人既是机体的存在物，又是心灵的存在物，不仅追求机体存在，还追求舒适、愉悦的精神存在。因而，直觉体验、同理心、共情作用等使得人类之间心灵相通，活得更舒畅，更自在。由于人的这一基本的"爱与归属"的需要，所以自人类有记载以来，祭祀、图腾等艺术审美表达便伴随人类生产、劳动、斗争和生活的全过程。所以，艺术的审美表征是人类灵魂诉求的自然流露，是集体潜意识和个人无意识的确定性存在。因而在儿童学习的过程中，于问题观察阶段联合儿童的审美感知觉，让儿童去看、去听、去嗅、去触摸、去尝试，可以让儿童更接近问题的实质；在分析问题阶段渗透儿童的想象和联想，可使问题与儿童的生活和经验更鲜明地连接起来，便于儿童对问题更细致地理解；在寻求方法阶段关注儿童的灵感、顿悟以及直觉，可扩展解决问题的思路，收获不一样的效果；在行动验证和解决问题阶段，融入联觉和移情作用，可促使儿童迁移当前经验到新的情境中解决新问题，进而促进儿童生存能力的螺旋进阶，使其成为一个理智和情感、个性与共性、独特性与全面性和谐统一发展的具有完整人格的人。

3. 知识实景化——促进儿童学习过程的自我建构

知识实景化是指知识应与具体情境联系起来。儿童是一个热情的观察者，教师可以通过多变的学习情境设计，使每个枯燥的知识概念都包含了充分的情境实例变化。这一过程将概念"具象化"到有挑战的情境和有结构的材料中，使体现原理的静态知识和富于灵性的动态变化过程相结合，如按序旋转的线条绘画作品可以让人立即理解空间的三维结构；通过充分的实景变化促进概念的学习和掌握，如让儿童通过看雨、听雨、雨中行、画雨、用肢体动作感受雨等，帮助其深刻认识雨的形状、声音、大小、性质，雨水与自然万物之间相依相生、相拒相克的生态关系。每次实景都分别着眼于问题的不同侧面，促进儿童从不同角度去建构和审视概念的表层含义与深层意义。

总之，儿童自我建构的学习过程，须以"理解"为基础，以"尊重"为保障，以"对话"和"协作学习"为基本形式。儿童是有能力的社会行为者。从心理现象的文化形成来看，心理意义是由个体与尊重他人的社会互动所产生的。人类通过与他人的互动认识自己。儿童通过借助讨论和协商来建构学习过程，每个人都将他们的学习建立在对他人的理解和互动之上，这是一个积极而持续的过程，共情以及有预期的人际环境，可以缩短师生、生生的距离和加强对话。

第二节　儿童科学和艺术整合学习活动目标的结构

科学和艺术于这个万物生存、诸事相连的世界是自然而然的相互重叠、相互连接、相互交叉又相互补足的。儿童的艺术学习方式可以作为儿童科学学习目的达成的手段。如在艺术学习中，儿童通过想象、移情、感受等多种心理活动的交融、撞击，对原有的科学经验产生新的认知与理解。同时，儿童科学发现的过程和成果也可以作为儿童艺术活动的素材，如儿童将科学发现的过程和取得的知识经验用创编文学作品、绘画、戏剧表演等形式进行表现。儿童可以联合运用艺术手段和科学手段进行创造，如儿童在设计活动中，用科学的方法进行制作，并用丰富的想象对作品进行设计和美化等。

本章我们将尝试依据教育教学目标制定的范式，从"知识与能力""过程与方法""情感态度价值观"的三维目标，建构3～6岁儿童科学和艺术整合学习活动的目标体系。

一、儿童科学和艺术整合学习活动的总体目标

在科学和艺术整合的活动中，具体目标可以是在活动过程中生成的，但总目标是稳定的而且是必须达成的。依据《幼儿园教育指导纲要（试行）》《3—6岁儿童学习与发展指南》等法规政策文件的精神，儿童科学和艺术整合学习活动的总目标可以设置为：在学前儿童身心发展的基础上，发展科学和艺术中的共同要素，按照有机的联系加以沟通，在儿童获取有益的经验的同时，激发儿童的创造性，培养儿童丰富的情感、愉悦的审美体验和积极探索的科学精神。

具体目标如下：

①通过科学探究和发现拓展自身对事物的感受、表现与创造；并在儿童的科学发现中拓展儿童艺术表现的内容和方式。

②通过艺术活动加深自己对于周围世界的认识与理解；通过艺术想象等审美体验促进儿童的科学发现。

③在科学思维与艺术思维的连接与良性互动中，对事物展开更加深入的探究，丰富自身关于事物的感悟和认知；结合运用艺术手段与科学手段进行初步的规划、设计与创造。

科学和艺术整合活动的终极目标是达成儿童科学能力与艺术能力的协调、统一发展。但是，在具体的活动设计中，我们可以灵活处理，不必拘泥于必须在一节课或某一短暂的时间段中同时涉及儿童科学能力与艺术能力的同步发展。

二、3～6岁儿童科学和艺术整合学习活动的具体目标

由于3～6岁的儿童在身心发展水平上的差异，并且他们把握世界时主客体互渗程度的不一样，因而科学和艺术的整合还应有一个各自年龄段的不同层次的目标。这里将分别从"知识与经验""过程与方法""情感态度价值观"三个维度，分别呈现各年龄段儿童的科学学习目标、艺术学习目标、科学和艺术整合学习目

标，以便读者了解我们目标制定的脉络。

（一）3～4 岁儿童科学学习目标、艺术学习目标及科学和艺术整合学习目标

1. 3～4 岁儿童科学学习目标

（1）知识与经验

◆认识常见的动植物，能注意并发现周围的动植物是多种多样的。

◆能感知和发现物体和材料的软硬、光滑和粗糙等特性。

◆能感知和体验天气对生活和活动的影响。

◆初步了解和体会动植物和人们生活的关系。

◆初步感知生活中数学的有用和有趣。

◆感知和发现周围物体的形状是多种多样的。

◆体验和发现生活中很多地方都用到数。

◆能感知和区分物体的大小、多少、高矮、长短，量方面的特点，并能用相应的词表示。

◆能通过一一对应的方法，比较两组物体的多少。

◆能用词描述事物或动作。

（2）过程与方法

◆观察：对感兴趣的事物能仔细观察，发现其明显特征。

◆感知：能用多种感官或动作去探索物体，关注动作所产生的结果。

◆分类：学会根据一个或两个特征从一组物体中挑选出物体，并归类。

◆描述：能以词汇或简单的句子描述事物的特征或自己的发现，与成人或同伴交流。

◆记录：能够用图画或喜欢的标记方式保留和记录有趣的发现。

（3）情感态度价值观

◆对周围事物充满好奇心，乐意感知和摆弄能够直接接触到的自然物和人造物；发现事物的新奇和有趣。

◆乐意探索一些常见的自然现象，参加科学活动，喜爱动植物，注意周围的自然环境。

◆经常主动提出各种问题，能够倾听成人或同伴对问题的见解。

2. 3～4岁儿童艺术学习目标

(1)知识与经验

◆经常自哼、自唱有趣的声调或模仿有趣的表情；经常涂涂画画、粘粘贴贴。

◆能模仿学唱短小歌曲；能跟随熟悉的音乐做身体动作。

◆能用声音、动作、姿态模拟自然界的事物和生活情境；能用简单的线条和色彩大体画出自己想象的人或事物。

(2)过程与方法

◆审美感知觉：运用多种感觉器官去倾听、观察、触摸、闻嗅等，充分感知大自然及周围事物的声音、形状、色彩及其变化等给人带来的舒适、愉悦的审美感觉。

◆模仿与自主表达：主动关注和模拟自然界中的鸟鸣、风声、雨声等自然声音，并在手舞足蹈、即兴模仿和涂涂画画、粘粘贴贴的过程当中表现和表达出来。

(3)情感态度价值观

◆喜欢观看花草树木、日月星空等大自然中美的事物；容易被自然界中的鸟鸣、风声、雨声等好听的声音所吸引。

◆喜欢听音乐或观看舞蹈、戏剧等表演；乐于观看绘画、泥塑或其他艺术形式的作品。

◆经常涂涂画画、粘粘贴贴，并乐在其中。

3. 3～4岁儿童科学和艺术整合学习目标

(1)知识与经验

◆认识常见的植物，并关注到植物的叶子有不同的形状、颜色；能用简单的线条和色彩涂鸦出自己看到的或想象的植物。

◆发现物体和材料的软硬、光滑和粗糙等特性，用短语或词汇表达出自己的感受，如这个毛绒玩具摸起来软软的，感觉很舒服；这个桌角摸起来硬硬的，碰到了会很疼。

◆认识常见的动物，了解动物的外形、生长过程、生活习性等，并用自己喜欢的方式涂鸦；能够随着音乐模仿和表现各种动物行动的方式；结合故事情境表现出小动物的快乐、悲伤的情感。

◆感知音乐节奏的快慢和时间长短的关系。

(2)过程与方法

◆经常联合多种感官去观察、倾听、闻嗅、触摸周围的自然事物。

◆探究用身体动作或涂涂画画、粘粘贴贴的方法表现大小、多少、高矮、长短。

(3)情感态度价值观

◆体验观察、模仿、倾听自然事物以及涂涂画画、唱唱跳跳过程中的放松愉悦的情感。

◆感到与小朋友一起玩比自己一个人玩有意思，对人友善、亲和。

(二)4～5岁儿童科学学习目标、艺术学习目标及科学和艺术整合学习目标

1. 4～5岁儿童科学学习目标

(1)知识与经验

◆能感知和发现动植物的生长变化及其基本规律。

◆能感知和发现常见材料的溶解、传热等性质或用途。

◆能感知和发现简单的物理现象，如物体形态或位置变化等。

◆能感知和发现不同季节的特点，观察季节对动植物和人的影响。

◆初步感知常用科技产品与自己生活的关系，知道科技产品有利也有弊。

◆感知和体会有些事物可以用形状来描述。

◆感知和体会有些物体可以用速度来描述，了解环境中各种数字的含义。

◆感知和区分物体的粗细、厚薄、轻重等量方面的特点，并能用相应的词语描述。

◆能通过数数比较两组物体的多少。

◆能通过实际操作理解数与数之间的关系。

◆会用数词描述事物的排列顺序和位置。

(2)过程与方法

◆观察比较：能对事物或现象进行观察比较，发现其相同点与不同点。

◆联想猜测：能根据观察结果提出问题，并大胆联想和猜测问题的答案。

◆调查记录：能通过简单的调查收集信息或证据，能用图画或其他符号进行记录。

◆分类测量：学会按照指定的标准对物体进行简单分类；学习运用简单的工具(如绳子、棍子等非正式测量工具)进行测量的方法。

◆交流分享：能用较完整的语言客观描述自己的发现，并能与成人、同伴交流。

(3)情感态度价值观

◆能主动参加科学活动，喜欢探索周围自然界和新事物。

◆常常动手、动脑探索物体，并乐在其中。

◆乐于合作探究，并与他人分享探究成果。

◆关心、爱护动植物和周围的自然环境。

2. 4～5岁儿童艺术学习目标

(1)知识与经验

◆在欣赏自然界和生活环境中美的事物时，关注其色彩、形态等特征；喜欢倾听各种好听的声音，感知声音强弱的变化。

◆经常唱唱跳跳，愿意参加唱歌、舞蹈表演等活动；经常用绘画、手工制作等多种方式表达自己的所见所想。

◆能用自然的、音量适中的声音基本准确的唱歌；能通过即兴哼唱、即兴表演或给熟悉的歌曲编词，来表达自己的心情。

◆能用拍手、踏脚等身体动作或可敲击的物体打节拍；能运用绘画、手工制作等，表现自己观察到或想象的事物。

(2)过程与方法

◆审美感知觉：能够同时运用多种感觉器官感知和体验周围情境和自然物。

◆联想与想象：能将音乐风格与视觉形象相配。

◆表现与创作：学习根据音乐的节奏、旋律进行简单的填词；学习用描摹、添画、变形、拟人、夸张等方法进行表现和创作。

(3)情感态度价值观

◆能够专心的观看自己喜欢的文艺演出或艺术品，有模仿和参与的愿望；欣赏艺术作品时，会产生相应的联想和情绪反应。

◆能够根据文艺演出的情节辨别美与丑、好与坏、正确与错误等。

3. 4～5岁儿童科学和艺术整合学习目标

(1)知识与经验

◆在观察自然界和生活环境中的事物时，感受其色彩、形态美及生长变化过程中的动态美；感知物理现象和科技产品中体现的秩序、和谐、完满等美的特性。

◆找出美术作品中的色彩对比、数量多少、形状大小、远近关系；利用写生、丈量等方法，探究近看、远看物体的不同以及视觉空间布局。

◆通过探究使用艺术工具、材料，了解物品的质地、功用和性能。

◆用适当的音乐匹配不同风格的绘画作品，能用音乐节奏的快慢显示物体空间位置的远近亲疏。

◆能用恰当的语言表达自己对所看到或听到的事物和现象的感受和理解。

◆在歌唱、韵律、舞蹈等表演活动中，感知大小、快慢、强弱等声音的物理性质；上下、左右、前后等空间方位及其位置关系；直线形、半圆形、矩形、三角形、圆形、扇形等形状及其变化过程。

(2)过程与方法

◆规划与设计：根据解决问题的需要结合现实情境，通过直觉、推理、想象、创造等，对产品或项目进行规划与设计。

◆资料与信息收集：能够通过查阅图书、对比、嫁接、迁移、扩大范围等方式收集资料与信息。

◆问题与想象结合：利用直觉、联想或想象对科学探索过程和结果进行预测。

(3)情感态度价值观

◆由于对自然事物形象、色彩、线条的喜爱，而引发对保护自然环境的思考。

◆了解世界的多样性和富于变化，用包容和平和的心态来对待。

◆了解事情的发展有开始、上升、高潮、下落和结束的规律，能够辨别美丑、好坏、正确与错误等。

(三)5～6岁儿童科学学习目标、艺术学习目标及科学和艺术整合学习目标

1. 5～6岁儿童科学学习目标

(1)知识与经验

◆能察觉到动植物的外形特征、习性与生存环境的适应关系。

◆能发现常见物体的结构与功能之间的关系。

◆能探索并发现常见的物理现象产生的条件或影响因素，如影子、沉浮等。

◆感知并了解季节变化的周期性，知道变化的顺序。

◆初步了解人们的生活与自然环境的密切关系。

◆能发现事物简单的排列规律，并尝试创造新的排列规律。

◆能发现生活中的许多问题都可以用数学的方法来解决。

◆初步理解量的相对性。

◆借助实际情境和操作，如合并或拿取，理解加和减的实际意义。

◆能通过实物操作或其他方法进行 10 以内的加减运算。

◆能用简单的记录表、统计图等，表示简单的数量关系。

（2）过程与方法

◆分析与归纳：能通过整体观察或细节观察、比较性观察或连续观察与分析，发现并描述不同种类物体的特征或某个事物前后的变化，尝试进行简单的分类和概括。

◆实验与验证：能用一定的方法（操作或实验）验证自己的猜测。

◆计划与执行：在成人的帮助下能制订或设计简单的调查计划（实验方案）并执行，能用数字、图画、图表或其他符号记录操作或实验的过程、结果或经验。

◆联想与想象：通过联想与想象建立事物之间的新联系，进行简单创造和发明。

◆推理与预测：发现事物之间明显的关联；推理和预测简单的因果关联、条件与结论。例如，根据常见物质、材料的特性和物体的结构特点，推测和验证它们的用途。

◆交流与评价：能以语言与成人或同伴交流自己的发现、探索的过程和方法，表达存在的问题和自己的愿望；尝试整理、概括自己探究的成果。

（3）情感态度价值观

◆喜欢并能较长时间地参与科学活动。

◆能主动探索周围自然界，并能发现问题、提出问题、寻求答案；懂得顺势而为，热爱、尊重和敬畏自然；懂得尊重和珍惜生命，保护环境。

◆能够自由地思考，敢于提出质疑和挑战，创造新事物。

◆能够实事求是地公开自己的观点，客观、公正地对待与自己不一样的见解或答案。

◆关心、爱护自然环境，并表现在行动上。

2. 5～6岁儿童艺术学习目标

(1)知识与经验

◆乐于收集美的物品，或向别人介绍所发现的美的事物；乐于模仿自然界和生活中有特点的声音，并产生联想和想象。

◆艺术欣赏时常常用表情、动作、语言等方式表达自己的理解；愿意和别人分享、交流自己喜爱的艺术作品和美感经验。

◆积极参加艺术活动，有自己比较喜欢的活动形式；能用多种工具、材料或不同的表现手法，表达自己的感受和想象；艺术活动中能与他人相互配合，共同完成作品。

◆能用基本准确的节奏和音调唱歌；能用简单的舞蹈动作，表现自己的情绪或自然界的情境；能自编自演故事并为表演选择和搭配简单的服饰道具；能用自己制作的美术作品布置环境，美化生活。

(2)过程与方法

◆审美感知觉：对事物形式特征有整体把握，以一种主动的态度将杂乱无章的对象改造成具有一定顺序的整体。

◆联想与想象：能够由某人或某种事物想起其他相关的人或事物，由某一概念引起其他相关的概念；能够对于不在眼前的未知的事物，想出它的具体形象或实际情形，或能够用储存的表象进行加工改造形成新形象。

◆表达与创造：能够用贴切形象的语言讨论和交流自己对美的感受；能够用音乐、舞蹈、戏剧、绘画、工艺品、角色扮演等自己喜欢的艺术形式表现和表达自己对美的感受和体验。

(3)情感态度价值观

◆在感受美、表现美、创造美的过程中获得愉悦的情感以及丰富的想象力和创造力。

◆养成对周围世界的高敏感度和亲和力(亲近自然、亲近社会的态度)。

◆在与他人合作、协商、共同完成艺术作品的过程中，养成相互尊重、友爱互助的社会情感。

3. 5～6 岁儿童科学和艺术整合学习目标

（1）知识与经验

◆认识动植物的外形特征、习性与生存环境的适应关系并用音乐、舞蹈、绘画、戏剧的方式表达出来。

◆发现常见的自然、物理现象产生的条件或影响因素，并用表情、动作、语言等方式表达自己的理解，并产生联想和想象。

◆发现事物简单的排列规律，并尝试创造新的排列规律，感知事物变化的周期美、顺序美、循环美。

◆了解人们的生活、自然环境以及人与人之间的密切关系，运用自己对质地的知识，创造性地用某些有特点的材料拼成抽象或写实的图案，供同伴或他人欣赏。

◆探究如何利用不同的自然物品，创造性地使用材料，精心安排和设计美化情境。

◆探索利用中介物、人工半成品或成品所能达到的艺术效果，提高对艺术构形（线条、形状、颜色等）的敏锐感知力。

◆运用视觉想象、空间推理，探讨对称的概念，创造几何图形。

◆通过创编不同方位的舞蹈动作或绘画地形图等，促进对于空间方位的认知。

◆通过运用不同的色彩、形状、线条以及绘制图表的方法，记录植物的生长变化过程。

◆运用拼图、对比、对照、估算等方法，发现空间模式以及不困于单个事实，关注到事实间的关系和条理。

◆用联想和想象使抽象的问题具体化、形象化。

（2）过程与方法

◆运用观察、发现、调查、计划、制作、分类、回想、修改、呈现、挑选、探索、评价、解释等方法，审视和创造自己的方案或作品。

◆运用观察、选择、分析、分享、排练、比较、描述、提出并回答问题、讨论、质疑等，丰富自己的艺术表现。

◆运用模仿、综合、概括与联系（故事与个人经历之间的相似性、角色与自我之间的相似性）将其他领域的知识或技能运用于艺术创作或鉴赏过程。

◆进行预测并运用相关策略，如探索性操作、推理、实验、设计、制作相关实物等检验设想的正确与否。

◆意识到不同角度看物体有不同的效果，增强表现力。

◆在对自然物和艺术品仔细观察的过程中，积累观察的技巧，如什么时候进行整体性观察，什么情况下进行细节观察，何种状态下对比观察，哪些情形中需长期、系统观察。

◆通过社会情境表演掌握人际交往的方法、技巧；通过扮演不同的社会角色学会通过合作与分工解决问题。

◆了解白与黑、好与环、美与丑等，可以在一定条件下互换，初步发展辩证思维。

(3)情感态度价值观

◆了解自己在自然生态和宇宙中的位置，力求实事求是、客观公正地看待事物。

◆描述自己在学习活动过程中产生的各种情绪。

◆了解自己的能力、技能、兴趣或有困难的领域，反思自己的情感、经验和成果对他人的影响以及了解他人的能力、技能、兴趣或有困难的领域，反思他人的情感、经验和成果对自己的影响。

◆懂得人类与地球其他物种相依相偎、唇齿相生的关系。

◆关注自然现象中的自然美、科学美，人类外表和行为中的礼仪美、语言美、精神美，于自然探究和审美活动中萌发爱祖国、爱家长、爱亲人的感情。

这里需要指出的是，儿童的发展具有阶段性，但也是具有连续性的，面对现实中每一个活生生的儿童，一个个有血有肉的灵魂，时有落后或超前于本年龄段发展的孩子都是正常的。

三、科学和艺术整合学习活动目标的设计与表述策略

(一)科学和艺术整合学习活动目标的设计策略

1. 儿童科学和艺术整合学习活动中"知识与经验"维度目标的设计

"知识与经验"目标是指通过一定时间的学习，儿童学习行为变化要达成或要实现的结果，也叫结果性目标。这是三维目标的基础，并且此目标是显性的，可测量的。在前面我们已经分别阐述了3～6岁各年龄段儿童在科学和艺术整合学

习活动中应掌握的"知识与经验"目标的内容。"知识与经验"目标的设计应体现在对知识、概念、原理的认识/了解/感知或掌握上，认识/感知/（初步）了解/获得……经验；学会/掌握……或能够尝试/运用……技能等，如"（初步）了解水的三态变化""学会自然地歌唱三拍子节奏的歌曲""感知水的浮力"等。这一部分对教师来说应该容易掌握。本书重点探讨对幼儿教师来说难度比较大的"过程与方法"维度目标的设计。

2. 儿童科学和艺术整合学习活动中"过程与方法"维度目标的设计

"过程"一般是指事物发展所经过的程序、阶段。这里是指儿童在体验、探究、操作、活动中进行学习所经历的知识与技能形成的程序、阶段，最终和我们所要培养的儿童的各种能力对应起来。儿童各种能力的发展，是和他们在学习中的相关学习行为和思维联系在一起的。要发展某种能力就必须经历相应的思维和解决问题的过程，这是儿童思考问题的认知建构的过程。所以制定过程目标的时候，要以儿童为主体，从儿童学习的视角出发。"方法"是掌握各类知识与技能的学习方式与策略，学会学习、学会反思、学会创造，能对自己的学习过程及结果进行有效监控，这显然应该是人们在认识世界的过程中，在经验的基础上抽象概括而形成的具有普遍性的活动方式。比如，经常涉及的学习和解决问题的方法，就有观察、倾听、探究、提问、选择、判断、比较、分析、归纳、概括、分工合作等，这些方法是在儿童主动参与学习过程的学习活动中，逐渐感受、认识，并学会运用的。

前面我们已经详细地介绍了3～6岁儿童"过程与方法"目标维度的内容，同时，在制定"过程与方法"目标时，我们还要弄清楚以下几点。一是要关注行为主体。什么是行为主体？即目标句子中的主语。目标描述的应是儿童的行为，而不是教师的行为。二是行为动词。儿童在做什么的过程当中获得了学习行为？可以描述学生所形成的可观察、可测量的具体行为。例如，"通过自编自演角色的对话和动作，发展联想和想象力""通过尝试探究揉、捏、沾、粘、压、拓等不同方法改变泥土的形状，发展扩散性思维"。三是行为条件，即说明行为在什么条件下产生的，是目标句子中的状语。行为条件是指影响儿童产生学习结果的特定限制和范围，如"在……情况下""根据……""经过……"。"过程与方法"目标是通过让儿童经历某种过程来实现的，一定的过程就意味着一定的学习行为，而学习行为一般来说是可见的，因此，在设计"过程与方法"目标时，尽可能用行为动词描述，以凸显目标的可操作性和可测性。在"过程与方法"目标的设计中，教师只有明确儿童在某一过程中的具体学习行为，并在学习活动中关注学习行为表现，才有可能把"过程与方法"目标落到实处。

3. 儿童科学和艺术整合学习活动中"情感态度价值观"维度目标的设计

"情感态度价值观"目标是指儿童在学会知识、理解技能、获取信息、处理信息、加工信息的过程和方法的基础上，通过体验信息蕴含的文化内涵，养成积极的学习态度，形成与社会相适应的价值观和责任感，能理解并遵守与社会活动相关的伦理道德与法律法规方面的目标。情感不仅指向学习兴趣、学习责任，更重要的是生活的态度——求实的科学态度、宽容的人生态度。价值观不仅强调个人的价值，更强调个人价值与社会价值的统一；不仅强调科学的价值，还强调科学价值与人文价值的统一；不仅强调人类价值，更强调人类价值与自然价值的统一，从而使儿童的内心确立起对真、善、美的价值追求以及人与自然和谐可持续发展的理念。

阿恩海姆认为，艺术是心灵生长的精神花朵，而不是外部物理对象的机械复制，是视觉意象的闪现或暗示，是通过视知觉的直接感觉来达到对事物本质属性的抽象的理性认识及心灵对外物的解释，而不是事物本身。可见，科学和艺术的出发点和目标高度一致，都是基于人的自身的需要，为了人的需要而存在的。艺术领域情感态度不仅会促进科学认知的发展，儿童的情感态度和价值观也会影响他们想问题的方式与他们思考众多话题的深度。（图 4-1）①

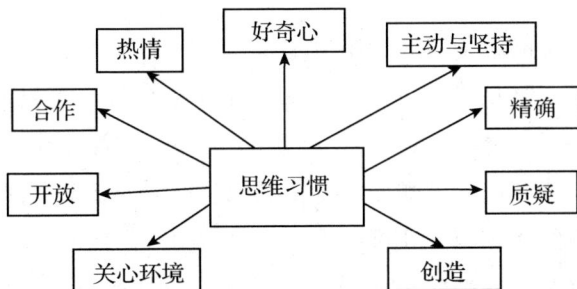

图 4-1　与情感、认知有关的科学和艺术整合的思维习惯

情感态度价值观的培养是儿童科学和艺术整合学习活动目标设计的关键。

---

① ［美］米歇尔·本特利、克里斯汀·艾伯特、爱德华·艾伯特：《科学的探索者》，洪秀敏等译，60 页，北京，北京师范大学出版社，2008。

《幼儿园工作规程》《幼儿园教育指导纲要（试行）》等法律、法规文件，无处不体现这样的原则和思想。那么，培养儿童的情感态度价值观的策略是什么呢？那就是对教育活动内容的情感性处理，是教师从情感维度上着眼对教育教学内容进行加工、组织，使教育活动通过教师设计适当的组织形式，在向儿童呈现的过程中能充分发挥其在情感方面的积极作用。情感目标，无疑是强调情感体验，与态度有关，如喜欢、愿意、感受、欣赏、体验等。具体策略如下。

（1）"情动—感受"策略

心理学家认为，情绪与认知有着很强的相互作用，理想的大脑功能依赖于情绪与理智的协调。情绪提供学习的能量，学习作为努力的结果，也会得到情绪性的满足。当我们的注意力和兴趣点在同一件事情上时，我们的情绪处于最好的状态，能做出最优的成果。

"情动—感受"策略就是通过创设暗含科学问题与艺术创造的学习情境直接刺激儿童感官，打动心灵、激发情感，产生知觉体悟的一种指向科学和艺术整合学习情感目标的活动设计策略。教师首先要打开儿童的各种感官通道，为视觉、听觉、嗅觉、触觉提供全方面的感受机会，而且要设法感受得丰富、强烈、深刻。然后儿童才会有自己的体悟和理解。所谓"情境打动人，情境感染人"就是这个道理。

学习情境创设包括人为艺术情境和自然及现实情境的利用等。艺术情境的创设可以借助多种艺术手段，如绘画、音乐、照片、影像、多媒体等构建一种有感染力的氛围。

自然及现实情境的感染力同样不可小觑。带领儿童充分地开展科学、艺术参观、考察等活动是非常重要的，让他们无拘无束地全身心地投入大自然的怀抱，奔跑嬉戏于虫吟鸟鸣的林间小道，"摸爬滚打"在芬芳的泥土中、草地上，眼看着山水一色、浑然天成及镶嵌五颜六色鲜花的绿色田野的壮美，闻着各种植物的清香，品尝酸甜可口的果实……儿童在身心愉悦的同时，探究自然中各种他们未知的事物及现象，领略着一种对美的潜在的感悟；"跋山涉水"锻炼体能，不仅"获得"了毅力、耐受力，而且自然的神奇美妙使他们对一切充满了喜爱、探究、憧憬……

（2）"价值体系化—人格化"策略

情感的发展和智慧的发展相辅相成，而智慧闪现的过程源于人们对某一事物的良好情感和直觉感悟，之后才上升为逻辑的判断和理性的实践。因此，教师在设计儿童必须运用智慧参与的活动时，一定要创设一个有利于儿童发生"直觉感悟"的活跃而宽松的心理和活动氛围，这种氛围实质是包含了"爱"和"包容"、"友情"和"亲情"、"自由"和"民主"等价值观体系引导下的活动氛围设置。

在实践中我们还发现，儿童对他们自认为"美"的事物有着非常的热情。例如，儿童喜欢远古的荒蛮和神秘（儿童对远古生物恐龙及远古神话感兴趣可证明这一点），认为那是"美"的和"有趣"的，因为那正符合他们"无知"和奇特想象的特点；儿童喜欢"突发奇想"的创造，把原本成人认为"很美"的、"有条理的"画面，涂上"乱七八糟"的颜色，认为那是"美"的和"奇特"的，因为那正符合他们偶尔无序的思维状态……教师应理解并及时抓住这种状态，鼓励和引导儿童的创造思维，促进情感和智慧的"升华"。因此，神秘的远古童话、惊险和奇特的现代科幻、"丑陋"的泥塑、雕刻，对看似"杂乱无序"的废旧材料及自然物等进行拟人化的处理，给予它们有趣的"灵魂"，以拓展儿童想象和探索的空间，让儿童在科学实验和探索的"天堂"里自由翱翔。

(二)科学和艺术整合学习活动目标的表述策略

教师在备课或撰写活动计划的过程中，首要思考的便是"活动目标"。儿童科学和艺术整合学习活动的目标撰写和表述须考虑以下几点。

1. 整体性和全面性

一个教育活动的目标，应涵盖知识与技能、过程与方法、情感态度价值观等多个方面，同时，也可以结合具体的活动内容有所侧重。例如，有的活动可以以培养学习方法为主要目标，而有的活动则以培养学习态度或激发对科学和艺术整合学习的兴趣为主要目标，但绝不可以偏废而长期单一。

2. 所期望的结果的可观察性或可测量性

教育目标所期望的结果应基本上是可以观察到或测量到的。因此，从表述方式上来说，知识、技能方面的目标通常采用"行为目标"的方式来表述。例如，"通过仔细观察和对比，能在记录表上用'√''○''×'标识出哪些物体放在水里是漂在水面，哪些是浮在水中的，哪些是沉在水底的。"

3. 针对性、具体性和可操作性

教师要根据3～6岁儿童科学和艺术整合学习的总目标和年龄段目标，并结合活动的内容和本班儿童的已有科学经验提出具体的、可操作的目标。例如，"通过仔细地观察和对比，能在记录表上用'√'或'×'标识出哪些物体放在水里是浮起来的，哪些物体是沉下去的。"这样的目标只能适合中班以上年龄班的儿童。如果是小班，就只能是"说出哪些物体放在水里是浮起来的，哪些物体放在水里是沉下去的"。

4. 个性与共性协调、过程性与结构性统一

目标要具有个性，必须与具体的活动内容与过程相结合。读者一看活动目标就知道活动的大概内容，并且略知活动的过程与形式。

活动目标撰写和表述的规律和一般方法是："通过……活动，体验……""在……过程中，培养……""运用……方法，认识……"，这样的书写格式，把活动的内容、形式整合到目标中，从而达到个性与共性的协调、过程性与结构性的统一。如上述例子，均是如此。

(三)处理好"知识与经验""过程与方法""情感态度价值观"三者的关系

"知识与经验""过程与方法""情感态度价值观"的关系，实际上也就是我们通常所说的"结论—过程—导向"的关系，与之相关的还有学习、思考与成效，学会、会学与为什么学等关系。

现今课程改革的重要目标是要培养儿童的创新精神和实践能力，强调探究过程，注重解决问题的学习方法的培养。这些需要通过精心设计"过程与方法"目标来有效落实与达成。儿童只有经历一系列的质疑、判断、比较、选择、联想和想象以及相应的分析、综合、概括等思维过程和认知过程，才能真正理解和巩固知识技能，才能发现新知识，提出新问题和解决新问题，并从中体验和感受情感态度，形成价值观。因此，我们不仅要重结论，更要重过程。什么样的探究过程和方法论必然对应着什么样的探究结果或结论。知识与技能的获得依赖于特定的探究过程和方法论，如果说知识与技能是学习活动的机体，那么过程和方法就是学习活动的关键。而知识与经验、过程与方法又是为形成正确的情感态度价值观服务的，如果没有正确的情感态度价值观的引领，有时知识与经验、过程与方法就会变成反人类和反社会的帮凶，因而情感态度价值观的培养是目标的核心和灵魂。三者相互作用、相互依存、相互转化、有机融合，才能体现学习目标的整体内涵和思想。

第五章　儿童科学和艺术整合
学习活动的内容

　　科学与艺术本是同一事物的两个侧面。一朵生长在田埂上的小花，人们不仅能够看到它的形状、色彩，同样也能感受到它在微风中摇曳生姿的美丽和浪漫，产生愉悦的审美体验。儿童天生的感觉统合作用，是这些内容在儿童眼里本就一体的基础，儿童会说"我呼吸着这甜美的风景"，这是嗅觉和视觉的联通；他会说"这些线条歪歪扭扭、疯疯癫癫、嘻嘻哈哈"，这是视觉和听觉的联合。科学学习与艺术学习内容的整合就是用自然事理的逻辑，遵循事物间有机联系的线索，以及真实的生活情境，将原先被分裂的学习内容要素，或零散、杂乱的其他形态的内容要素，分别依据其内在和外在的价值联系、逻辑性或结构性联系、儿童的认知特点、习惯、思维路线等，把其相关内容统整起来，形成一个完整的、有机的，具有特定逻辑关系和价值关系并具有可操作性的内容体系。

　　本章我们将从科学和艺术整合学习活动内容选择和组织两个方面做具体阐述。

第一节　儿童科学和艺术整合学习活动内容的选择

　　自然是多姿多彩，富于变化的。生活是完整的、鲜活的、生动的。儿童科学和艺术整合学习活动内容的选择，可以从自然、生活、社会情境中选取，也可以从儿童感兴趣的问题、近期热烈讨论的话题、童话文学作品入手。

一、亲近自然的学习活动内容

　　儿童是最愿意亲近大自然的人群。在自然中，他们能够无拘无束地学习并受到大自然的启发，产生无穷的想象和灵感。亲近自然的学习活动内容可以从以下三个方面入手。

(一)自然物和自然现象本身

自然界的很多事物和现象既能引发儿童强烈的探索兴趣,又能给人以丰富生动的美感,如"回声""影子""星月""泥""雨雪"等。这些事物和人类的生活、生产息息相关,既是儿童科学探索的内容,也是艺术表现永恒的主题。

儿童更愿意亲近自然、走进自然。儿童拿着放大镜走进小树林,去观察、去寻找。儿童喜欢拿着小铲子、小水桶,在沙池里、草丛中进行一番探索和研究:秋天的蚂蚁、夏天的蝉、西瓜虫、竹节虫、蜗牛、乌龟……只要有机会,儿童都会被大自然吸引。自然环境是一种隐形的语言,不管是大片的灌木丛,还是绿茵茵的草地,都为儿童的科学探索和艺术创造提供丰富的材料和机会。他们与自然环境融为一体,与环境进行快乐地交流,接受环境的刺激与体验。

(二)自然物和自然现象的联系与变化

自然物与自然现象的变化更加神奇,引发儿童的探究情趣和审美享受。如水结成冰、水变化成水蒸气;雨后美丽的彩虹;光线的七色变化、绚丽的极光;云雨的变化;植物不同生长周期及其形态变化(抽芽、长叶、开花、结果);四季的景色交替;泥水混合后的变形;岩石的风化及一些物质的化学反应过程及其形态、色彩的变化等,都是发生在儿童身边的,可以让儿童去感知和了解的内容。

比如,在玩雪和赏雪的这一过程中,从对雪花自然状态下的感性认识,到借助仪器进行更细致的科学认识和观察活动,以此激发和满足儿童探索、发现雪花的形状和结构特点的好奇心;然后将采集的雪装入器皿,观察其溶化过程,再对溶化的雪进行加热,观察雪水的蒸发过程;最后进行剪贴雪花形状的窗花的活动……如此,科学的探究与艺术审美创作自然融合,活动形式丰富多彩,儿童兴趣浓厚,探索欲望增强。儿童既对雪花以及水的三态有了科学的认识,同时也在轻松愉悦的氛围中掌握了有关艺术技能,获得了审美享受。

(三)自然物、自然现象和人的活动的关系

人生存于自然并通过实践活动改造自然,人在改造自然的过程中同时必须遵循自然的规律,才能协调与自然的关系,从而更好地促进人的发展。儿童科学和艺术学习内容的整合,必须以正确处理人和自然之间的关系为出发点和目标,从而让儿童体悟到科学和艺术整合学习活动的这一实质,尽管他们并不能用语言描

述出来。

例如，关于"泥"的经验，我们既要通过远足、郊游等活动让儿童感受到它在原野上、河沟边那丰富的形态、色彩、质感和气息，还要通过许多操作实践活动，让儿童了解它与花草树木、院落庄稼、人类活动的联系——把泥土和水按照不同的比例混合后，可以拓成"土砖块"和"泥水浆"，模仿古代人用这两种材料，外加树干、稻草等来建筑房屋；根据自己的操作、实验和想象，把泥巴加工成漂亮的陶罐来盛水……在这些活动中，当他们很真诚地认为泥土有耳朵，能听见植物的呻吟与歌唱；石头是一个脾气很坏的兄弟，把水面打破了；树木被切割时很疼痛，所以流出了眼泪（树浆）；河水很调皮，会翻跟头时，我们很难区分，这是儿童的科学经验，还是艺术经验，我们只能说，这是儿童的完整经验。这个完整经验，既有童话式的审美特质，又有科学式的探询因果的意图。

杜威曾经这样阐述过这个道理："在学校里，这些学科中的每一门都被归到某一类去。各种事实是从它们在经验中原来的地位割裂出来，并根据一些一般的原则重新排列。把事物归了类，并不是儿童经验的事情；事物不是分门别类地呈现出来的。感情上的生动的联系和活动的联结，把儿童亲身的各种经验综合在一起……一句话，已经归了类的各门科目是许多年代的科学的产物，而不是儿童经验的产物。"因而，对于儿童来说，"泥"的活动不是简单地将土壤知识、造型活动合在一起，而是对他们已有经验的丰富和深化。教师应该从激活儿童已有经验入手，如让儿童去田野上和花园里感受各种形态的泥土以及其中生长的各种植物、动物。种植植物、玩泥巴，让儿童对于泥土的经验活起来，还原到真实生动的情境中去；然后分享和交流彼此的经验。例如，观察农民和园丁对泥土所做的事情，和父母交流种植花草的经验，玩和泥、摔泥、捏泥人的游戏，欣赏泥塑作品，感受和了解"泥"与"石"的不同等。当我们依照生活的本来面目以及"感情上的生动的联系和活动的联结"来展开一个活动时，也就自然地将科学和艺术整合为一体了。① "玩泥巴"的活动，其综合性很强：对泥巴气味、质地、触感的体验有审美的倾向，用水和泥、调节软硬干湿又带有科学的色彩，生动富有趣味的造型活动仿佛是艺术家的创作，对泥块中空气和水分的技术处理又好似科学家的探索。这里，几乎任何一个活动都不会是单纯的科学经验或者审美经验的获得，而

① 黄进：《儿童科学教育与艺术教育的分裂及其综合》，载《学前教育研究》，2005(5)。

是包含了情感经验、思考经验、社会经验等，即儿童获得的是整体性的经验，也是杜威所说的"一个完满的经验"。即便是看上去最像科学活动的实验，也包含着对物质或现象的感受、体验、想象和理解，而最像艺术活动的绘画、舞蹈，也涉及我们对事物的认识以及相关技术的运用。从这一角度来看，只要我们改变以往的思维方式，不是从知识的角度而是从经验、体验的层面进行科学和艺术的整合，就有能够找到问题解决的有效途径与手段。

二、满足"生存需要"的学习活动内容

(一)于生活中取材，解决真实生活问题的内容

就生活经验本身来说，没有所谓学科的分裂与对立，生活是完整的、鲜活的、生动的。几乎所有的生活用品都是同时兼具科学技术发明和人们的审美需要的。这些事物，既包含丰富的科学原理、方法方面的内容，又是其与美学原理、艺术设计与表现手段的自然融合。

科学和艺术整合的活动需注重儿童真实的操作。选择生活中的材料、学会用生活中的常见材料解决活动中遇到的问题，对儿童的发展具有非常重要的现实意义。例如，在制作"好玩的降落伞"这个活动中，活动前期，儿童和家长一起收集了很多种不同类型的材料，让他们通过观察、对比、匹配、触摸、弯折、揉捏、弹拉等各种方法先感知和体验了材料在质地和性能上的异同。在制作过程中，又遇到了如何固定"线和伞面"的问题，儿童运用各种不同的方法对自己收集的材料进行尝试。有的用透明胶带缠绕，有的用双面胶固定，这时他们都在思考：如何用自己带来的工具材料解决自己的问题。只有在这样真实的情境中，让儿童根据自己的需要去发现和筛选材料，用亲自筛选的工具材料操作，才能使这一过程真正成为儿童主动假设、思维和学习的过程。例如，山东潍坊地区是风筝的故乡，几乎每年都要举办国际风筝节，那里的幼儿园就很适合选择"风筝"作为儿童开展科学和艺术整合的学习活动。儿童可以在放风筝的过程中体验由于风的推力使风筝飞在空中，又由于风筝本身的重量在推力减小的情况下降落的过程。儿童还可以在制作自己喜欢的风筝的过程中尝试设计、画图、裁剪、上色的艺术创作。活动可拓展到飞机、航天器、航天员等知识的学习和航天员宇宙飞行、探月等情节创编和角色扮演，使儿童科学领域的认识探索活动与艺术领域的制作、表演等活

动与儿童的情感态度等进行有效沟通和连接，这样由表及里、由外而内、举一反三，科学和艺术的整合也就会成为易事了。下面一则案例可以具体说明如何于生活中取材，解决真实生活的问题。

案例：好玩的迷宫

开学初，孩子们在玩幼儿园内的小栅栏迷宫时，感觉迷宫太简单了，纷纷提出了自己关于迷宫的想法。显然，幼儿园现有的迷宫已不能满足孩子们的游戏愿望了。大班幼儿喜欢更具挑战性的游戏和活动，并有能力设计创造自己喜欢的游戏。结合孩子们提出的问题和想法，教师决定和孩子们一起探索迷宫世界，鼓励孩子们设计创造自己喜欢的迷宫，从而培养孩子们的创造性思维。于是大二班小朋友和老师一起开启了设计建造"好玩的迷宫"项目活动。

（一）什么样的迷宫更好玩？

"什么样的迷宫更好玩呢？"孩子们讨论出自己认为的好玩的迷宫是：①迷宫不能直接看见出口，墙要比班上最高的小朋友高；②线路要复杂，这样玩起来会更有趣；③迷宫的墙不能透视，这样更有神秘感。

孩子们有了对好玩迷宫的想法，但究竟能否把它呈现出来呢？于是教师鼓励孩子们在纸上画一画"好玩的迷宫"。迷宫画好后，请孩子们相互说一说、选一选，比比谁设计的迷宫最好玩。

在讨论的过程中，孩子们又提出了问题和看法："老师，我不知道他设计的迷宫从哪里进，哪里出。""这个迷宫只有一条路，太简单了！""这个迷宫的路都走不通"……

（二）如何设计迷宫？

孩子们首次设计迷宫，对于迷宫都有哪些关键要素，如何设计多条线路的迷宫没有足够的经验。为了丰富孩子们对于迷宫的经验，支持孩子们的迷宫设计，教师和孩子们收集了许多关于迷宫的图片、图书，边欣赏边一起讨论："怎样才能设计出可以玩的迷宫？"经过孩子们的观察和讨论，大家一起梳理总结出设计迷宫的方法。

①画面上首先要有明显的入口和出口。

②从入口到出口先设计一条可以走通的路，然后再设计一些迷惑人的路。

在接下来的迷宫设计中，孩子们不但标明了入口和出口，还创造性的来表现，有的孩子在入口和出口处写上"出""入"的字，有的用箭头的方式表示出入口，有的在出入口处画上小红旗、小动物……迷宫的主题也更丰富了，有"夺红旗"迷宫，有"蚂蚁的家"迷宫，还有"闯关陷阱"迷宫。有了对迷宫的欣赏、讨论和梳理，孩子们积累了有关迷宫的经验，并且能够创造性的进行表现。孩子们画的迷宫标识更明确了，线路更复杂了，内容更有趣了。

（三）用什么样的材料搭建迷宫？

经过一段时间的迷宫绘画设计，孩子们积累了有关迷宫线路、出入口标识等经验，开始尝试用班上的玩具材料搭建迷宫。例如，用乐高搭建迷宫，用小椅子拼摆成迷宫，用建筑区的积木搭建迷宫……经过一段时间的搭建，孩子们又提出了疑问：班上的玩具材料搭建不了比小朋友高的迷宫怎么办？

平平说："我们可以找一些纸箱来搭迷宫的墙。"于是，大家从家收集了许多纸箱子。但是，由于带来的纸箱大小不一，孩子们遇到了许多问题，使得搭建过程并不顺利。这正是一个引导孩子们发现问题、解决问题的好机会。于是，教师和孩子们展开了讨论："这次迷宫搭建遇到了怎样的问题？有什么办法可以解决？"孩子们的讨论十分激烈，教师用表格的形式帮助孩子们记录和梳理遇到的问题和他们提出的解决方法。

关于材料，孩子们提出的问题是：纸箱大小不一，有的纸箱不完整，摆在一起有的就掉进去了。解决方法提出三种：把大的纸箱剪小；把小纸箱合在一起变大；都找一种大小的纸箱。

关于环境中有风，纸箱不稳的问题，孩子们提出的解决方法是：往纸箱里放一些重的东西（积木、石头）或者用胶条粘住。

关于大家总是争论，耽误了搭建时间的问题，孩子们提出：大家轮流说自己的意见；选一名小朋友指挥大家怎么搭；小朋友们提前做好分工。

关于搭建顺序和方法的问题，孩子们提出：可以先把迷宫的线路搭好，然后再把墙搭高。

孩子们通过实际操作、亲身体验，明白了材料大小一致的重要性以及如何一起合作，如何搭建更有效。

针对纸箱大小不一的问题，冉琪提出可以以一个纸箱为标准，找同样大小的纸箱。孩子们从众多纸箱中挑选出某品牌的奶箱为标准，理由是这些纸箱里，这个品牌的奶箱数量最多。但是目前这个品牌的奶箱也不够。

"怎样能找到和指定品牌奶箱一样大小的纸箱呢?"孩子们想办法说:"我们可以用尺子量一量指定品牌奶箱的大小,找到和它一样大小的。"

教师问:"为什么需要用尺子量?"

凡凡说:"尺子上有数字,量得更准。"

于是教师组织了集体教育活动"神奇的测量工具——尺子",通过集体活动,孩子们认识了尺子上的刻度、起点等,并用尺子测量出奶箱的长、宽、高,并记录下数据。孩子们将班上所有的纸箱都测量了一遍,与指定品牌奶箱数据一样的放在一起,不一样的放在另一边,测量过程中,孩子们情绪高涨。回家后孩子们和爸爸妈妈一起再用尺子测量家里其他的纸箱,找到与指定品牌奶箱同等大小的纸箱带到幼儿园。

(四)搭建多大的迷宫?

有了材料,孩子们提出"搭建多大的迷宫"的问题。泽泽说:"搭一个像睡眠室一样大的迷宫。""那睡眠室究竟有多大? 我们怎么才能知道呢?"小宇说:"我们可以用尺子量一量。"孩子们开始尝试测量睡眠室的大小。

虽然孩子们在测量纸箱时有了初步的使用尺子测量的经验,但是,在测量长度较大的睡眠室的过程中,还是出现了问题。孩子们发现,每一个小组测出来的数据都不一样,于是教师组织孩子们共同讨论,分析原因。

孩子们总结了测量的正确方法:

①尺子上的0点要对准开始的地方。

②测量过程中尺子要拉直,而且不能歪斜。

③量完一段再量下一段时,起点(0点)要对准刚才的终点。

通过测量睡眠室,孩子们进一步巩固了测量的方法,积累了关于测量的经验。

(五)怎样搭建迷宫?

接下来,孩子们如何开始建造和睡眠室一样大的迷宫呢? 齐齐说:"量好迷宫搭多大。""搭出迷宫的线路,然后再搭墙。"凡凡接着说。平平说:"我们要分好工。"教师追问:"我们都需要做哪些工作?""测量迷宫大小。""搭围墙。""画迷宫线路。""运积木。""谁来做这些工作呢?"齐齐推荐:"平平测量,他量得最好。""凡凡设计线路。"泽泽说。"我想运积木。""我想搭围墙。"……孩子们纷纷领任务。"那么多小朋友都搭建,怎样能帮助大家记住自己的工作呢?"教师问。平平大声说："可以画一个分工表。"说着，他找来一张纸，用直尺在纸上画出格子，边画边说："大家都写上名字，然后把要做的工作在后面画出来。"凡凡也找来一张纸画了一个带分工任务的分工表，由于凡凡表格上画有明确的工作内容，小朋友们填写起来很方便，大家就选择使用了凡凡画的表格。教师问平平："那你的表格怎么办呢？"平平想了想说："我可以把我的表格变成任务完成记录表。"于是他又找来直尺画上纵向的格子，上面填上了日期。这个改变真是精彩，当平平与小朋友们分享他的任务完成记录表时，全班小朋友自发地给他送去了热烈的掌声。

（六）材料不够了怎么办？

孩子们在户外操场上又量出了一个和睡眠室长、宽一样的场地，开始建造迷宫。根据之前商量好的分工，有的测量，有的搭围墙，有的运材料，有的设计搭建线路，活动有序地进行着。

当现有的材料积木、纸箱、积塑都用完以后，孩子们发现，迷宫的墙还是没有达到想要的高度。凡凡说："我们可以找其他的材料代替。""我们要找的材料需要具备什么条件呢？"教师问道。"要数量很多。""要形状大小一样。"……在讨论过所需材料的特点后，孩子们开始寻找。最后发现摆在走廊一角的塑料小凳子符合他们的要求。于是他们搬来小凳子搭建迷宫的墙。自己班的小凳子用完了，孩子们又去借来其他班的小凳子来用，和睡眠室一样大的、跟小朋友一样高的迷宫建成了。

活动进行到这一阶段，孩子们获得了关于迷宫的基本结构、迷宫线路设计、测量、分工合作、材料选择等经验。为接下来的迷宫建造活动奠定了基础。

（七）如何建造永久迷宫？

迷宫搭建完成后，玩着自己搭建的迷宫，孩子们特别有成就感。几天后，新的问题又出现了：幼儿园有活动，小椅子要还回去，迷宫保留不住了；下雨了纸箱就湿了，迷宫还是要被拆掉。

于是他们想建造一个不用拆的，能一直保留的迷宫。

1. 迷宫建在哪儿？

选择在哪里建迷宫成了孩子们讨论的话题，孩子们在幼儿园转了一圈，有的说："就建在一进大门的花坛旁边吧，这样其他小朋友一进门就能看见咱们的迷宫。"

"不行不行，那样会挡住路的。"很快有人提出质疑。

"建在动物园后面的草坪上。"又有人提出建议。

"不行，那我们就没有草坪了。"

"建在草坪最里面的空地上?"

"那里没人去，大家就看不见我们的迷宫啦!"

…………

在几经寻找和讨论后，他们找到了挨着幼儿园原来迷宫场地的一块空地，大家觉得，这里既明显又不挡路，场地中间有一棵大树，还可以遮阳。而且和原来的迷宫在一个区域，小朋友们玩的时候可以选择。

2. 建造什么样的永久迷宫?

选定了场地，要建造什么样的永久迷宫呢? 周末每名小朋友回家和爸爸妈妈一起根据选定的场地大小和特点设计制作了场地中有一棵"树"的迷宫模型。小朋友们互相讨论评比，选出了大家投票率最高的润豪和爸爸制作的迷宫模型，成为将要建造迷宫的设计雏形。

3. 用什么材料建造迷宫?

有了模型，孩子们已经开始讨论用什么来建造迷宫了。针对建造迷宫的材料，教师组织孩子们进行了讨论。在讨论过程中，孩子们根据自己的原有经验提出了建议：砖头、木头、金属、塑料等，究竟用哪一种呢? 针对每一种材料，大家一起分析了它的优点和缺点。

例如，砖头的优点是结实，缺点是重，容易砸脚;塑料优点是方便拿，缺点是太轻，容易被风吹倒;木头的优点是轻便，缺点是下雨后会发霉，有刺会扎手;金属的优点是结实，缺点是会生锈、太重;植物的优点是美观、环保，缺点是长得太慢。讨论过后，大家梳理了材料需要具备的特点：轻(方便小朋友搬运和建造，不会砸脚);结实(不怕风和雨);安全(小朋友玩的时候不会受伤)。

为此，大家设计了材料调查表，孩子们周末回家和爸爸妈妈一起通过网络、实地考察等方式，进一步调查了解了一些建材的特点。大家将自己的调查结果带到幼儿园分享。有一部分小朋友分享了"轻体砖"这种材料，既有"砖"坚固的优点又改进了"砖"重的缺点;有的小朋友分享了"黄杨树"，绿色又环保;有的小朋友分享了大型拼插积塑，美观又轻便;还有的小朋友分享了"小栅栏"，经济又实惠。

第一次选择，孩子们通过投票的方式选定了轻体砖，但是当教师和孩子们将想法告知院长阿姨时，院长阿姨提出：我们所建迷宫场地旁边的走廊要重新装修，会变成落地玻璃窗，建起的砖墙有可能会影响整体美观。

于是，教师和孩子们再次通过对比的方式从"美观""轻便""环保""不透视"几个方面来确定材料。最终"黄杨树"以绝对的优势成为这次迷宫建造的材料。

在这次选材活动中，孩子们运用对比、调查、投票等方式积累了关于建筑材料的经验，并且经历了现实中的问题，我们的选材要符合环保、美观的特点，且要与周围的环境相协调。

4. 怎样建造小树迷宫？

选定了场地和材料后，怎么开始建造呢？孩子们结合原有经验，用长条积木先在地上摆出线路。在设计过程中，孩子们还亲自尝试线路是否好玩、合理。经过一周的设计和调整，线路终于设计完成了。

线路设计好了，要以种植小树的方式来替换地上的积木。教师和孩子们一起通过网络检索查询到一些种植方法，还请教了幼儿园的园林管理员叔叔。了解到了种植黄杨树要先在地上挖好30厘米左右的沟渠，然后将黄杨树植入后填土踩实，前几天要勤浇水，这样黄杨树的成活率才会更高。

有了知识的储备，孩子们开始行动了，但是土地太硬了挖不动。孩子们请来爸爸妈妈帮忙。最终，在爸爸妈妈和幼儿园的老师、后勤叔叔阿姨的帮助下，地沟挖成功了！小朋友们和爸爸妈妈一起种下了小树苗，最终完成了"小树迷宫"的建造。

(北京市六一幼儿院课题研究团队供稿)

(二)关注生活体验，了解生活全貌的内容

冷和暖、轻和重、快和慢、光明和黑暗、柔软和坚硬、快乐与忧伤以及对称、变化、联系等是建立在科学与共同艺术的原理基础上的生活体验。这些主题内容由于同时触及两种学科的基本概念，又是建立在儿童亲身体验的基础上，有利于儿童形成全面整体的感知和认识。

皮亚杰认为，儿童是在与周围的环境与材料的互动过程中主动建构自己的经验并获得发展的。幼儿园可以利用园内植被分布的环境特点，为儿童构筑草地"小山坡"、不规则的"树墩"、弯曲狭窄的"石径"、光影交织的"迷宫"等充满野趣

的活动环境，让儿童在"山中"攀爬、捉迷藏、玩"爬雪山、过草地"等游戏。在操场、墙角等地方摆放可以拆装的、拼搭的竹梯、木凳、树桩、草秸、藤蔓等自然材料和人工合成材料，让儿童在对材料的探究、拼接和组装的操作中获得柔软与坚硬、对称、弹性、变化、旋转等概念，并在活动过程中，不断自主探索、发现，调整行为和理解内化。例如，幼儿园利用大树建造小树屋，儿童在树屋上玩游戏；搭建小天桥，在走天桥时锻炼平衡能力、胆量，大树间拉起绳索，通过走绳索练习平衡、臂力等；在树下摆放竹梯、绳梯、绑上绳结，尝试用不同的方法爬树；堆建"轮胎山"，并在"轮胎山"上练习攀爬等。儿童还可以利用这些场所进行主题式的合作挑战游戏。

例如，儿童会有一段时间对自己的影子很感兴趣，于是生成了"光影"游戏。活动伊始，教师让儿童画自己的影子，通过画影子可以发现儿童对影子认知的空白点，然后有针对性地提供相关材料，并引导儿童开展游戏——在阳光、月光、灯光下观察影子，玩踩影子的游戏……由于儿童全程参与了规划、布置开展"光影"游戏的环境，所以儿童玩得非常投入，每一个角落几乎都成了儿童游戏的场所。更为可贵的是，儿童与教师一起在对环境的规划与利用的过程中，获得了很多有关影子的经验，如影子和物体的存在关系、位置关系；知道了玩"光影"游戏需要的环境条件；同时还能从户外迁移到室内，采用各种方法让室内光线变黑；玩手影游戏等，使"光影"游戏更好玩。

三、给养"审美需求"的学习活动内容

(一)由神话传说和历史故事拓展而来

神话故事中有许多关于世界起源的传说，既是人类早期的科学，也具有很高的审美价值和想象空间。由于神话表现的主题通常来源于生活中的现象和事物，因此和儿童的经验联系也是比较紧密的。有一些社会文化性的主题也比较容易在科学认识和审美表现上获得协调，如"人从哪里来？""街道的故事"等。以"街道的故事"为主题的科学和艺术整合活动的设计，可以围绕以下内容进行。首先，在观察和了解街道上的古建筑的过程中，了解街道的人文历史；通过阅读与街道相关的名人逸事，体会街道的民俗民风及文化传承；也可以绘制街道地形图，可用活动室建筑区的积木等材料再现街道的建筑风貌，也可以用自然材料，如木材、

稻草、泥浆、土块等来设计施工、建造街道；通过角色扮演模拟街道人们的生活场景；抑或提出当前街道的一些问题，设计未来街道的蓝图等。这些活动内容不仅使科学与艺术自然融为一体，科学中有艺术，艺术中有科学，还融入了社会、历史、文化等元素，萌发了儿童爱家乡的情感。儿童也在从事这些科学艺术相关的活动中，用一种属于他们自己的艺术的和可视化的语言将科学内容呈现给世界，提供更具实践性的理解，使得科学和艺术之间的关系更加紧密的同时，获得了德智体美劳全面发展。

(二)儿童经典文学艺术作品衍生而来

一些经典的儿童文学艺术作品，如"小乌鸦喝水""窗下的树皮小屋""卖火柴的小女孩""白雪公主""小水滴旅行记""鲁滨孙漂流记""海尔兄弟""海的女儿"等，其内容既包含科学问题，又赋予艺术情境，还彰显了人性的善于美，深刻而感人。对这些内容的活动设计与实施过程均可以从科学、艺术"两位一体"出发，有效整合作品中科学与艺术、逻辑与审美、自然与社会、文化与道德的交叉关系，促进儿童身体、认知、情感、智慧的和谐发展。

第二节　儿童科学和艺术整合学习活动内容的组织

科学经验和艺术经验本就是以一种相伴相生的形态统一存在于一个完整的学习活动中的。人本就是由生活经历和经验统整的整体性的存在，而并非由学科系统知识而拼装在一起的人。传统的分科教学，撇开儿童全人发展的整体性原则和儿童认知的"整体性"特征不顾，以各种成人认为合适的理由，分别把科学学习和艺术学习当作向儿童灌输科学知识概念和训练艺术技能的手段。这些学习内容只聚焦在一个一个的知识点上，并且对这些知识点的学习儿童也只是点到即止。如儿童唱歌，只是学会唱这首歌，跳舞只是会做动作，而对歌曲和舞蹈所蕴含的社会生活、文化背景、情绪情感、思想意识等一无所知。由于受传统学科教学思维的影响，当前儿童的学习内容大都被划分为语言、数学、社会、健康、艺术等各学科系统知识，教育者在规定的时间段中对儿童的学习进行了严格的高结构化的分段处理，每一时间段都被精心地嵌入了多样的学科知识内容。在他们那里，儿童变成了各种知识的"集装箱"，似乎只要装满了各种知识，儿童就会获得整体的发展。各种无法关联的知识被杂乱而拥挤地储存在儿童的大脑中。"儿童生态感官的功能就像是一个结构紧密的网络，在这里，部分和整体总是共同工作并互为前提。如果这个最基本的缪斯世界破碎了，儿童的学习能力就遭到严重破坏，当复杂的过程被割裂为许多互不相关的片段时，压抑的童年就会导致学习的窒息……通常，这种生命网络的联系被那些不乏善良教学意图的人们无知地割断了，由此导致了悲剧性结果：那条联系情感、思维和身体的小路被封住了，经验丧失了它的深度。"①

　　所以从这个角度看，在儿童早期，向儿童灌输那些儿童认为没有趣味、和自己没有太大关系以及其在思想上和情感上不能认同的即成知识，而不去关注用属于他们自己的心灵感知方式，去建构属于自己的成长经验，对儿童是有害而无益的。

　　科学和艺术整合的学习，与传统分科学习不同的是更加注重养成儿童的"交响力"。"交响力"是概念化时代的六大右脑能力之一，它是一种"把独立的要素组合在一起的能力"。在传统学科内容的学习过程中，由于知识被切割成了碎片式的信息，儿童很难在非结构化的信息中建立起知识的内在联系。而"交响力"却能够帮助儿童将看似没有联系的内容加以整合，形成富有创造性的观点。与基于学科知识经验整合的学习能力不同的是，"交响力"可以生成一种远观性、全局性视角的学习素养，能够帮助儿童学会在快节奏的文化环境中拥有把握全局的意识，使儿童在解决真实情境问题时能够站在整体的角度思考问题。正是这种价值导向与目标设定，要求儿童科学和艺术整合学习的内容必须满足生命存在、机体生存与情感意识、精神意志相互作用的原则、内核及路径需求。

一、儿童科学和艺术整合学习活动内容组织的原则

(一)自然性原则

　　人类生存于大自然环境中，周遭环绕着优美的、有趣的或令人敬畏的自然现象，人类倚仗自然世界为生。探索自然奥秘、如何与"自然共舞"，成为全人类的科学家与艺术家亘古以来所努力的事业。自然科学无处不在，与人类生活密切相

---

　　① ［挪威］让－罗尔·布约克沃尔德：《本能的缪斯——激活潜在的艺术灵性》，王毅、孙小鸿、李明生译，127 页，上海，上海人民出版社，1997。

关。儿童天生好奇，在日常生活中自然流露各种问题，他们想知道事物到底是什么样，为什么会这样，总有千万个问不完的问题缠绕着成人。除了是好奇者、发问者外，儿童也是行动者、实践者。儿童从出生把各种东西放入嘴巴开始，就运用其各种感觉与肢体探索世界。大自然充满美感和启发，户外活动可以让儿童打开所有的感官通道来体验自然的环境。他们可以呼吸新鲜空气，冲上山坡，感受心跳加速带来的愉悦。儿童可以认识各种生物，他们可以通过发现蚕蛹和一只被压扁的蚂蚁来探索生命的周期；通过他们的感官全面体验雨水之后万物的不同。有风的时候，太阳在哪里？风从哪里来？户外游戏会自然的引发关于大自然的问题，引发儿童的思考。如果得到教师适当的支持，儿童可以深入调查，可以通过不同的形式表达自己的观点。

(二)生活性原则

这里的生活，不仅是指儿童日常的生活，还包括儿童的精神生活。人的生活世界不只是一个物理空间，更是一个意义世界，而这个意义世界正是儿童的生活经历和经验以及其所处的社会文化环境在其心理和精神世界的反映。儿童以先验知识为基础建构意义，而这些先验知识是在儿童先前的生活中积累起来的非正式知识，也是儿童从社会环境中获得的。杜威认为，生活是整个的，经验也是整体的。生活经验是完满的经验。由此，他认为，教育的目的不是组装一个完整的人，而是促进一个不断生成的人。人的整体性就存在于趋于完满的这个生活经验过程之中，完满的经验即美的经验。[①] 因此，鼓励儿童与环境和社会的互动，主要目的之一是为儿童提供将知识转化为现实生活情境的机会。由于学校与非学校环境的显著差异，造成儿童难以迁移其所获得的经验，所以我们鼓励儿童参与社会互动，强调有意义的生活经历对学习的影响。

科学和艺术整合的活动注重儿童的真实生活体验，更加注重真实的教育环境，营造宽松的教育氛围。因此，在日常生活中，我们更应善于发现儿童的需要，寻求以问题为核心的真实教育环境来满足儿童的需要。例如，在日常生活中，教师发现儿童对水充满好奇，透明的水流，对儿童具有很大的吸引力。教师就抓住教育时机，在水池边组织了"有趣的潜水艇"活动。首先，让儿童通过玩水

---

① ［美］约翰·杜威：《艺术即经验》，高建平译，57—69 页，北京，商务印书馆，2010。

来感知水的流动，物体在水中的沉浮等，然后让儿童比较浮在水面物体和沉在水底物体在材质、大小、体积等方面的异同，以及找来透明塑料软管让儿童观察和体验连通器原理，然后选择适当的材料制作潜水艇。儿童首先绘出自己喜欢的潜水艇的造型与颜色，然后按照自己设计的原型进行制作，最后将做好的潜水艇放在水中进行实验，发现问题，再调整改良……这个活动由好奇而起，宽松自由的心理环境和丰富多变的物质环境有利于儿童探究、实践和创造。

(三)生长性原则

学习即生长，知识是动态的、不断变化的，也是成功拓展和探索世界的能力，而不是需要记忆的呆板的事实。这是由现代生长性思维方式决定的。所谓生长性思维，就是用动态生成的观点来看待"存在"的思维方式。由于生长性思维重视事物的有机整体性和动态生成性，所以它认为整个宇宙是由各种事件、各种实际的存在物，相互联结、相互作用、相互包涵与依存而形成的有机整体系统。世界万物在本质上都是某种从混沌中产生出来的东西，是某种逐渐生成与发展起来的东西。生长性思维体现在儿童学习状态中，由于事物是未完成的、差异的和矛盾的，它们并不存在一个固定不变的本质。因此，学习应尊重偶然性、多元性和差异性，儿童学习的内容应是联系的、多元的、整合的。美国加州大学维特罗克提出儿童学习的生成过程模式：儿童原有的认知结构(已经储存在长时记忆中的事件和脑的信息加工策略)—与从外部环境中接受的新感觉信息(新知识或经验)相互作用—主动选择和保持信息—主动建构新信息的意义。因而"学习即生成"，意味着承认儿童不是一类本质先定的匮乏性存在，而是拥有丰富发展潜能的生成着的人。儿童的学习是儿童内在的生命潜能在与环境的开放性相遇中生长变化的过程，儿童生命生成的内在规定性构成儿童生成性学习实现的基本条件。①

儿童科学和艺术整合的学习，正是遵循了如上的规律。儿童从关注自我到关注身边的自然与社会，从观察、体验与浸润到情动、震颤与共鸣，从操作、探究与实验到灵感、顿悟与创造，儿童的肌体、思维、情感、智慧也在不断地成长。科学的观察与艺术的绘画结合，手工制作与歌唱韵律结合，乐器演奏与舞蹈表现

---

① 张更立：《从"占有"到"生成"：儿童学习观的转换》，载《华东师范大学学报(教育科学版)》，2016(2)。

结合。例如，儿童通过远足、郊游、野炊、参观、调查、探访等活动，不断地探索和感受一年四季的季节特征，通过绘画、舞蹈、雕塑、手工制作、戏剧表演来表现自己的所视所听、所观所感。这些多样的、互相关联并交织在一起的活动，强健了身体，提高了见识，增长了智慧，发展了语言沟通、社会交往等各方面的能力，并为终身学习打下良好的基础。这些活动不是孤立的、静止的，而是随着儿童生活的展开而不断生长和延展的。

(四)整体性原则

杜威认为，当"过程"与"目的"相统一，要你做的事也是你想做、愿做的，这样所产生的快乐、自由，正是艺术经验。艺术即经验的完美，审美经验、美感不是一种什么特殊的经验，而是来自日常的生活经验；艺术与生活是没有界限的，当我们活动的目的与手段完美融合，当我们正在做的事情与我们想做的事情相一致时，日常经验就变成了审美经验。在杜威看来，审美经验只关乎喜爱的行动以及一个人热爱做的事情。正如一个演员（或一个画家）在表现这种悲伤情绪时，他的内心并不一定要悲伤，他可以将自己悲伤的经验通过自己的作品表现出来。①

科学和艺术整合的学习活动内容的组织，需以儿童为中心，与儿童的生活紧密联系，不仅要满足儿童身体生存的需要，还需满足儿童的幻想性、趣味性，以及多变的精神需求，使活动的内容和过程正是符合他们的需求的，在手段与目的的完全融合中，正在做的事情与想要做的事情变成了同一回事。也正是在此时，儿童达到了物我两忘的境界，全身心投入活动，没有一丝强迫，充满着自由、快乐，因而所获得的经验也必然是强烈的、完整的、清晰的。在这些活动中，教师为儿童提供开放的时间、开放的空间和开放的人文环境，让儿童充分接触自然，开展游戏，与人交往。

二、儿童科学和艺术整合学习活动内容组织的内核——关键经验

学习内容即儿童学习的对象，包括知识、经验、技能等。更直接地说，学习内容即学习经验。科学和艺术整合的学习内容，其内核是基于真实的生活情境而形成的领域与跨领域经验。科学和艺术整合的学习需充分考虑儿童与社会生活之

---

① 魏华：《"一个经验"：杜威美学中一个容易被误读的概念》，载《湖北社会科学》，2015（8）。

间的紧密联系，即根据他们的兴趣、需要和能力，让他们通过大胆主动的探索去了解、认识周围的世界。因而，科学和艺术整合的学习活动需通过现实问题情境牵引来组织和构架学习的关键经验。

（一）关键经验内涵

关键经验一词来源于美国学前教育高瞻课程（HIGH/SCOPE）内容的重要部分，它是对儿童一系列社会的、认知的和身体发展情况的描述。关键经验也是儿童在他们真实生活中应该出现的东西。换句话说，关键经验就是儿童正在做的事情。因此，熟悉了关键经验，我们就能将关键经验作为观察、描述儿童行为的工具，更好地理解某阶段儿童正在做的事，理解他们的想法，理解他们的兴趣和需要，并以关键经验来指导对儿童的教育，更好地支持儿童的发展。关键经验即核心概念，是儿童发展过程中必不可少的经验。关键经验是课程设计者希望儿童在活动中获得的、对达成教育目标至关重要的学习经验，是通向目标的桥梁。对教师而言，它是一种"提示物"，指明应努力促使儿童获得的学习经验，同时，为教师观察、支持儿童学习，为儿童计划活动，评价教育实践的有效性提供了指南。综合杜威和皮亚杰的观点，经验具有多样性和复杂性，它不是零碎的、混乱的、静止的，而是整体的、联系的、可积累的、分层次的、分领域的。众多的经验构成了经验的系统或结构，而那些在经验系统或结构中起重要作用的经验就是关键经验。这些经验在儿童的经验系统或经验结构中起节点和支撑作用，有利于经验的建构、迁移以及对知识的深层理解。一方面，关键经验具有经验的特征，主张关键经验的课程强调经验和活动的价值，尊重儿童的天性，具有"儿童立场的课程"的基本特点；另一方面，关键经验具有教育目标的特性，体现了教育者对儿童生活的理解和追求。关键经验的提出旨在更好地发挥教师和儿童的双主体作用，体现了教育教学活动中的主体间性关系，通过心理和逻辑的双向融通更好地实现目标。科学和艺术整合的学习活动，更重要的是促进了儿童跨领域关键经验的形成。本书根据3～6岁不同年龄段儿童的身心阶段特点、主要学习特征和学习目标确定了3～6岁儿童科学和艺术整合学习的跨领域关键经验。

（二）3～6岁儿童科学和艺术整合学习的跨领域关键经验

1.3～4岁儿童科学和艺术整合学习的关键经验

3～4岁儿童情绪波动较大，对成人有明显的依恋；社会性交往水平较低；

生活自理能力较弱；大肌肉动作发展较快，小肌肉动作发展不协调、不灵活，喜欢摆弄和操作材料；爱模仿，依靠动作思维；只有实实在在看到的、摸到的、接触到的才对3～4岁儿童具有意义。因此，活动应该重点满足他们情感的需要及稳定其情绪，提高生活自理能力和动手操作能力，同时供其活动的材料应注意种类少而数量多，以满足他们自由摆弄物品和重复动作的需要，来锐化和丰富儿童的感知觉。因而，3～4岁儿童科学和艺术整合学习的跨领域关键经验如下。

①看形状、颜色，摸厚薄，尝酸甜苦辣，闻香臭甘甜，做做玩玩，点点画画，粘粘贴贴，揉揉捏捏，在这些反复操作的过程中体验与外界事物接触的乐趣。

②比大小多少，排远近高低，扭胳膊动腿，唱唱跳跳。

③感受到明亮的色彩、轻松跳跃的节奏所带来的愉悦、温暖的感觉。

④感受到顺序美和整洁美，对有顺序和看上去规整清洁的事物感到舒服、愉悦。

2.4～5岁儿童科学和艺术整合学习的关键经验

4～5岁儿童较之3～4岁儿童心理发展相对成熟，他们活泼好动、喜欢探索，能积极运用感官感知事物，思维的概括性和心理活动的有意性迅猛发展，任务意识增强了，语言和社会交往能力逐步提高。因此，活动的设计应侧重促进他们形象思维的发展，满足操作和探索欲望，关注科学探究行为和艺术视野的拓宽。如在活动开展时，活动过程及其结果的呈现方式可以是艺术的，但操作过程和儿童所习得的却不囿于艺术范畴本身。一方面，充分体现艺术领域中美的丰富性和满足他们操作的需要；另一方面，儿童在活动中体验到了生活环境中各种材料的物理性质及其作用，可以极大地丰富儿童的认知经验，通过手、眼、脑的协同合作和借助双手的操作来反复体验几何结构、物理性质、数理关系等，来发展儿童良好的思维品质；以艺术学习特有的把握世界的方式，向揭示客观事物本质的科学认识世界的方式相互转换和迁移。所以，4～5岁儿童科学和艺术整合学习的跨领域关键经验如下。

①善于运用联觉反应来感知和体验生活中美的事物和现象。

②用联系的眼光来看周围事物的异同和关联。

③初步理解音乐、舞蹈、戏剧、影视中的形象，学会运用比较、分析、判断、推理、预测等方法把握形象特征，描绘心理感受以及作品意向。

④探究事物、表现事物的过程和方法。

⑤体验到语言美和行动美给自己和同伴带来的美好感受。

3.5～6 岁儿童科学和艺术整合学习的关键经验

5～6 岁儿童爱学好问、求知欲强，抽象思维开始萌芽，探究兴趣显著提高，创作欲望比较强烈，在活动中能尝试自己解决突发的问题，规则意识增强，并有一定的自控能力和自我评价能力。因此，活动的设置应注重他们观察问题、分析问题、解决问题能力的培养，注重小组合作、协商能力和创造力的培养。材料投放应更多地呈现多种类、多层次、更开放的低结构材料。要鼓励儿童创造性地开展活动。在活动伊始，尽可能多地让儿童接触、体验各种物质材料，为其创造性操作提供多渠道认知条件、扩大其认知范围，为他们奠定丰富的造型基础和科学认知基础。同时，通过活动中儿童间的合作、交流、模仿，让他们发现和寻找解决不同物质材料的应用问题和加工处理方法，创造出有意义的、立意清晰、新颖而有实用价值的造型作品或"工程设施"。因而，5～6 岁儿童科学和艺术整合学习的跨领域关键经验如下。

①能用艺术的手段（文学、语言、绘画、音乐、舞蹈、戏剧、影视）表现自己所观察到、所感受到、所喜欢的事物的形象、状态及其与周围环境的关系。

②知觉到事物的外形、特性、功能、变化、数量、顺序、排列与艺术美的关系。

③规划、设计、实施、检查、反思的过程、技巧和方法。

④了解观察问题、发现问题、提出问题、解决问题的程序和方法。

⑤了解小组探究活动或大型艺术创作中团队合作的技能和方法。

⑥通过思考，寻找资源和建立联系，把设想变为现实。

⑦通过阅读绘本、理解故事情节、扮演角色、活动中的分享等，懂得内在美与外在美的辩证关系。

科学和艺术整合的跨领域关键经验的形成，能够在早期教育阶段帮助儿童构建大脑中科学、立体的交管系统，将有助于儿童获得大脑健康发展的机会，对他们之后的继续不断发展至关重要。

三、儿童科学和艺术整合学习活动内容组织的路径

科学和艺术的整合影响着人类的生活和思维方式，创造了新的组合形式。国

内一些学者和教师从教育的视角，研究并总结了科学活动与艺术活动内容整合的路径与方法。刘志强、王喜海认为，3～6岁儿童科学教育与艺术教育内容的整合有两种路径：一是"学科知识渗透式"，即在艺术教育中渗透科学领域的内容，或在科学教育中渗透艺术领域的内容；二是"主题活动融合式"，即课程设计者打破科学与艺术的学科壁垒，将科学与艺术的内容同时融进主题活动之中。"学科知识渗透式"整合课程内容，以科学和艺术中的一方为主、一方为辅，或二者兼顾。在实际操作时，教师可以首先选定"科学"或"艺术"中的一方作为整合课程的主要载体，然后挖掘另一方的教育价值和资源；采用"主题活动融合式"时，教师需选定一个中立主题，然后从该主题中寻找科学与艺术的双重教育资源，二者所占比例相当，互相渗透，都作为主要课程内容。① 杨诚德提出，可以从形象教育、情感教育、价值教育三种路径整合儿童科学学习与艺术学习的内容。他认为，形象教育通过创造生动、具体的美的环境，能够充分利用形象的作用，激发儿童的学习情绪和潜在智慧，掌握知识，领悟规律，开拓思维，促进儿童全面和谐的发展；情感教育从情感出发，以情感人，于理于情，现身说法，化抽象的概念为丰富的想象，变呆板的说教为审美的实践，将善、美、德潜移默化的注入审美主体的心灵之中，使审美主体日渐厚实，情感不断丰富，不断升华。最后，他指出，科学和艺术整合，不能仅仅停留在对美的审视和感受阶段，必须对美进行探讨，形成明确的审美价值意识，要使儿童了解事实过程和规律，要明确该事物对于个人和社会的意义，形成一个人的知、情、意、行，以真、善、美为内容的理想状态是人格完善的重要内容组织范畴。②

本书在借鉴阿恩海姆等人"同形同构""异质同构"理论以及观察幼儿园开展科学和艺术整合课程实践的基础上，总结出"科艺互相渗透"和"多领域融合"两种内容整合的方法。

（一）"同形同构"和"异质同构"——科学和艺术活动内容整合的方法论基础

1. 同形同构

"同形同构"是个体审美形式结构的相似性的感受与识别。"同形同构"是以直觉体验为基础的，包括色彩、线条、构图、音韵、旋律、节奏等要素，用夸张、

---

① 刘志强、王喜海：《论幼儿科学教育与艺术教育的整合》，载《教育导刊》，2018(18)。
② 杨诚德：《论科学教育与艺术教育的统一》，载《临沂师范学院学报》，2001(3)。

拟人、象征等手法构成的整体画面。

格式塔心理学认为，当外界审美客体的"完形"或"整体"在视域中出现时，其中发生的作用，并不类似照相机式的简单感光，而是由外部事务中"力的式样"，在人的大脑皮层中激起某一种特定的电化学力的式样，使得这种基本结构相同的"力的式样"，出现在两种不同的物质中，这就叫作"同形同构"。

正是在这种"同形同构"的作用下，人们才在外部事物和艺术品中，直接感受到某种"活力""生命"和"运动"等性质。这些性质不是来自联想、想象或推理，而是一种直接感知的结果。例如，绿色让人感觉生机勃勃，红色让人感觉到火热，白色给人以空茫，黑色给人以沉暗；快节奏给人以跳跃，慢节奏给人以温婉之感等。

2. 异质同构

"异质同构"是格式塔心理学的理论核心，即重新建构艺术本体，用形式而不是用社会文化关系解释艺术。格式塔心理学派认为，在外部事物的存在形式、人的视知觉组织活动和人的情感以及视觉艺术形式之间，有一种对应关系，一旦这几种不同领域的"力"的作用模式达到结构上的一致时，就有可能激起审美经验，这就是"异质同构"。例如，松树的挺拔向上的力的形式，给人以威武雄壮的感觉；柳枝的柔软下垂的力的形式给人以婀娜婉约的感觉。阿恩海姆认为，当某一特定的外部事物在大脑"电力场"中造成的结构与伴随某种情感生活的力的结构达到同形时，这种外部事物看上去就有了该情感的性质。例如，当儿童看到嘴角和眼角向下的表情时会认为此人很忧伤；听到沉重和缓慢的音乐时会感觉到危险来临等。这也是儿童艺术联觉现象发生的原因。艺术联觉现象（也称艺术通感）从某种意义上说也是因为"同形同构"或"异质同构"在神经系统中产生某种相同的电脉冲、某种相同的效果。儿童拥有的艺术联觉使儿童经常能够从光线阴暗、线条杂乱的画面中"听到阴森恐怖的声音""闻到难闻的气味"；听优美动听的音乐时，仿佛看到了美丽的森林、辽阔的大海，产生温暖舒适的感觉等。边霞和王任梅以儿童在《格尔尼卡》的欣赏与表现活动中的片段为例，说明了以上观点。[1]

---

[1]　边霞、王任梅：《儿童都是艺术评论家：论儿童欣赏和理解艺术的可能性》，载《教育研究与实验》，2012(6)。

师：很多小朋友都感到马在呼叫。除了听到马的叫声，你还听到了什么声音？

幼：人叫。

师：人怎么叫了？

幼1：救命啊！救命啊！

幼2：风叫。

幼3：风在呼呼地叫。

幼4：我还听到了战争的声音，打仗的枪炮声。

幼5：我还听到了刀子乒乒乓乓的声音。

幼6：有马蹄快走的声音。

幼7：锯子的声音。

幼8：断裂的声音。

师：再闻一闻，你闻到了什么味道没有？

幼1：我闻到了炮火的味道。

幼2：我闻到了血的味道。

幼3：闻到了眼泪的味道。

师：你们听到了这么多声音，闻到了这么多味道，心里有什么感觉？

幼1：我很想帮他们打仗。

幼2：可能他们是坏人。

幼3：我感觉大部队都走了，只剩下很多死人。

幼4：还有风来了。

科学思想和艺术思想在本质上具有同构性。它们都是对世界奥秘的阐释，虽然所用方法不同。"音乐是流动的建筑"与"建筑是凝固的音乐"的论断，来源于人们发现音乐的曲式架构与建筑的整体布局方面有诸多相似之处，在分析并深入作品的细节部分时，又发现音乐与建筑也采用了诸多相同或相似的手法。如音乐节奏快慢交替在建筑上表现为造型的错落有致、和谐流动的美感。这便是建筑与音乐的"异质同构"，便也是科学与艺术的"异质同构"。科学与艺术学习内容的结合，亦可遵循这种"异质同构"的原理。如聆听音乐节奏时，儿童会说"慢节奏时间长，快节奏时间短。"这是节奏和时间形成了同构；"强音很重，弱音很轻。"这是音的强弱与重力产生同构。因为节奏现象普遍存在于世界万物之中，它的规律性与周期性构成了万物的秩序与和谐，也构成了自然与艺术中的韵律。

（二）儿童科学学习内容和艺术学习内容整合的具体方法

1. 科艺互渗式整合

科艺互渗式整合是基于"异质同构"的原理，在艺术活动中渗入科学的内容，或者在科学活动中渗入艺术的内容。科艺互渗透式整合是在保持科学或艺术学科逻辑结构和知识体系的基础上，充分挖掘它与另一学科的核心联系，在完成学科目标的基础上，促进艺术思维与科学思维的连接与互动，激发儿童的创造表现。

在数学学习中，有关数字、图形的学习可以和音乐、美术融合起来，如观察玩具机器人是由几个正方体、几个长方体、几个球体、几个圆柱体组成的，为什么身体的不同部位会有不同的形状组成，让儿童思考这些形状与功能之间的联系以及与他们自身感受之间的关系。有的孩子会认为，球体是圆的，看上去比较灵活，所以放在关节部位，可以随意转动；长方体看上去很规整，所以放在躯干部位，显得威武强壮；圆柱体既稳当又柔和，所以用在胳膊和大腿部位，显得有力而又方便。也可通过让儿童随着音乐模仿并创编机器人跳舞的动作。开展绘画、剪贴、设计制作机器人等活动，加深儿童对以上认知的感受和体验。有关时空概念的学习可以和舞蹈结合起来，如在跳舞时让儿童关注左右、上下、前后，动作重复的次数、动作先后的顺序，在舞蹈队形排列时关注空间方位等。而有关分类、形状概念的学习可以和美术结合，有关"量"的概念则可以充分运用文学、诗歌的形式进行等。

这些整合以儿童的形象思维作为基础，把事物外在的直观形象与内部的组成相结合，把儿童的视听感知和动作思维相结合。正如发展儿童的数学概念不是让儿童记住抽象的概念，而是建立在丰富表象基础上的形象概括一样，艺术中的形象表现也可以作为儿童数学学习的手段，艺术中的审美因素又可以作为数学学习的直觉因素，在儿童的数学学习中起着深远的影响。

科艺互渗是"一方为本，另一方辅助"的整合模式。在这种整合模式中，切入的一方作为结构线索，也作为学习主要完成目标，另一方作为帮助完成这一方目标的辅助手段。

研究表明，如果在进行科学活动的过程中加入艺术的成分，不但可以帮助儿童理解科学知识、科学方法,养成良好的科学习惯,加强并完善良好的科学态度,也能够在此过程中达成一定的美育辅助目标。比如,在探究"三原色"的科学活动时,教师可以结合美术课,先只给儿童提供红、黄、蓝三种颜色,让他们在容易吸水和晕染的纸上任意涂鸦,之后将纸揉成球状,让儿童欣赏他们自己涂鸦得到的彩色球;在欣赏观察彩色球的时候,有的儿童可能会发现纸上面有不同的颜色,而他们并没有用红、黄、蓝以外的颜色。发现了问题之后,教师可以激发性提问:"为什么会出现不同的颜色?"让儿童进行猜想,并记录儿童的猜想,让他们自行设计实验,寻找实验材料,最后来验证结果;得出结论之后,可以让儿童用三原色配出任意颜色,并用相应的颜色表现自己的心情。在这个教学活动中,教师就是用艺术的成分辅助了科学学习,体现出了发现问题、提出问题、提出假设、进行实验、验证结果的科学过程,使得儿童既学到了科学知识,也体验到了科学的过程和方法。同时,儿童在进行"色彩混搭"的过程中也体验了艺术创作的愉悦,获得了审美享受。当然,在儿童艺术活动中加入科学的成分也会获得同样的效果。

2. 多领域融合

多领域融合是领域教育向综合教育过渡的一种融合,它以分领域的形式为基础,选择科学与艺术领域中的共同概念、原理或主题,把不同领域的相关内容整合在一起,帮助儿童获得各领域关键经验和概念的同时,也获得跨领域经验和概念及相通的理解。在活动目标、内容、过程、设计等方面综合运用"同形同构""异质同构"的原理,对单一活动所承载的交叉知识经验或学习要素进行系统呈现,并让儿童在与环境的相互作用中,潜移默化地、整个地获取和习得各种经验和概念。如前所述的如今广泛流行的"STEAM课程"即这一融合模式的代表。

我们可以从科学和艺术中一些共同的核心概念"轻重""冷暖""柔软与坚硬""快慢"等入手,设立主题,分别从音乐、文学、美术、舞蹈、数学、科学等方面开展一系列的活动,也可以完成一个"项目"任务,综合运用各领域的知识和经验,并对它们进行关联、迁移、重组,达成"项目"目标,完成"项目"任务。

如果说科艺互渗的整合是以一个领域为线索和中心,那么多领域融合则是多领域并重的。在共同的原理和主题下,儿童从多种视角发现主题不同的意义和解释,使得儿童对主题的理解和体验格外丰富。多领域融合力求从不同角度调动儿童的整体感受,并促进儿童的全面发展。以如下案例加以说明。

［活动主题］

造型游戏——图腾柱。

［适用年龄］

4～6岁。

［活动目标］

1. 以绘画、手工等造型方式绘制和制作各种表情的人物、动物的脸或头像。

2. 通过图腾柱的搭建活动，感知搭建材料所具有的不同性质，进而探索体验由于物质材料有别，造型也因此有无穷的变化。

3. 强化儿童的合作意识。

［材料准备］

室内：各种质地的空瓶、空罐、积木，各种大小不一的包装箱、各色纸张、画笔、颜料、胶水等。户外：各种柱体物、小石头、纸箱、砖头、木块、泥沙等。

［活动准备］

观察爸爸妈妈、老师、小朋友的各种表情的脸；收集各种动物图片；观察日常生活中的各种柱体物的形态和特征。在观察、比较、感受的基础上，积累有关知识经验，引发儿童造型兴趣。准备有关图腾柱的图片资料、幻灯片和多媒体设备。

［活动指导］

1. 引导儿童观察人物和动物的脸。在此基础上，提供多种绘画或手工材料，指导儿童表现各种状态和表情的脸，如笑脸、狰狞的脸、悲伤的脸等。

2. 指导儿童以分工合作的方式，将画好的脸或制作的脸粘贴（固定）在大小适宜的包装盒或积木上。

3. 组合搭建图腾柱。

将粘贴好脸型的包装盒（积木）依据大小、形状进行由低到高的累积，并形成图腾柱。累积过程中注意各种脸型的方向、色彩，平面与立体脸型的搭配；引导儿童体验、理解图腾柱的结构。如思考如何搭建才能使图腾柱稳固而不倒，怎样使用材料能使图腾柱搭建得更高等问题。

4. 可指导儿童将制作好的各种脸型悬挂或粘贴在室内的柱形物上做装饰。

5. 利用其他操作材料搭建图腾柱，如各种空瓶、空罐等，让儿童在累积的过程中了解各种材料的轻重、大小关系及物理属性；体验各种材质与图腾柱的搭建关系。

［活动延伸］

在室外开展图腾柱的造型游戏，进一步让儿童在操作中充分体验和比较不同材质的造型方式和结果。

四、儿童科学和艺术整合学习活动内容组织的注意要点

(一)内外兼顾

事物有两种存在方式，即"形式"和"实质"。形式是事物的外在表现，实质即事物的内部组成结构或意义。正如一首乐曲，节奏、旋律是其形式，而音乐本身所要传达的思想、情感、意蕴才是其实质。

自然界和社会生活中大量的事物虽外在形式不同，但它们共同的本质都表现和渗透着科学美、社会美、自然美和艺术美。定律、定理、公式、实验、假说可以使人神往，诗歌、音乐、图画、雕塑、戏剧可以使人动情、陶醉。抽象的公式、定义，不仅反映了自然界的内在和谐，也体现了人所获得的自由。在探索自然奥秘的过程中，儿童自然而然地会被大自然本身存在的和谐、节奏、韵律与秩序所感染，他们不仅看到形色各异、光怪陆离的各种事物的外部形态和变化，也被其新奇、美丽、变化的特征所吸引，从而感受到一种审美的愉悦。

世界本就是普遍联系的多重现实，无论是哲学的沉思世界、科学的逻辑世界，还是艺术的想象世界，都是有意义的领域，同时也是互相联系的领域，都受着共同的美的规律所支配，人们也都是在美的规律的支配下，受到形象的教育和启迪。

(二)情理相容

人的认识总是从感性认识上升到理性认识，又由理性认识回归更深层的感性体验，再上升到更高层面理性认识的这样一个不断循环往复、螺旋上升的过程。感性认识和理性认识的结合，由此而产生情感。而情感反过来又进一步促进感性认识和理性认识的进一步深化。

谋求科学与艺术学习的统一，另一个重要方面就是关注情理的相容性。列宁

说，没有人的情感，就从来没有、也不可能有人对于真理的追求。梁启超也有精辟论述，他认为，天下最神圣的莫过于情感。世界著名天文学家开普勒正是从研究一首古老的名为《和谐的序曲》的乐曲中受到启发，进而领悟了行星运动的规律。纯理性的科学知识是冰冷的，对于以感性思维为主的儿童来说，它们是那么的无趣，如果让这些知识带上"温度"，儿童就会感兴趣许多。那么，此时，给这些知识创设"背景"（情境）就显得尤为重要。如在了解了"光的折射"现象以后，为了加深儿童"对光的折射现象的认识"，教师可以创设这样一个情境：一群小动物，它们在冰天雪地里冻得瑟瑟发抖，很多动物宝宝快要冻死了，它们需要生火取暖。它们无法找到木材和火种，但是却发现不远处一间小屋里有不少的小镜子和报纸，小朋友们想想，该怎样用这些小镜子和报纸为小动物们生火取暖呢？以此引发儿童的同情、爱和共鸣，在这样心理的驱使下，儿童会努力回忆所学知识，并把它与眼前的困境相联系，开始寻找各种办法，用小镜子和报纸做实验。

情理相容在于体悟从未进入的境界，在艺术的欣赏中上升到理性思维。杨诚德以诗为例，从"情"和"理"的层面说明了科学与艺术的统一。他认为，春江月夜花岭，如果从理性的角度看，不过是一种客观存在罢了，年年存在，人人皆见本无稀奇，但在诗人眼中却大不相同。唐朝张若虚的"春江花月夜"，通过对春江月夜花岭的赞美，却提出了这样的问题——江畔何人初见月，江月何年初照人？这时诗已成为科学和哲学，成为对人生及其深层的感悟。全诗贯穿着诗人的热情与冷暖，用形象反映抽象、理性与非理性，只有在艺术中才能得到如此淋漓尽致的和谐。①

---

①　杨诚德：《论科学教育与艺术教育的统一》，载《临沂师范学院学报》，2001(3)。

第六章　儿童科学和艺术整合
学习活动的过程

　　学习过程是指学习者通过与信息和环境的相互作用而得到知识、技能和态度的成长过程。按照建构主义和社会文化论的观点，在这一过程中，儿童有权决定自己用什么方式获取知识、用何种方式和同伴互动、如何选择和利用材料等。杜威指出，学习过程首先将个体与社会情境联系起来。因此，只有在参与社会联合活动中，只有在运用材料和工具的过程中，学习才具有真正的目的。其次，它将内在思维与外在行为关联起来。从他的"思维五步法"中，我们完全可以看出这种思维与行为的联系性：第一步，学生要有一个真实的经验的情境；第二步，在这个情境内部产生一个真实的问题，作为思维的刺激物；第三步，他要占有知识资源，从事必要的观察，来对付这个问题；第四步，他必须负责有条不紊地展开他所想出的解决问题的办法；第五步，他要有机会用行动检验他的观念，使这些观念意义明确，并且让他自己发现它们是否有效。最后，他将学习当作一个连续的、生活的过程。这一点鲜明地体现在他的著名论断中，即学习是一个经验的改组与改造的过程，经验的不断改组与改造就是生活。

　　科学和艺术整合的学习过程，从原则和原理上遵从杜威的学习过程思想，其是指儿童在成人的支持和引导下，运用适合的学习方式，如观察、倾听、探究、实验、描述、唱歌、舞蹈等获取知识经验、增长技能、获得思维、表达情感等发展的过程。

　　本章将从儿童科学和艺术整合学习活动的过程要素及其相互关系、过程阶段、过程成效与过程指导等方面加以阐述。

第一节 儿童科学和艺术整合学习活动的
过程要素及其相互关系

儿童科学和艺术整合学习活动的过程要素是指影响儿童科学和艺术整合学习活动过程与进度的那些关键因素。这里，借鉴 3P 学习过程模型理论中关于学生学习的过程由学习内部动机和学习策略（方法）组成的观点，认为儿童科学和艺术整合学习活动的过程，受儿童对活动本身的兴趣（以下简称"学习兴趣"）和在活动中主要采取的学习方法或策略（以下简称"学习方式"）两个因素的直接影响，同时也受学习情境和教师指导的间接影响。只有弄清楚影响儿童科学和艺术整合学习过程和结果的要素，才能对他们进行有的放矢的教育和引导。

一、儿童科学和艺术整合学习活动的过程要素

（一）学习兴趣

1. 学习兴趣的概念

学习兴趣是指一个人对学习的一种积极的认识倾向与情绪状态。儿童对某一事物或现象有兴趣，就会表现出心情愉悦、思想集中、神态专注，就会持续地专心致志地钻研它，并坚持完成，从而提高学习效果。学习兴趣是学习过程中的动力部分，起到发起和定向学习的作用；兴趣是儿童认知事物和探索现象的内在选择性倾向，是带有情感色彩的重要动机，也是儿童学习中最活跃的因素。直接影响学习活动的过程质量和结果成效。

2. 学习兴趣的外部表现

研究表明，儿童的学习兴趣如何，可以通过对儿童在活动中的心情愉悦、神情专注、积极行动、积极提问、积极思考、坚持完成等外部情态表现出来。

心情愉悦是指在当前活动中，儿童表情愉悦、眼神明亮、动作敏捷、举止活跃。

神情专注是指在当前活动中，儿童注意力集中，眼神聚焦不游离。

积极行动是指在当前活动中，儿童身心呈现行动积极的状态，他们主动拿起身边的事物开始操作。

积极提问是指儿童主动对教师或周围人提出问题或表达对事物或现象的质疑。

积极思考是指儿童对人或事主动想办法，以帮助自己进一步认识事物或解决问题。

坚持完成是指儿童排除困扰，坚持从事并完成当前活动。

(二)学习方式

1. 学习方式的概念

研究者从不同的角度研究学习方式，对学习方式的定义是多样化的。有些学者将学习方式称为学习风格。有学者以信息加工模式为理论基础，认为学习方式是指学习者特有的认知、情感和心理行为方式，它作为相对稳定的指标反映了学习者如何知觉、如何与学习环境相互作用并做出相应反应；认为学习方式是由认知、情感、生理三大类要素合成。也有研究者不赞同学习风格论，认为学习方式是人们在学习活动中所采用的方法以及方法使用过程中呈现出来的形式，它表现出来的是一系列的操作步骤、操作方法和在操作过程中呈现出来的形态和式样。不管怎样，对学习方式做单一的界定有一定的局限性。学习方式本身无优劣之分，任何一种学习方式都有利弊，都有自己的适用条件和应用目的，要注意灵活运用和配合使用不同的学习方式。

本书的学习方式是指儿童在完成学习任务时经常的或偏爱的基本行为或认识倾向，是惯常表现出来的特有的动机和采取的策略，是学习过程的基本部分，也是影响学习质量的关键因素。[1]

2. 学习方式的内涵要点

研究发现，在科学和艺术整合的学习活动中，儿童主要采取观察、倾听、视听结合、讨论、提问、描述、记录等交流的方式；模仿、搜集资料(材料)、分工与合作等探究的方式；比较、选择、推理和预测、联觉、直觉体验、联想、想象等内部思维运作的方式。

观察是指儿童用视觉感官，有目的、较持久地观看、了解事物或现象。例如，儿童仔细地看一件艺术作品或一棵树、一个人、一只小动物等。

---

① Baeten M. Kyndt, et al, "Using Student－centred Learning Environments to Stimulate Deep Approaches to Learning：Factors Encouraging or Discouraging Their Effectiveness," *Educational Research Review*, 2010(3), pp. 243-260.

倾听是指儿童较专注地聆听教师或同伴的表述。

视听结合是指儿童通过边听边看的方式接收信息。例如，儿童看动画片等。

讨论是指儿童就某一个共同感兴趣的话题与同伴或者成人用语言交流想法、交换意见。

提问是指儿童在一定的情境下抛出问题并希望同伴或教师积极的回应。

描述：儿童用自己的语言说出他所看到的、听到的、想到的事物。

记录是指儿童将自己看到的事实或操作的过程及想法，用文字、图画、符号、照片、录像、录音等方式记下来。

模仿是指儿童通过观察、重复或效仿教师或同伴的语言或行为。

搜集资料是指儿童根据活动需要去搜索、收集各种材料、信息（包括图书、资料、视频、音频等）的过程。

分工与合作是指在同一件事和背景下，儿童分别进行各种不同而又相互补充的工作，互相配合做某事或共同完成某项任务。

比较是指儿童对比两种或几种同类事物的异同等。

选择是指儿童在两种或两种以上的事物、事件或情境中挑选他认为最优的一种事物、事件或情境。

推理和预测是指儿童从一个或几个已有的经验或已知的判断中推断新的结论（新的判断）或儿童在掌握现有信息的基础上，依照一定的方法和规律对未来的事情进行预测，以预先了解事情发展的过程与结果。例如，儿童在三个大小不一的锤子中选了最大的来砸开核桃，他认为大的锤子最重，所以能砸开坚硬的核桃（这种方法需要教师对儿童行为的事后访谈才能确认）。

联觉：本来是一种通道的刺激能引起该通道的感觉，现在还是这种刺激却同时引起了另一种通道的感觉的现象。例如，儿童看到红色会觉得温暖，看到蓝色会觉得清凉；听到节奏鲜明的音乐会觉得灯光也和音乐节奏一样在闪动。

直觉体验是指儿童不经过思考而获得的直接感知觉体验，如儿童随自己的心意唱歌跳舞时会觉得快乐。

联想是指由于某人或某种事物而想起其他相关的人或事物。例如，儿童会说月亮像一个弯钩。

想象是指儿童凭借已有经验进行加工，从而产生新形象的心理过程。例如，儿童会画一幅自己在月亮上荡秋千的画。

(三)学习情境

学习情境是指儿童学习所处的外部环境。根据目前儿童学习活动的现状，本书区分了儿童科学和艺术整合学习活动的三种不同的学习情境，即自由探究活动情境、区域活动情境、集体教学活动情境。

自由探究活动情境是指儿童受外界环境的吸引，而推动探究学习的自然生发。例如，儿童自由观察蚂蚁搬家等。

区域活动情境是指教师围绕儿童感兴趣的内容而专门为其设置的富含了丰富而有结构的材料的区域空间，这里陈设了各种材料(自然物、半成品、成品等)，工具，标本，玩具，图书等。

集体教学活动情境是教师根据一定的教学目的和教学内容设计并组织的有一定教学程序(有目的、有计划、有组织)的小组或集体活动，俗称"上课"。

(四)教师支持

1.教师支持的概念

教师支持是指教师为了支持儿童学习而采取的一系列方法、举止、行动。一种是直接显示结果的行为，另一种是由教师的情感、道德、价值观、潜在能力、个性因素影响的内在隐性行为，通过其言行举止、姿势态度、礼仪修养等表现出来，潜移默化地影响儿童。

教师的支持贯穿于学习过程的始终，其通过影响儿童对学习方式的选择来制约或改进儿童的学习过程。

2.教师支持的策略

研究发现，教师支持的策略大都可以通过教师外显的指导行为表现出来。具体包括提问、讲解等语言指导的方式；示范、角色扮演等行为指导的方式；观察、倾听、提供素材、记录等间接指导的方式。

教师提问是指在一定的情境下，教师为促进学习向儿童抛出问题，并期望儿童积极回应的教学行为。

教师讲解是指教师以口头语言向儿童陈述或解释某种事物或现象的教学方法。

教师示范是指教师通过自己的语言、动作做出榜样或典范，为儿童提供具体模仿的范例。艺术活动中教师更多运用动作示范的指导方法。

教师角色扮演是指在情境模拟活动中，教师通过亲自扮演情境中的角色，通过语言、动作、表情的暗示，启发儿童建立起对事物新的理解并培养相应的能力。

教师观察是指教师通过有目的、有步骤、有计划地用视觉器官较持久地观看儿童的表情、动作与行为，获取儿童大量具体真实的信息。

教师倾听是指教师认真听取儿童的语言，提取儿童所要表达的信息。

教师提供素材是指教师为了促进儿童的学习和发展，提供适宜儿童主动探究和学习的材料（包括原材料、教具、学具等）。

教师记录是指教师用文字、图片、录音、录像、摄影等方式记录儿童的活动表现或活动、游戏时的状态。

二、科学和艺术整合学习活动过程要素之间的相互作用及成效

(一)学习兴趣、学习方式、学习情境、教师支持四要素之间的相互关系

通过对儿童活动过程的现场观察与微格研究我们发现，儿童科学和艺术整合的学习过程中，学习兴趣与学习方式是学习过程的内部因素，学习情境和教师支持是影响其学习过程的外部因素。学习兴趣、学习方式、学习情境、教师支持四者相互影响、相互支持、相互制约，共同对儿童的学习过程发挥作用。

通过对儿童的学习兴趣、学习方式在不同学习情境中运用的异同进行比较发现，儿童在自由探究情境中，心情最愉悦；儿童在区域活动中更倾向于运用提问、讨论、探究性操作、比较、判断、推理、预测、联想与想象等"深层学习方式"。对教师的指导行为对儿童学习方式运用的影响进行考察和分析发现，儿童的学习兴趣、学习方式与教师的指导行为显著相关。[1][2]

(二)学习兴趣、学习方式与儿童创造性思维显著相关

研究发现，科学和艺术整合的学习活动过程中，在儿童的学习兴趣、学习方式两大要素中，愉悦而专注的情绪态度与直觉体验、提出问题、知觉通感、推测假设、想象创作、行动验证、争论评议学习方式的运用与儿童的创造性思维呈显

---

[1]　陈晓芳：《学前儿童科学学习过程及其影响因素研究》，载《教育探索》，2019(2)。

[2]　陈晓芳：《儿童艺术学习过程与教师指导策略研究》，载《西北师大学报（社会科学版）》，2019(2)。

著正相关。[①] 儿童在科学和艺术整合的学习过程中，"学与做""思与行"结合，于"敢想敢为"的过程中产生创造力。

第二节　儿童科学和艺术整合学习活动的过程阶段

科学和艺术并非是泾渭分明的两个认知领域，而是一种浑然一体的和谐存在。认识儿童科学和艺术整合学习活动的过程阶段，对更加深刻认识儿童是如何理解与体验世界、掌握事物本质、追求自身与周围世界的和谐有着重要价值。

一、当前儿童科学和艺术学习过程的现状与问题

(一)当前儿童科学和艺术学习过程的现状

儿童基于他们自己的好奇心，主动地选择一些方式自由地与周围的环境互动，并主动建构自己的学习过程。通过对儿童科学和艺术学习活动的观察与分析发现，在儿童学习的过程中，他们不仅运用了观察、倾听、讨论、提问、探究性操作、实验、推理与预测、归类、比较、选择、判断、归纳等学习方式，还运用了试听结合法、联觉学习、模仿、扮演、分工与合作、搜集材料、联想与想象等学习方式。

如果说推理、预测、归类、比较、选择、判断等是理性思维方式在学习过程中的运用，那么，联觉学习、模仿、扮演、分工与合作、搜集材料、联想与想象等更多属于感性思维方式在学习中的运用。

观察同时也发现，儿童较多地运用观察、倾听、体验、探究性操作、模仿等学习方式，而提问、推理与预测、实验、记录等方式较少运用。这说明，在当前的学习过程中，儿童运用得更多的也是感性思维，而非理性思维。这一方面和儿童的年龄特征、思维水平有关，同时也和教师本身的认识和支持方式有关。观察发现，儿童更多地还停留在"看"和"听"等表层学习状态。大多数儿童在学习过程中，理性思维方式运用不足。结合案例分析的结果，我们还发现，教师组织的集体教学活动比儿童的自由探究和区域自主活动更少有思维类型的参与，尤其理性

---

① 陈晓芳、乔成治：《科学与艺术整合学习过程要素与儿童创造力的关系研究》，载《教育研究与实验》，2020(2)。

思维的参与。这说明，大部分教师还没有把教学和思维建立必要的连接，还没有从促进儿童思维发展的高度认识教学的有效性。

(二)当前儿童科学和艺术学习过程的问题分析

1. 学习方式选择权的丢失

儿童由于家庭文化背景、自身个性的不同，有其所擅长的学习方式。例如，有的儿童擅长视觉学习，有的擅长听觉学习，有的擅长在操作中学习，大部分儿童都擅长"做中学"。但是在如今的中小学课堂及幼儿园内，是擅长听觉学习儿童的天下，教师更多采用传授讲解的教学方式，致使那些擅长视觉学习和在"做中学"的儿童，因没有相应的学习材料、实践机会、时间和空间而身陷被动。通过对儿童"主要学习方式观察表"的数据分析，研究者发现，在由教师组织的集体教学活动中，比例最高的依然是儿童"端坐静听"的学习方式，而体现深度学习的"讨论、想象、搜集材料、选择、决策"等"深层学习方式"鲜少涉及，儿童更是缺乏"提问"的机会和权利。殊不知，这导致的结果就是缩减了儿童早期思维发展的张力并影响今后的学习成就。

2. 学习程序安排自主权被控制

学习程序安排自主权被控制表现为教师控制着学习活动组织形式、活动方式方法的可选择范围；控制着许可儿童的活动参与水平以及活动的自由度；控制着儿童活动进展的节奏和速度。儿童对"学什么"和"怎么学"没有任何话语权和参与决策的权利。他们的学习和生活受到来自学校制度的严格管制，被整齐划一地安排在统一的作息时间表里，本该是连续的一天的生活被肢解成按序排列的各个"时间段"，每个"时间段"都承载着学校预设周详的从内容、目标、准备到活动过程的组织形式及其活动展开的方式方法。儿童被驱赶着统一进入这些时间段，过着同一步调的生活。结果是儿童的情感与学校、与学习越来越疏离，这种疏离的情感导致学习成效降低。这就是学习异化的产生根源。有研究指出，学习异化与学业成绩呈反比关系。[①] 马克思说，异化即表现为我的生活资料属于别人，我所希望的东西是我不能得到的、别人的所有物，也表现为每个事物本身都是不同于它本身的另一个东西，我的活动是另一个东西。在这里，儿童的学习却成了儿童

---

① Genevieve Marie Johnson，" Student alienation，academic achievement，and WebCT use，" *Educational Technology & Society*，2005，8(2)，pp. 179-189.

眼中的另一种东西，他们的身心正在一步步远离学习，厌烦学习，很多儿童"谈学习即色变"。这离人类学习的本质越来越远。

二、儿童科学和艺术整合学习活动过程的研究与改进

(一)对儿童科学和艺术整合学习活动过程路径的研究

1. 创设科学学习和艺术学习的中介桥梁

布赖恩·伍纳指出科学与艺术在教室里的整合，是通过给儿童提供一个学习科学原理与发现艺术欣赏力的平台来实现的。例如，色彩是科学与视觉艺术之间的一座桥梁，儿童在玩色活动中不仅可以进行原生色与次生色的探究，同时也可以创造表现艺术。[①] 柳志红结合自身在南京市石化幼儿园的幼教实践指出，科学和艺术整合活动的实施，要注重探索与表征、感知与观察、想象与真实之间的结合。[②]

2. 科学学习方法和艺术学习方法的组合

国外有研究指出，当前教育尤为关注瑞吉欧深层框架内的科学教育与艺术教育的整合，其包含发现与创新在内的创造力使艺术视角具有独特性，而多元化的艺术方法也使儿童可以自由表达他们对自然的看法。在对美国中西部一个大型附属幼儿园进行研究期间，研究者帮助该园教师和谐地将自然科学和艺术整合进他们的瑞吉欧项目活动中，并提出了生成科学和艺术整合活动的五项原则：①思考艺术与科学的联系；②创设富含艺术与科学元素的环境；③引导儿童运用他们的知识和想象；④引导儿童验证他们的假设；⑤引导儿童表达他们的想法。他认为，这五项原则以科学和艺术整合的方式成为瑞吉欧项目活动的基石。[③] 萨拉·斯塔巴克、利·泰勒·马歇尔指出，当儿童在使用艺术材料时，他们发现教师也在艺术活动中进行科学教育，如通过问科学问题，鼓励探索调查，引导儿童收

---

① Bryan Wunar，"The art of science，"*Teaching Pre K-8*，1999，29(6)，pp. 60-62.

② 柳志红：《幼儿艺术教育与科学教育的融合研究》，硕士学位论文，南京师范大学，2003。

③ Hatice，Zeynep Inan，"Integrated Disciplines：Understanding the Role of Art in Science Education in a Preschool，"*Journal of Applied Science Research*，2009，5(10)，pp. 1375-1380.

集、记录数据，并使用数据，建构合理的解释，引导儿童发现科学。[①]

3. 建构科学和艺术整合学习的过程阶段或架构一种模式

黄海涛借鉴郝尔巴特的学习阶段理论的观点，建构了"明了—迁移—表现"统一的科学和艺术整合的学习过程阶段。[②]

张颖建构了主题教育活动中"科学和艺术整合的双螺旋交叉结构"。其通过科学学习与艺术学习过程性方法之间的连接，选择恰当的科学学习和艺术学习过程性方法融合的连接点来进行过程整合，使科学学习方式与艺术学习方式相互交叉，促使学习活动的探究螺旋深入。她认为，儿童的科学学习分为科学探究和数学认知两个部分。科学探究的学习过程包括：观察、测量、分类、预测、推断、交流、识别与控制变量、下操作定义、解释数据、形成与验证假设、实验、建立模型。其中，前六项为基本的科学过程，后六项为综合的科学过程。数学认知学习的过程包括感知、理解与应用。儿童通过感受美、发现美、表现美和创造美来接触艺术学习的过程，包括感受、欣赏、表现和创造。她尝试用晶体结构对儿童科学学习与艺术学习的过程性方法进行呈现，并使用双螺旋结构来表示科学和艺术整合对主题教育活动的推动作用(图 6-1)。她指出，科学学习过程的晶体结构是由一个个科学学习过程性方法组成的，这些过程性方法，就像晶体结构中的晶胞一样。艺术学习过程的晶体结构也是由一个个艺术学习过程晶胞组成的，在科学和艺术学习过程晶体接口中，这些晶胞结构并不是固定不变的，它们的位置结构会随着主题内容的变化而变化。[③]

此外，在如上的双螺旋结构中，科学和艺术的整合是通过连接点来实现的，而这些连接点正是儿童科学学习与艺术学习的过程性方法基于主题内容的不同融合。科学和艺术整合的路径问题，也正是考虑如何选择恰当的儿童科学学习和艺术学习过程性方法融合成连接点，以完成整合的问题。她还探讨了如下五种整合路径。

---

① Sara Starbuck，Leigh Tyler Marshall，"How Children Discover Science While Exploring Art，" *Teaching Young Children*，2011，3(4)，pp. 12-15.

② 黄海涛：《科学教育与艺术教育整合的教学过程研究——兼论分析思维与直觉思维联合方式的教学》，载《当代教育科学》，2006(18)。

③ 张颖：《幼儿园大班科艺整合主题教育活动的实践研究》，硕士学位论文，浙江师范大学，2014。

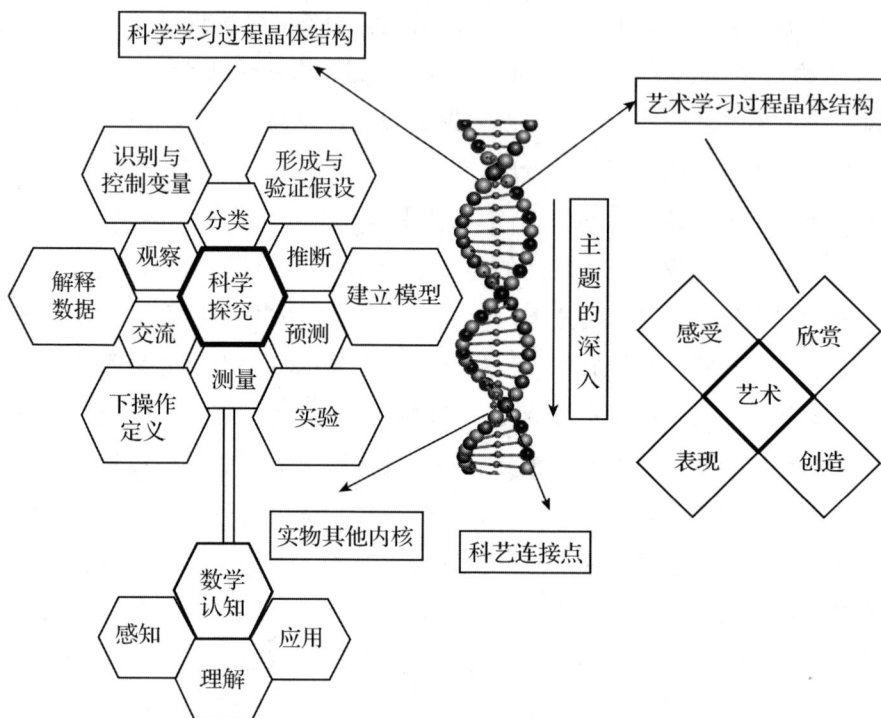

图 6-1　科学和艺术整合的双螺旋交叉结构图

(1)路径一

运用本路径(图 6-2)开展科学和艺术整合活动时,可以引导儿童在欣赏感受事物表面的同时发现事物的深层特征,并针对其特征进行交流表述。

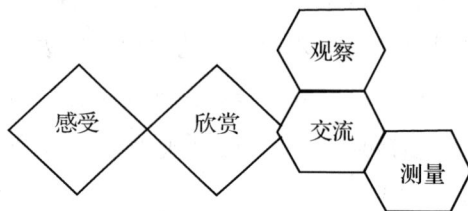

图 6-2　路径一

(2)路径二

利用本路径(图 6-3)开展科学和艺术整合活动时,可以在手工制作前,引导儿童先自主观察制作材料,将制作材料分类,然后选择适当的材料来进行表现和创造,当然也可以引导儿童在绘画前对绘画对象开展科学观察。这样就改变了以往为画而画的课程设计，将儿童的笔触建立在了对现实生活自然万物的观察的基础之上，充分发挥了科学的观察作用与艺术表现作用相结合的增长功能。长此以往，儿童不仅会画得更加生动形象，而且画画的积极性也会大大提高。

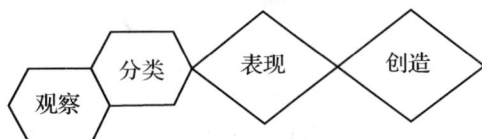

图 6-3 路径二

（3）路径三

利用本路径(图 6-4)开展科学和艺术整合活动时，可以将手工活动与科学实验进行整合，让儿童为科学探究制作实验工具，即通过表现和创造制作实验工具，然后预测实验结果，进行实验，并尝试解释实验数据。例如，探究"橡皮筋弹性势能转化为动能"的科学小实验前，可以先让儿童自制橡皮筋小船，预测塑料片翻转与小船行驶方向之间的关系，然后再进行实验验证。

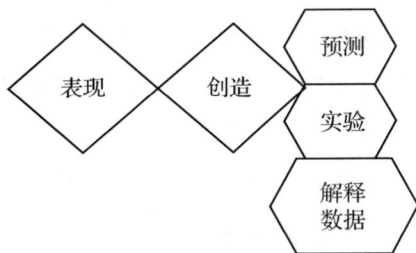

图 6-4 路径三

（4）路径四

利用本路径(图 6-5)开展科学和艺术整合活动时，可以先让儿童进行自主表现和创作，然后通过观察学习同伴好的表现和创作形式，最后经过实验修正，再次进行自我表现与创造。例如，利用本路径进行衣服制作区域活动时，可以先让儿童自主制作衣服，进行服装表演展示，然后请他们一起评选出班里最美的服装，并观察、分析最漂亮的衣服是利用什么材料，什么规律制作的，最后再利用这一规律尝试自己进行制作，并且有的衣服可能在试穿的过程当中会发生破损，或者穿不上的现象，让儿童通过测量调整衣服的尺寸，在对材料充分探究的基础之上进行制作。

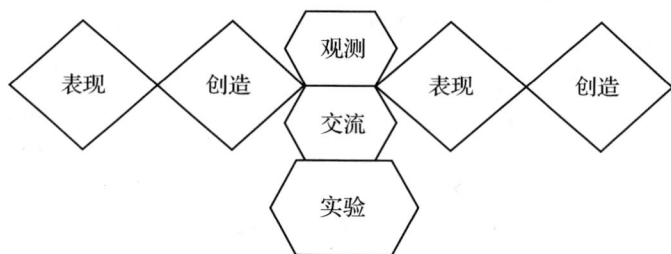

图 6-5　路径四

（5）路径五

利用本路径（图 6-6）开展科学与艺术整合活动时，可以让儿童在感受欣赏的基础之上，发现艺术形式中的科学美，并在此基础上进行表现与创造。例如，利用本连接点进行《挪威舞曲》音乐欣赏活动时，可先让儿童感受欣赏音乐的曲式，再感知理解教师动作的前后空间变化，随后进行动作模仿。这一音乐曲式的原则是对比变化与重复，而人类根据音乐所涉及或者创作的动作，也应同时具有这些特征。艺术中的对比变化与重复，既是一种美的形式，也体现了科学性的规律。给儿童探索的时间，引导他们感知、理解音乐中的规律之美，不仅有利于增强他们对于规律的理解，也有利于加深他们对于音乐的领悟并进一步进行动作的创编。

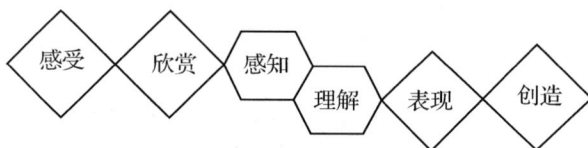

图 6-6　路径五

以上设计的科学和艺术整合学习过程路径，大都聚焦在学习方法的组合与连接上，为我们对科学和艺术学习活动过程的研究提供了具体可行的借鉴。

（二）对儿童科学和艺术学习过程的改进

1. 回到学习过程的自我建构性

建构主义和社会文化论强调学习是儿童主动建构知识的过程，也是儿童通过迁移、重组、运用原有经验解决新问题的过程。对过程的尊重与强调，实际上也就赋予了发展中的偶然性、动态性、随机性、差异性等不确定因素在学习过程中应有的地位。比格斯等人认为，学习过程主要是由学习方式构成的。而且学习方式具有情境性和组合性，儿童善于根据学习任务和学习情境的不同选择和组合多种不同的学习方式，经历不一样的学习过程，以达到自己的学习目的。[①] 英国的课程指南也强调，儿童是以不同的方式、不同的速度学习的，实践工作者必须理解儿童以不同的方式学习同一件事情，以及儿童以不同的速度在不同的时间取得进步。每名儿童的学习方式、模式都是独特的。真正有专业水平的教师能够按照儿童的"步调"与"图式"去设计学习活动过程，帮助儿童建构自己的学习策略和方法，以达到更好的学习效果。

2. 以"错误"为契机，以"对话"为纽带，促进过程的生成

传统教学的过程以"真理"和"真知"的传授为主线索，因而鄙视"误谬"，杜绝"错误"。如果儿童在学习过程中出现错误，将会受到教师毫不留情的批评甚至指责，让儿童感觉到羞愧。而建构主义却认为，儿童的错误是其进一步学习的机会。建构主义认为，在学习过程中犯错误是不可避免的，错误对儿童的学习也是必要的，这些错误在检测儿童的学习障碍中起着重要作用。由于建构主义强调知识不是一成不变的确定性存在，相反知识是一直不断地生成变化着的，所以错误可以被教师用作诊断儿童知识结构和思维的工具，因而对儿童的错误应予宽容。教师可以引导儿童意识到由错误而造成的问题和冲突，提示解决问题的线索。教师也可以通过创设具体的问题场景来促进儿童自我纠错。总之，学习就是涉及观念的改变，儿童目前所信的，无论正确与否都很重要，所以"错误"成为学习过程生成与延展的契机。

在提倡自我建构和生成的科学和艺术整合的学习活动过程中，"对话"亦成为教师和儿童的根本关系。而"对话"使得教学中的"你—我"关系发生改变，"你"不再是"我"教导、改造的对象，"我"与"你"都是独特的精神整体，二者因共同的价值旨趣而相遇。在活动中，双方相互接纳、欣赏包容、沟通协作。这种关系把他人看作具有与自己同样独立自主的人的主体性态度，因而呈现了人与人本真意义的相遇关系。在这里，儿童不是被动、被迫、消极的学习者；教师也不再是作为权威者、评判者来要求儿童必须接受其指导。教师的责任主要是以热情、友好、真诚的态度支持、鼓励和帮助儿童自主思考与行动，而不是采用控制的方法。

---

① 陈晓芳：《学前儿童科学学习过程及其影响因素研究》，载《教育探索》，2019(2)。

三、儿童科学和艺术整合学习活动过程的四个阶段

整合的过程实际上是一个实践过滤的过程，是一个在思维不断转化中实现认识深化的过程。本书结合课题研究的成果，在对北京市几百名儿童进行实证研究的基础上，根据学习方式的情境性和组合性特点，认为在科学和艺术整合学习活动中，儿童在教师适当的支持下，基于自定的"方案达成"的任务目标，科学学习"发现并提出问题—分析并预测结果—通过行动寻求验证—问题解决"的"问题探究"过程与艺术学习"审美感觉—审美知觉—审美想象—审美创造"的"审美表征"过程有机互动，相互穿插，形成了"融入审美感觉的问题提出—贯通审美知觉的推测猜想—渗透审美想象的行动验证—汇集审美创造的方案达成及评议"四个阶段。此过程，儿童不仅要调动科学思维及其学习方式，在遵循"问题解决"规律的基础上，不断地计划、尝试、改进，还要调动艺术思维及其学习方式，开展想象、联想和创造，最终使"设想"变为"现实"。

(一)融入审美感觉的问题提出阶段

审美感觉是审美对象外在、表面、局部的审美特性在大脑中形成的主观反射、反映和摹写。它以对象的感性形式为源泉，主要通过视听感官接受外界事物的形状、线条、色彩、声音及其运动、变化的刺激，形成信息，传入大脑视听中枢，引起心理反应，并与呼吸、脉搏的节奏以及视神经、听神经的感受性相适应，从而形成初级的美感。儿童因为美感的刺激而对环境中遇到的问题进行选择性注意，并表征问题。通过表征，儿童发现已有知识、观念和新问题之间存在着分歧、差距和不一致，利用已有的知识不能解决新问题。此时，儿童会产生认知不协调感，进入认知冲突状态。这种状态会导致中枢神经系统的唤醒水平提高，产生好奇。在好奇心的作用下，儿童会对他所知道的东西感到不满，产生一种理解问题、解决问题的需要，这种需要会使儿童产生探究问题的心向，继而引发旨在消除冲突的探索性行为。这一阶段是"信息摄入"阶段。儿童主要运用观察、倾听、视听结合、闻嗅、直觉体验、探究操作等学习方式获取信息。此阶段教师用丰富的问题情境，让儿童的视觉、听觉、触觉等感知觉被同步唤醒，将真实问题、生动讲解、视频资料、音乐与运动等镶嵌到学习活动中去，从而吸引儿童的注意。

(二)贯通审美知觉的推测猜想阶段

审美知觉是儿童对对象的综合、整体的印象，是透过事物的形式达到对它们

的情感表现的把握。在情感的调节作用下，儿童将已有的经验、情绪、兴趣、意志的目的指向融入对当下问题对象的知觉当中，在联觉体验作用下，对问题的结果、条件之间的关系做出推测性论断和假定性解释和推理。在推理过程中，儿童首先对信息间可能存在的关系做出解释，并根据渗透了自己感知觉体验的"朴素逻辑"做出包含关系、递进关系或因果关系推论，即形成假设。由于推理的前提——儿童已有的观念是多种多样的，其正确程度也是各有差异的。因此，推论出的假设也会有很多种。接下来，他们需要通过实验观察和测量等来收集证据，以支持他们的假设，并对证据做进一步解释。一旦通过分析发现假设不成立后，则要放弃假设，产生新假设，然后重新收集证据，做出解释。此阶段最主要的学习方式是调查、探究、实验、模仿、联觉、描述、比较、选择、判断、推理、预测、讨论。这一阶段，教师应该让儿童有机会（和时间）去独立思考事情，即使他们预想的答案似乎有些牵强。只有教师相信，儿童比他自己更聪明，更有创造力，他才能真正接受，让儿童找到自己的路，并能够控制自我的冲动，引导他们走最好的路。

（三）渗透审美想象的行动验证阶段

审美想象是指儿童在情感的推动下，按审美需要、审美理想展开创意想象进而付诸创作的过程。审美需要借助想象而具体化。在强烈的情感运动中，儿童对审美对象达到一种深层的感动和理解。由于推论的前提——儿童已有的观念是多种多样的，因而由此推出的假设也会有很多种。接下来，他们需要通过实验观察、测量等行动来收集证据，以支持验证他们的假设。行动之前需要做好方案设计。方案设计更多时候需要"灵机一动"，需要灵感、顿悟，这些正和儿童的审美想象力紧密相连。正是由于审美想象力的参与，使得儿童的审美直觉和感觉意象等直接物化在实验方案设计的过程中。行动验证的过程是需要步骤、方法和技巧参与的，行动中也会遇到具体的困难，解决困难需要联想与想象的参与。因而，渗透审美想象的探索过程将使行动验证得以顺利进行，并取得理想的效果。此阶段最主要的学习方式是规划设计、分工与合作、模仿、操作、实验、联想和想象等。这一阶段，教师要注重唤醒儿童的左右脑，并强化彼此互动，激发多元思维，促进新旧经验、感性与理性经验的整合，从而提升解决问题的能力。

（四）汇集审美创造的方案达成及评议阶段

审美创造是指人在审美中能动创造的能力，包括创造新观念、新理论、新思维、新方法、新手法的能力和创造新审美意象、新艺术形象的能力。因而，儿童的艺术学习主要依赖于感性。而"方案"之中的"模型建构"既需要感性艺术创造过程的参与，更需要理性思维的参与，使审美直觉和感觉意象等直接物化在模型构建的过程中，而不只是外部物理对象的机械复制。这一阶段主要包含试误、探究性操作、寻找资源、分工与合作等。教师的责任在于，让儿童主体在不同的情境中，去连接不同领域的知识，触发各种思维的火花，发挥大脑的整体效应。因此，应该运用科学的方式，引导儿童对知识进行动态、情境化、错综复杂的整体网状加工，最大限度地激发大脑各个神经系统的协同运作，促进儿童心智的发展，进而鼓励其去适应并创造生活，那么儿童才能真正为未来做好准备。在此过程中，要注重唤醒儿童的左右脑，强化体验互动，激发多元思维，促进新旧知识间的有效整合，从而提升解决问题的能力。

最后，还可以借助审美评议让儿童进一步回顾问题解决的过程，发展儿童学习的元认知能力。审美评议是儿童在接受艺术作品的过程中，通过感知、情感、想象和理解等各种心理因素的复杂作用进行艺术再创造，并获得审美享受的精神活动。在审美评议过程中，感觉、知觉、表象、思维、情感、联想和想象等心理因素都异常活跃。模型使用与评估阶段融汇儿童的审美评议，使模型不仅具有"实用"的现实属性，而且具备了"美观"的精神内涵和价值衡量。这一阶段主要包含探究性操作、寻找资源、分工与合作、实验验证、回忆反思、扮演与表演等。用角色扮演或戏剧表演的方式来回顾和再现儿童科学探究的过程，使每一个科学话题都提供让儿童通过艺术交流的机会，鼓励和欣赏儿童的问题，以拓展其学习兴趣。以舞台剧《熊猫百货商店》为例对"科艺整合"过程的"四个阶段"进行介绍。

孩子们被《熊猫百货商店》的绘本故事吸引，提出要把它演成一个舞台剧的设想。"在哪儿演""如何演"的问题随之产生——融入审美感觉的问题提出阶段；接着，孩子们根据自己的原有经验，设想用什么材料搭建舞台、舞台背景如何装饰、空间如何安排、什么角色穿什么衣服等——贯通审美知觉的推测猜想阶段；然后开始确定舞台地点、搭建舞台、调配灯光和音像、分配角色、服装道具设计制作等——渗透审美想象的行动验证阶段；最后，开展戏剧情境、情节表现，角色互动与表演及评议等，最终完成整个戏剧表演的活动——汇集审美创造的方案达成及评议阶段。

儿童正是通过科学与艺术的学习过程不断转换的方式实现了其"方案"的完美达成，体验学习过程的愉悦和结果的成功，从而不断地积累知识的经验、情感的经验、思维的经验、技能的经验、交往的经验，而形成"完整经验"。这是一个高度复杂的系统，其过程不可能是"直线"进行的，通常会表现出复杂系统所具有的回环、递归和不断重建的特点。学习不仅会在不断互动中通过反馈来调整自身，它还会通过不断地"回扣"自身来生成新的学习过程。也就是说，学习的每一个过程所导致的结果会成为下一个过程的起点，前一阶段互动的结果会成为推动下一阶段互动的动力，从而构成一个起点与终点不断循环的、生生不息的递归过程，如图 6-7 所示。

四、"科学和艺术整合学习四阶段"的成效

儿童在经历这层层推进的四阶段之后，提高了学习兴趣，改善了学习方式，获得了创造性思维及各方面能力的提升。

（一）"科学和艺术整合学习四阶段"，满足了儿童的天性，提高了其学习兴趣

经历"科学和艺术整合学习四阶段"后，儿童在学习兴趣的心情愉悦、积极行动、积极提问、坚持完成几方面获得了显著提升的研究结果表明：在问题提出阶段联合儿童的审美感觉，让儿童有更多机会去感受外界事物的信息。儿童对环境中的一些现象和问题进行选择性注意，发现了已有经验和现实之间的分歧，即产生一种了解问题、解决问题的心向，引发了学习兴趣。贯通审美知觉的推测猜想阶段，使儿童在情感的调节作用下，将已有的经验、情绪、意志融入对当下问题对象的知觉当中，在联觉作用下，自觉运用比较、选择、判断、推理和预测、讨论等学习方式，对问题的结果、条件之间的关系做出推测性论断和假定性解释和推理。这一阶段，儿童感性和理性的进一步结合推动了思维的流畅性和学习兴趣的延展。渗透审美想象的行动验证阶段，给予了儿童更多"异想天开"的自由思考并在现实中发现和建立联系的机会，并且行动验证过程满足了儿童好动、好模仿的天性，他们乐此不疲，乐在其中，因而会投入大量的时间、精力和脑力。

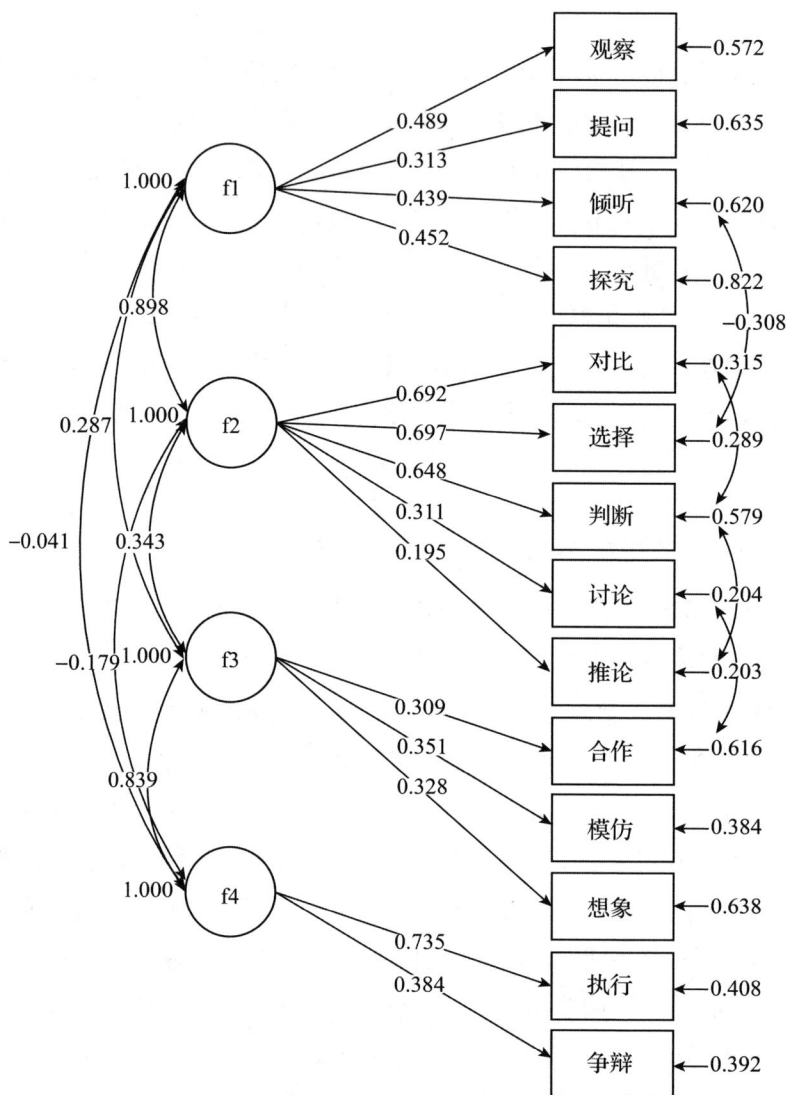

图 6-7 "科学和艺术整合学习四阶段"模型拟合图①

注：f1 表示融入审美感觉的问题提出阶段；f2 表示贯通审美知觉的推测猜想阶段；f3 表示渗透审美想象的行动验证阶段；f4 表示汇集审美创造的方案达成及评议阶段。

---

① 陈晓芳：《科艺整合学习活动的过程及其对儿童创造性思维的促进》，载《学前教育研究》，2019(12)。

汇集审美创造的方案达成及评议阶段，儿童通过语言描述、图形或符号记录、操作过程展示、戏剧表演等方式对行动验证的结果做出观察、反思解释，或去评议别人的成果，引起儿童对自己的学习过程与学习结果的进一步思考，体会学习的成功带来的愉悦，最终在完成自己的意愿和目的中积极动脑、积极行动、克服困难、完成任务。

(二)"科学和艺术整合学习四阶段"，改善了学习方式，促进了儿童的深度学习

儿童在科学和艺术整合的学习活动中，运用观察、提问、讨论、探究性操作、比较、判断、推理预测、直觉体验、分工与合作、想象与联想等多种"深层学习方式"的频率显著提升的研究结果表明："四阶段"学习改善了儿童的学习方式。"四阶段"学习过程从开始就让儿童面向真实的生活环境，充分利用感知觉在环境中发现问题，到通过审美直觉、联觉与逻辑推理的联合作用，开始深度加工环境信息；再到规划设计与行动验证过程中，深度理解对象的复杂含义，主动建构个人经验框架并有效迁移应用在真实情境中解决问题；最终通过对学习过程的反思及方案达成效果的评议，促进儿童全面学习目标的达成和高阶思维能力的发展，因而其属于"深度学习"的范畴。同时，"四阶段"学习过程，根据儿童好奇心强的特点，不断提出问题，引申问题，制造悬念，使儿童处于一种"心求通而未达，口欲言而未能"的心理缺口状态，通过改组和迁移原有经验，于解决问题的过程中获得策略性和程序性经验，并在把设想变为现实的过程中，获得"完满"的心理体验。在此过程中，儿童不仅仅是学习的"参与者"，更是他所学东西的"创造者"。

(三)学习兴趣的提高以及学习方式的改善，促进了儿童创造性思维的发展和创造力的提升

学习兴趣、学习方式对创造性思维有显著推动作用的结果表明，儿童在科学和艺术整合的学习情境中，周围自然、丰富而又充满矛盾性的环境和事物引发了儿童的兴趣，并引起了儿童"思维"和"行为"的"自我发动"，因而其注意力集中，行动积极而能够坚持完成，这是创造性思维产生的前提和动力，这一结果也与美国当代创造心理学家特丽萨·艾曼贝尔的研究结论相同。[1] 吉尔福得提出，创造性思维主要包含发散思维和聚合思维。儿童经历"科学和艺术整合学习四阶段"，

---

① Amabile，T. M.，"Motivational synergy：Toward new concept ualizations in the workplace，"*Human Resource Management Review*，1993(3)，pp. 185-201.

其设想与现实中的环境不断磨合，各种学习方式自由组合、相互作用，儿童内心潜藏的审美天性和自由想象的发散思维与批判性的、抽象的聚合思维相结合，促进了创造性思维的发展。创造力与问题解决有极为密切的关系。由于"科学和艺术整合学习四阶段"，围绕"问题"而展开，彼此相连，每一个阶段互动的结果是下一个阶段互动的起点和动力。其本身具有的内在联系使得儿童的学习兴趣能够随着"问题探究"过程中不断出现的新情况、新挑战而不断高涨，激发了儿童创造性思考和解决问题动机的不断深入。同时，这四个阶段中"科学和艺术联合使力"，又使问题呈现的形式更加活泼多样，问题解决的过程更加富有自由和创意，儿童求知的动机和探究的兴趣不断增强，因而它的效果必然是使儿童保持一种灵活的心态，形成准备随时创新的学习态度。斯滕伯格也指出，有创造力的个体不是自动地接受已被接受了的观点，而是愿意冒险去尝试新的观点，设想与过去有相当大差别的未来可能性。[①] 儿童正是经历了四个阶段学习过程的不断转换，达成了"学与做""思与行""理性与感性""科学与人文"的接洽统一，积累了科学经验、艺术经验、跨领域经验。经验的多样化和相互连接促进新思想产生，也促成了儿童创造想象和现实问题解决定向的有机结合，在发展了观察力、记忆力、思考力、行动力的同时，多种经验整合迁移解决新矛盾、新问题的能力也增强了，即儿童在"敢想敢为"的行动探究与实践过程中，获得了创造性思维和探究创造行为能力的提升，如图 6-8 所示。

在这四个阶段中，艺术的直觉体验、情感联结、灵感顿悟、想象以及创造，帮助儿童开拓思维，不断有新主意、新想法，并对科学探究保持一贯的热情。科学的连贯、精确、有序，使儿童能够洞察、分析事物的"本质"，以致想象不会偏离现实太远，最终使得儿童在一个充满自由想象和无限创造，同时又不断寻求与客观现实规律磨合的学习过程中，实现了"想象"和"现实"的协调接洽，最终帮助儿童把"想象变为现实"。这一学习过程，使儿童的感性与理性、情感与逻辑结合起来，内在思维与外在行为联系起来，并以此获取了对周围世界的经验、认识、情感，在促进创造力发展的同时，养成了对自然、自身、社会的关注、热爱和敏

---

① Sternberg R J, "Implict Theories of intelligence, Creative and Wisdom," *Journal of Personality and Social Psychology*, 1985(149), pp. 607-627.

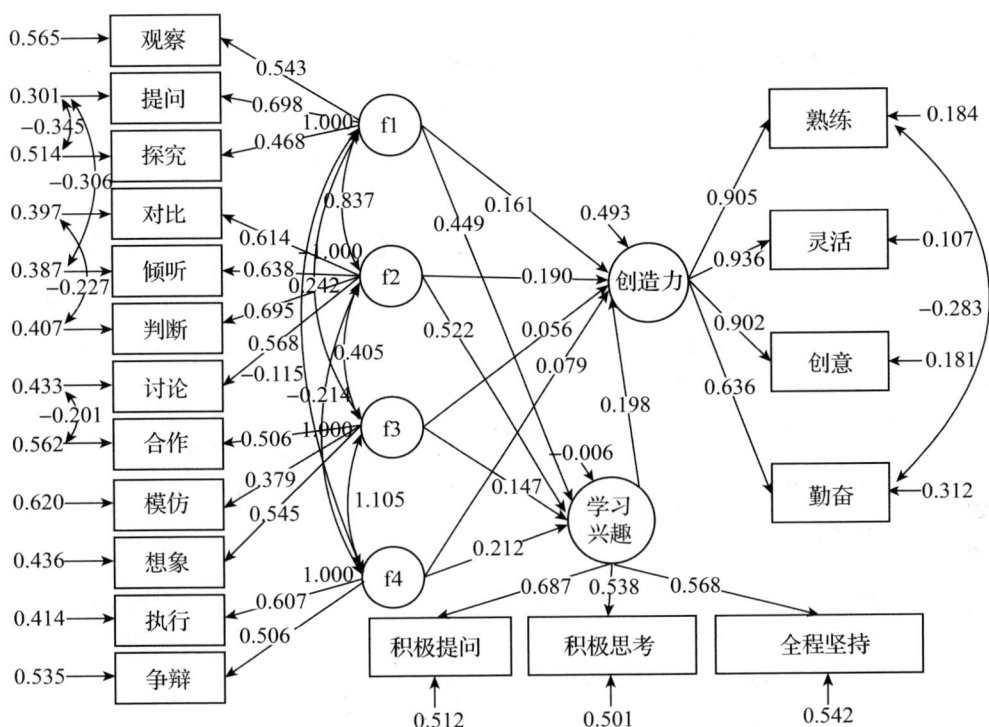

图 6-8　各要素关系结构方程模型拟合图①

感度。因而，科学和艺术整合学习的研究也是促进儿童"智商"和"情商"的协同统一，以及促进儿童全人发展的路径探究。

第三节　儿童科学和艺术整合学习活动的过程指导

儿童的科学和艺术是物质性与诗性的统一。经验与体验构成了儿童的科学和艺术的基本存在方式，它表现在儿童的科学探究、问题解决、艺术创作、艺术评鉴等活动过程中，物化在儿童的"作品"中。我们提倡走向经验与体验相结合的儿童科学和艺术整合学习活动的过程，旨在重建科学艺术与人性，尤其与儿童本性的沟通，恢复其人文的、诗意的色彩，让儿童学会生存、学会交往、学会表达和爱。

---

①　陈晓芳：《科艺整合学习活动的过程及其对儿童创造性思维的促进》，载《学前教育研究》，2019(12)。

一、科艺互渗式整合学习活动的过程指导

（一）在艺术活动中渗透科学学习

1. 把握艺术活动中隐含的科学知识

艺术学习的目的在于引导儿童善于感受和发现生活中的美。科学学习也同时强调了儿童在生活中科学经验的获取。二者在活动来源上均强调贴近儿童、强调生活性。生活中美的事物更容易吸引儿童的关注，而这些美妙的现象背后往往隐藏着科学的成分。要以"美"为结合点让儿童感受到科学之美和艺术之美。例如，春天的绿芽、多彩的泡泡、多姿的喷泉等儿童感兴趣的事物，儿童在欣赏它们的美的过程中，也能对其背后的科学原理进行探究。例如，教师在组织"湿拓画"活动时，发现儿童不仅对美丽的"湿拓画"十分感兴趣，更对"湿拓画"的原理充满好奇。原本以欣赏、体验"湿拓画"为目标的艺术活动，转变为对"湿拓画"原理的探究活动。教师及时把握住这次科学教育的契机，在儿童用牙签、梳子等工具创作完"湿拓画"后，引导和鼓励他们去关注材料。通过调动自己的感官，儿童发现了"湿拓画"材料的性质，他们没有抽象地习得"油水分离"的概念，而是通过一次艺术活动，真真切切地感受到"油""水"材料性质的区别，以及这两种材料特性所产生的神奇现象。艺术活动中丰富的材料更成为儿童进行科学探究的材料，如不同质地的纸张在做"湿拓画"时效果是否会有区别？除了细细的牙签，吸管和棉棒是否能用来画画？儿童对于绘画材料、绘画工具进行了一系列的尝试，这一过程涉及儿童的猜想、实验、推理等科学探究过程，同时融入了感觉、知觉、审美、情感等艺术思维和要素，实现了科学和艺术的有机整合。因此，教师要善于挖掘艺术活动中的科学元素，使艺术活动不再局限于艺术领域，而通过其隐藏的科学原理和科学经验，连接到儿童的科学活动中。

2. 挖掘艺术形象中的科学探究契机

艺术中的形象是儿童的思维符号，因此，儿童的艺术可以用来记录、表现儿童的科学发现和科学探索的过程。而且，儿童在进行艺术表现的过程中，对事物形象的创造性把握和想象会促进儿童的科学发现，尤其是视觉艺术，它能包揽最庞大的形象。我们想象里没有一个形象不是先从视觉进来的。鉴于此，我们在儿童的科学活动中经常融入绘画、手工、身体造型等活动，从不同层面对探究的事

物进行表现。

很多科学发现往往源于某种基于形象的想象。和谐统一性、简单性和对称性等审美原则在科学观察、科学实验的过程中扮演着不可或缺的角色。例如，牛顿万有引力定律是由某个场景的形象或意象触发了灵感。受此启发，我们尝试在科学活动中把握儿童可能产生灵感，能够深入探究进而创造的每一个机会。生活中有很多儿童喜爱的艺术形象，我们应善于捕捉儿童的兴趣点，不只是让他们停留于欣赏的层面，更是在对艺术形象产生爱意的同时引发其深入探究的愿望。例如，鸟巢的结构和造型便是基于平衡、空间等一系列科学概念建构而成的。幼儿园大门屋檐下出现了一个燕子窝，引发了中班儿童的好奇与关注。于是围绕着鸟，特别是鸟窝的话题，儿童猜想与议论起来。这正是一个关于"动物"科学范畴的内容，追随儿童的兴趣，教师和儿童开始了关于鸟窝的探究活动。通过观察、阅读、谈话、讨论等多种形式的活动，儿童了解了不同地点的鸟窝——树上、树洞、岩石洞、房檐、水边等，不同材质的鸟窝——干草、干树枝、羽毛或泥巴，以及不同外形的鸟窝。儿童对鸟窝的结构有着浓厚的探究兴趣。在这些知识积累的基础上，儿童开始设计鸟窝，一起讨论制作流程，并和爸爸妈妈一起寻找材料制作鸟窝。有的孩子设计了两层的鸟窝，他们说这样可以躲避危险；有的孩子设计了多居室的鸟窝，他们说这样可以储存食物；还有的孩子把制作的鸟窝想办法放置在鸟儿容易落脚的大树上，他们说可以收留无家可归、飞行累了的鸟儿……在制作过程中，儿童对动物的喜爱与关心激励着他们不断地思考与创造，促使其作品更加具有人文色彩。并且，在整个活动中，儿童了解生命、认识动物、关爱自然、保护动物的情感同样得到了提升。

(二)在科学活动中渗透艺术学习

1. 用艺术想象支撑科学探究

想象是创造主体对研究客体的一种特有的反应形式，是利用创造主体的大脑进行表象改造，进而获得新形象、新概念的思维过程。从心理学角度而言，想象就是在人脑中对过去已经形成的神经联系进行重新组合、建构的认知过程。我们把想象在科学创造中称为"艺术想象"。艺术想象是艺术思维存在于科学创造中的基本形式之一，它具有自由性、形象性等特征。艺术想象比科学思维更能展现人的自由创造性的本领，它不仅存在于艺术创造和科学创造中，更存在于人类的生产实践中。艺术想象是助推科学探索的双翼。在科学发展的古希腊萌芽时期，科学研究者就试图用想象来发现世界。科学探索的每一个环节中都潜藏着艺术想象，并且激发着科学研究者所必须拥有的想象能力，有了想象，才会有猜想、假说和预言。而想象又往往依赖于微妙的灵感。灵感一经触发，也就意味着新的思想、新的思路和新的构思的获得，意味着不同事物的贯通。科学猜想把未知世界生动形象地描绘出来，给人以全新的观察世界的视角，如世界上第一台电脑、第一台机器人是先出现在科幻小说中，而后科学家通过严谨的科学探索把它再现或还原于生活中的。科学各门类的发展走着大致相似的道路：在某种客观的基础上驰骋想象，提出相关的猜想和假说；通过科学实践，进行修正、充实和提炼；如此反复，想象的东西或许就能成为现实，猜想和假说或许就能成为真理。

儿童因为没有已有经验和思维定式的局限，因而比成人拥有更多幻想和自由想象的空间。儿童会认为"苹果因为没有翅膀所以不会飞上天"，因而他们会转入"如何给苹果装上翅膀它才能飞上天"的探究活动，他们会将铁丝折弯糊上纸做苹果的两翼，再加上弹簧使翅膀动起来，但结果还是不能飞上天。然后，他们开始研究玩具飞机是如何飞上天的，发现了飞机的动力装置和电力装置，又开始研究如何把这些用到苹果上，研制起"苹果飞机"，最后，经过教师、家长的共同努力，"苹果飞机"终于大功告成。

2. 运用艺术形式搭建科学发现平台

艺术表现形式弱化了科学的陌生感与神秘感，与儿童的具体形象思维具有一致性，有助于儿童主动发现并提出问题。一些科学概念的发现可以渗透在艺术活动中，借助艺术作品的呈现形式而获得科学的经验。比如，教师和儿童谈论绘画作品的颜色、图形。儿童在观察作品的同时逐渐发现其中的图形、空间关系，发现色彩的变化等，进而发现自己身边的各种图形。艺术形式不仅反映主观思维，也是思想客观的存在。科学主义的艺术美中体现了科学、数学规律。比如，在光影主题活动中，为了帮助儿童更直观地进行光影关系的探究，教师巧妙地引入了手影这种艺术表演形式。在艺术游戏中，儿童伴随情境变化，自发探索着光影原理——影子产生的条件是有光；绘画记录自己观察到的影子的特点，引出"影子是否能和自己分开"的分离实验；出于角色道具的制作需要，探讨影子是否有颜色；在艺术灵感的启发下研究光源方向与影子方位的关系，得出"人影在一天中的变化是因太阳在运动"的结论；以及在各种艺术创作中探究的光影变化关系、变大变小的影子、光源数量与影子多少的关系等有趣的科学原理。可见，有艺术支持的科学学习将更加生动，更能促进儿童的深度学习与主动探究，并不断丰富儿童的游戏内容。

3. 以艺术表征加深对科学概念的理解

艺术的表征方式以一种可视化的语言将科学形象地呈现给世界，提供给儿童更具生动性与可读性的理解，使得科学更贴近儿童的生活，也使科学和艺术二者之间的关系更加紧密。正如哲学家亚里士多德所言，所有科学的本质是去理解一件艺术品的起源，研究它背后的技术和理论，去发现它的原理，而不是科学创造本身。

对于科学符号与艺术形象的综合感和理解能力是未来人类的基本素质。艺术表征与科学想象、科学设计之间具有相通性，都是基于儿童的具体形象思维将儿童的思考过程物化。直觉和灵感既是艺术思维的特征，也是科学创新的特征，通过激发儿童直觉和灵感的艺术思维，可以有效地鼓励儿童的科学想象、科学创造。例如，"磁悬浮"主题活动进行到中后期，当儿童通过走进科技博物馆等多种途径获取了有关磁悬浮列车、磁悬浮原理等经验后，儿童试图借助于"同名磁极相互排斥"的原理进行科技作品的创造，从而改善生活，让科技服务于生活。他们通过艺术表象的组合以及艺术记忆的提取大胆发挥想象，设计出许多能够改变我们生活、使其更加便利的科技产品，这也正是艺术情感的美好体现。在这个过程中，儿童基于已有的科学认知大胆展开设想，通过绘画的表达形式将自己的想法呈现出来，并产生设计制作、转化为产品(玩具和小制作等)的愿望。

艺术表征帮助儿童感受科学、学习科学，通过艺术形式激发和进一步发展了儿童的观察力、想象力、表现力、创造力、审美能力和设计制作能力，有效丰富了科学教育的手段和途径，全面挖掘了艺术教育的价值，对儿童完整经验的获得起到了至关重要的作用。

二、多领域融合式整合学习活动的过程指导

如前文所述，多领域融合式科学和艺术整合学习活动的过程经历了"融入审美感觉的问题提出—贯通审美知觉的推测猜想—渗透审美想象的行动验证—汇集审美创造的方案达成及评议"四个阶段，教师在进行这四个阶段的引导时应关注以下三个方面。

(一)关注儿童"问题导向经验构架"的形成

研究表明，儿童的学习方式与教师适宜的支持显著相关。科学和艺术整合学习的每一个阶段必须通过教师适宜而有效的支持，儿童的学习兴趣、学习方式才能获得最大改善。

在融入审美感觉的问题提出阶段，教师需关注把自己的教育目标和内容"物化"在环境和材料中，通过设计有挑战的问题情境，提供丰富的能够调动儿童各种感官功能"富有美感又有内在联系"的半成品材料、艺术品，同步唤醒儿童的多种感知觉，促使儿童自发"生疑"。

在贯通审美知觉的推测猜想阶段，教师应让儿童有机会（和时间）去探索自己的想法和思考事情，即使他们预想的答案似乎有些牵强。此阶段教师放手，让儿童大胆推测猜想，自主"探疑"，是对儿童最有效的支持，因为创造力是一种以原创的方式面对特定问题的能力，也是一种从虚无中创造某种东西的能力，为了从虚无中创造一个实体，你必须首先为虚无留下空间。

在渗透审美想象的行动验证阶段，教师应给予儿童更多思考线索、方法暗示、欣赏和鼓励，以促进新旧经验的整合，并教给儿童一些参与社会或群体实践的方式方法，支持儿童自行"解疑"。

在汇集审美创造的方案达成及评议阶段，教师支持儿童通过对成果的评议，在独立"释疑"的同时，引发新的问题，对拓展其兴趣，促进经验、思维、情感的进一步交融与相互作用将起到关键作用。

总之，教师要巧妙创设一些有悬念和挑战的情境，这些情境应分别着眼于事物的不同侧面，让儿童有机会连接不同领域的知识和经验，沿着"生疑—探疑—解疑—释疑"的线索，形成各个系列的"问题串"，在不断"探索—表达—再探索—再表达"的过程中，从依靠教师的支持解决问题到独立解决问题，以此获得创造力及各方面能力的提升。

(二)关注儿童理性和感性力量的流动与平衡

科学用规律来阐述自然世界的现状，而艺术则用感情来表达事物的永恒。科学启发着人们用批判的眼光看待周围世界，艺术则用包容的精神来对待世界，这即理性与感性力量的平衡。理性和感性力量的流动与平衡可以让儿童形成积极的人生观和世界观。其实，儿童的思维本身也是动作、形象、抽象的混合状态。儿童的经验往往既有童话式的审美特质，又有科学式的探寻因果的意图。学习本是一个多方面的过程。在这个过程中，思想、情感和行为均不是孤立发生的，而是一个统一的整体。儿童天生对美的敏感，为思想、情感和行动的融合提供了更多的机会。同时，儿童的审美能力和艺术技能对于发展其批判的、抽象的、想象力丰富的、合作和创造性的思维至关重要。其身体触觉与感觉、思维、行为和环境之间也会形成一种结合，产生一种自由、释放、满足和完整的感觉，从而帮助其创造性地处理生活中的问题。但这一切不是偶然发生的，它需要教师从关注自己的"教"到关注儿童的学，从关注"知识"到关注"经验"，更加关注并理解每天不一样的真实的儿童，而不是书本上、理论中的刻板儿童形象。因为只有当"童其为童"，他们才能在解决真正的生活问题的过程中增长智慧，增加才干，发展创造力。

(三)创造性地处理生活中的问题

1. 于生活中取材，解决真实的生活问题——"横向联合"的知识跨界整合

就生活经验本身来说，没有所谓学科的分裂与对立，生活是完整的、鲜活的、生动的。"儿童的思维本身就是动作、形象、抽象的混合状态，儿童的经验往往既有童话式的审美特质，又有科学式的探寻因果的意图。"认知心理学研究表明，环境影响在早期是很重要的发展，缺乏刺激可能导致儿童的发展没有达到其全部潜力。教育的应然目标与功能，是改善人，是促进人的心、智、力的发展，是促进人的理解力与判断力的发展，是促进人的理性力量、道德力量与精神力量的充分发展。促进理解力与判断力的发展，是科学教育的应然目标与功能；促进道德力量与精神力量的发展，是艺术教育的应然目标与功能。科学教育与艺术教育相互促进，同等重要，不只是对于科学和艺术两大领域，而是对于全部领域。兴趣和心情愉悦只有在运用材料和工具的过程中生发出来，学习活动才具有真正的意义。学习是一个经验的改组与改造的过程，经验的不断改组与改造就是生活。

2. 满足需求，促进想象成为现实——"纵向深入"的完整经验逻辑

有研究表明，幼儿园提供的早期科学经验并不能很好地预测儿童将来的科学成就，原因可能是有限时间内进行的科学指导对儿童科学经验的产生与巩固作用有限。但是，早期的科学与艺术整合的学习活动，却可以培养儿童对自然现象的

基本理解和基本过程技能，如观察、推断和探索。因此，儿童科学和艺术整合的教育对儿童多方面的能力具有重要意义。

3. 遵循自然事理逻辑，回到完整经验本身

教育的责任在于，让儿童作为学习的主体，在不同的情境中，去连接不同领域的知识，触发各种思维的火花，发挥大脑的整体效应。因此，教师应该运用科学的方式，引导儿童对知识进行动态、情境化、错综复杂的整体网状加工，最大限度地激发大脑各个神经系统的协同运作，促进儿童心智的发展，进而鼓励其去适应并创造生活，那么儿童才能真正为未来做好准备。在学习过程中，要注重唤醒学生的左右脑，强化互动体验，激发多元思维，促进新旧知识间的有效整合，从而提升解决问题的能力。

实际上，在当今世界，科学与艺术的分界渐趋模糊，科学探索插上艺术的翅膀，艺术创造增加科学的视域，不仅会使科学探索与艺术创造带来更多的成果与更大的成就，而且会让我们的物质生活与精神生活平添更多的乐趣，从而让我们拥有更加健康快乐的人生。

三、儿童科学和艺术整合活动过程指导的注意要点

(一)从"满足需要"到"满足并引领需要"的学习动力变迁

儿童具有敏锐的艺术感知与欣赏能力，具有与生俱来的艺术欣赏潜能，他们对艺术作品基于直觉和经验所建构的意义往往是生动而贴切的，而且与艺术家所要表达的想法和情感有着诸多的相似和不谋而合之处。这向我们表明了，儿童对艺术作品的欣赏和理解不仅具有"合法性"，而且通常也会具有"合理性"。

而相对于一般成人而言，儿童具有更良好的直觉、更丰富的想象、更强烈的表达意愿和更直接的表达方式。但是，儿童毕竟是儿童，他们亦有天生的"弱点"。例如，他们的兴趣和注意力易转移；他们的好奇心容易被外界环境扼杀；他们更多地观察到事物的表象而非其本质与内涵；他们的意志力薄弱；他们的身体弱小而易受伤害……而此时也恰是在此时，需要成人的介入、支持与引领，顺兴而为，依趣而生，顺应儿童的兴趣并拓展儿童的兴趣，借助问题、悬念的引入，指导儿童深入地思考，即在运用讨论、提问、探究性操作、实验、分工与合作、搜集材料等"深层学习方式"的过程中，促使其选择、比较、判断、推理、预

测、联想、想象、分析、综合、归纳等"高阶思维过程"的介入；通过"有挑战"的问题情境，"有逻辑关联"的原生材料，解决问题的线索暗示，情境中两难的人和事的设置，呈现需要帮助的人群、动物、自然生态等，引起儿童的同情心、同理心，引发其对周围世界的共鸣和移情，这样才能保证儿童借助自己特有的形式实现自身与环境的有效同构，才能不断提高儿童的环境适应能力，保证儿童"精神胚胎"充足生长和发育的时间，最终引导儿童用自己的心智力量（即内因动力）去自我成长与获得发展，提升社会适应力。

(二)从基于"学科体系"的学习内容到基于"方案达成"的学习任务转型

在科学和艺术整合的学习活动中，儿童基于"方案达成"的学习任务，在教师或其他成人的支持引领下，经历"融入审美感觉的问题提出—贯通审美知觉的推测猜想—渗透审美想象的行动验证—汇集审美创造的方案达成及评议"四个阶段，不断地验证、实践自己的方案，在"建立—推翻—重建—再推翻—再重建"的过程中，使想象变为现实。这一过程使得儿童能够去连接不同学科、不同领域、不同视界、不同层面的内容知识，从而获得关于这个世界的"个别事实（现象与表象）—具体概念（事实与事理）—核心概念（价值观）"的经验架构或知识网络。并在这个架构和网络中，有意识地找寻到自己，即儿童在探究与自己、与自然、与社会的关系中，达到个体与类的共存共生的状态，在学习知识的同时，也能找到心灵的归属。因此，科学和艺术整合的学习不仅促进了儿童认知、情感、感性、理性协调发展，更重要的是改变了儿童看待世界的方式。因而，教师在指导儿童活动时，要善于运用逻辑引导法，即从整体到局部，再从局部到整体的方法，帮助其从各个视角、各个侧面、各种情境对事物和现象进行理解，从整体到局部，再由局部回到整体，在"起疑—探疑—解疑—释疑"的过程中，使思想、情感、意志、行为和环境之间形成一种结合，产生一种自由、释放、满足和完整的感觉，获得美的理解和享受。

(三)从关注教师教学行为到关注基于儿童学习方式的学习过程支持策略的建构

我国儿童教育领域更多关注的是教师"如何教"的过程，即指导儿童按照教师既定的教学步骤习得科学概念和知识技能，而对科学学习过程中儿童如何"学"的过程研究却很少，这种"学"与"教"关系的因果倒置，导致儿童养成了只会通过书本学习知识的习惯；这种习惯不仅使他们不懂何谓观察，而且导致儿童厌恶对事实的观察。"迷信书本的儿童宁可相信他在书本上读到的东西，而不愿相信他自己亲眼看到的东西。"这种注重书本知识、强调记忆背诵的教学方式和学习方式亦已延伸到学前教育与儿童的学习活动中。正如赫胥黎所说："旧的古典教育方式的幽灵已经进入新的科学教育方式的机体内。在此种情况下，学生的科学学习与学习古典文学并没有实质的不同。"教师想用各种各样的知识去塞满儿童的头脑，而不是使他们在实践中细心地理解和掌握这些知识。赫胥黎将这种教育比作："教一个木匠懂得锯和刨的原理，然而却从未让他在木头上去实践。"广大儿童在学习活动中缺少内部思维和情感的积极参与，致使参与学习活动的兴趣和探究精神丧失。

科学和艺术整合的学习活动，通过让儿童经历科学和艺术整合学习"四阶段"，促进了儿童学习兴趣的提升、学习方式的改善，并重组学习情境，优化教师指导，从而提高儿童的学习过程质量。这一过程中，童话与建筑、诗歌与音乐、舞蹈与美术、运动与角色扮演、科技与戏剧表演等汇聚一堂，儿童在如此无拘无束、知识自由交叉的空间里产生创意，然后反思回顾，自我完善。

同时，我们必须认识到，由于游戏是儿童自发、自由、自主地表现、表达与玩耍的过程，其具有实现自我满足的精神实质。儿童在游戏之中可以实现对科学学习与艺术学习自然而然的融合。游戏自由、自主、自觉的特征沟通了感性与理性，是儿童自由生活和自主成长的本真形态，其与人性结构中存在的感性本性与理性本性相契合。因而游戏能使人趋向于完美并同时发展人的双重天性。对游戏的偏好是儿童的天性，也正是游戏冲动产生了儿童的科学和艺术。

(四)从"结果思维"到"整体思维""关系思维""过程思维"的教学思维转变

社会建构主义理论认为，儿童由对外界环境的积极而有兴趣的探索，通过社会互动和社会交往，改变原有的认知和心智结构，以获得智慧及情感的飞跃，因而其强调学习发生的社会环境是学习本身的中心，鼓励学习活动中的所有成员强烈表达自己的观点，同时对他人的观点保持开放的态度。个人建构主义和社会建构主义共同的观点是：个体是主动的，因此，人类的认知发展是通过参与抓住和寻求基于利用先前知识和经验的事物的意义来促进的，并且学习与发展主要不是通过教师的直接教授而获得，而是经由儿童自主、积极建构的过程获得的。其最大特点是以儿童的主动学习为核心，围绕儿童学习所经历的一系列"关键经验"创设学习情境，引发儿童与环境相互作用，有效促进学习。

科学和艺术整合学习活动的设计与组织，实现了教学从"结果思维"到"整体思维""关系思维""过程思维"的转变。

1. 问题导向的经验构架促进知识的跨界整合与实景化设计

任何知识都是和生活紧密相连的，学习内容就在儿童的生活和行动中。杜威指出，任何知识，如果把它们从原来的生活经验中割裂出来，重新排列归类，使它们学科化、系统化，如此便不是儿童的经验了。经验不是分门别类呈现出来的，而是情感上的生动联系和活动的联结。因而，我们这里所说的科学不单包含科学概念，更是指科学探究的过程和方法，还有科学情感和态度、科学精神和道德，不仅包括儿童对自然事物的探究，也包括对自然事物的改造和重组，同时也包含了工程、技术和数学。我们这里所说的艺术不仅是指音乐、舞蹈，还包括建筑、雕塑、文学、诗歌、戏剧、影视等一切能引起儿童美感反应和审美体验的形式和内容载体。这些不同学科、不同领域的知识，因儿童"生疑—探疑—解疑—释疑"的处理生活问题的线索而连接在一起，并不断生发延展，形成一个一个的"问题串"，从而引发儿童不断的"探索—表达—再探索—再表达""建构—解构—再重构"的学习过程……这些虽不是同一领域，但相关联的知识被教师巧妙设置和"物化"在各种问题和矛盾情境中，这些情境分别着眼于问题的不同侧面，包含了充分的实例的变化，促使儿童从不同侧面、不同程度、不同视角去理解同一个事物的多重属性，从而在大脑中形成这个事物的深刻而丰富的表象，促使儿童对此事物更深入的理解，哪怕他们并不能用语言明确地表达出来。

2. 关注儿童感性包容与理性批判相结合的思维习惯的培养

布鲁纳将学习描述为一个多方面的过程，在这个过程中，思想、情感和行为不是孤立发生的，而是一个更大的、统一的整体。也就是说，他们同时感知、感觉和思考，并在他们所能感知的范围内行动。艺术参与为思想、情感和行动的融合提供了更多的机会：用身体思考、将行为转化为表象。身体触觉与思维、感觉和行为之间也会形成一种结合，产生一种自由、释放、满足和完整的感觉，从而帮助儿童创造性地处理科学问题，以及形象地理解与自然科学的内容和方法有关的思想。儿童天生对美的敏感，使他们不仅学会用文字、符号、声音、空间、图像和手势作为交流的手段，同时，发现、追求、自我意识、沟通、互动、感知、技术技能、分析和批判都是通过儿童的艺术体验而发展起来的。儿童的审美能力和艺术技能对于发展其批判的、抽象的、想象力丰富的、合作的和创造性的思维至关重要。对儿童科学和艺术整合学习过程的探索，即帮助儿童通过直觉行动、形象思维和分析思维联合的方式来解决问题的思维过程。因此，教师应该运用有效的引导，让儿童在不同的情境中，同时运用左右脑，去连接不同领域的知识，最大限度地激发大脑各个神经系统的协同运作，促进新旧知识经验间的整合，从而提升解决问题能力和创造能力。

关注科学和艺术整合的学习，即关注客观世界与儿童心灵内部力量的整合，杜绝人为的分裂。让儿童通过科学学习方式与艺术学习方式的交融、转换，体验到学习过程的愉悦和结果的成功，从而不断地积累知识、情感、思维、技能、交往的经验，使他们都成长为具备"完整经验"的"完整儿童"，将是促进儿童生命可持续发展的有益路径。

第七章　基于"方案达成"的儿童科学和艺术整合学习活动案例分析

　　"理论"论（the theory theory）认为，儿童有自己的"朴素理论"，儿童会寻找证据以证明自己的理论，而且会不断地验证和修改这些理论，直至形成的心理模式与客观现实相似为止。

　　基于"方案达成"的科学和艺术整合活动，即从这一理论视角出发，认为儿童有能力对自己感兴趣的问题或事物，自己先设想出一个解决问题的方案或规划，然后去实施方案、验证规划，并在实施过程中去解决一个又一个的相关问题，最后达成方案结果的过程。这一过程需以问题探究为主线索，把具有创造特质的艺术学习过程和艺术思维方式嵌入问题解决的学习过程的各个阶段。教师通过设计、组织和开展"帮助儿童把想象变为现实"的学习活动，在促进儿童创造力提升的同时，实现儿童全面发展。

第一节　基于"方案达成"的儿童科学和艺术整合学习活动的内涵特征及指导策略

一、基于"方案达成"的儿童科学和艺术整合学习活动的内涵

（一）方案达成

　　"方案达成"主要是指儿童以自己设想的一个方案（或创想），能在现实生活中以"实体"的形式呈现出来"蓝本"或任务目标。因而"方案达成"的科学和艺术整合活动，需以"问题"为引领，以"项目"为依托，把自由、区域、集体活动按内容的一贯性有机整合与连贯起来，并以区域活动为主要形式，通过情境变化和变式

练习，使儿童实现在更深的思维加工水平上的自主的、有意义的和探究的学习，即深度学习。深度学习具有以下特点：无论是在学习情境还是真实的工作生活情境中，学习者致力于理解环境和相关知识，并不断地在新旧知识之间建立丰富多维的新旧联系，将所理解的知识与环境和意义背景联系起来，迁移到新情境中，解决学习和生活中遇到的各种实际问题。

(二)基于"方案达成"的科学和艺术整合活动

在"方案达成"的科学和艺术整合活动中，根据"儿童在低结构区域活动情境中更多采用深层取向的学习方式，因而学习过程更趋于完善"的相关研究结论，首先，增加自主性区域活动在实验班儿童科学和艺术整合学习活动中的时间，使儿童有更多运用观察、提问、讨论、探究性操作、分工与合作、联想和想象等"深层学习方式"的机会。其次，改善学习情境，即改善过去自由、区域、集体活动内容零散、割裂的状况，使其按照事理的逻辑或内容的连贯性有机统整。再次，改善教师的支持策略，即教师更多采取包括观察、倾听、开放性提问、提供素材、角色扮演等有效的支持策略，让儿童围绕一个方案项目，经历长期、连续、渐进而螺旋拓展的学习过程。因而，在"方案达成"的科学和艺术整合学习活动中，儿童更有可能进行深入思考，发生诸如归纳、演绎、推理、预测、判断、灵感、顿悟、直觉闪现等高阶思维过程。

这是一种在"师幼合作探究"中建构知识的整合课程模式。它强调让儿童学习"完满经验"，主张以完整的学习促进儿童的整体发展。从形式上来看，它与单元主题课程很相似，但是主题课程大多是教师单方事先设计好大部分教学计划，而"方案达成"活动的主题则来源于教师与儿童合作商定后的成果——活动伊始，教师和儿童围绕大家感兴趣的一个共同的话题开展讨论，形成方案；然后，教师和儿童共同为完成方案而努力，并且在实施过程中不断生成新的、更完整的、细致的方案主题。故"方案达成"的活动更强调课程和教学是一个在儿童与教育者互动中不断生成的过程，强调的是弹性的课程计划。

"方案达成"将儿童的关注点集中到一个系列问题的解决，要解决这个问题本身，必须解决和这个问题有关的一系列相关问题。这一系列相关问题当然包含了很多的领域甚至是跨领域的知识，它们有效地将多领域的知识和经验整合在一起。儿童可以在尝试解决问题的过程中，自发地运用、探究这些知识，从而获得各个领域的关键经验。然而，这一系列没有既定答案、具有一定复杂程度的"问题"，是需要儿童与教师甚至是行业专家经过多次讨论、研究、尝试实施、反思、调整才能解决的，因此，学习的过程也激起并发展了儿童认真、专注、不怕困难、勇于挑战的意志品质。

另外，"方案达成"的活动更注重儿童的多样化表现，注重儿童的探究、多种思维的运用、课程资源与材料的搜集，注重教师与儿童一起成长。

二、基于"方案达成"的儿童科学和艺术整合学习活动的特征

（一）自由活动、区域活动、集体教学活动内容有机统一、相辅相成，具有整体性

1. 自由活动、区域活动、集体教学活动及其各自的优势与不足

（1）自由活动及其优势与不足

自由活动即儿童完全自主的、放松的、随意的活动。自由活动的内容可以是其自发组织的游戏活动；可以是集体教学活动中延伸出来的内容，让儿童继续自由地去探索；可以是一起观察、谈论教室中新创设的环境；可以是儿童玩自己的手工作品和制作的玩具；可以是儿童玩自己自带的玩具；也可以是户外自由追逐的游戏等。陈鹤琴先生就曾强调儿童的各类活动都应在户外，包括玩耍、劳作、与大自然的接触活动。在自由活动的时候，儿童是十分自主和自由的，亦是心情最愉悦放松、相互交流最多、行动最积极的时刻。所以，儿童自由活动的时间不能被剥夺，这有益于儿童身心健康的发展。当然，在自由活动时，儿童通过观察、比较、交流等，也是可以学习到一些知识和本领的。为了儿童的自由活动能够顺利进行，教师可以在教室中为儿童投放一些可以用来自发游戏的材料，让儿童自由选择自己所需要的、感兴趣的材料。幼儿园也可为他们创设一些专用室，如科学探究室、创意室、手工坊、科技城、科艺场等。自由活动可打破班级、年级的限制，由各班儿童自选游戏项目、自主开展活动。儿童进行自由活动时，教师无须过多干涉，只要注意提醒儿童安全地进行游戏并从旁关注以随时应对突发状况即可。

由于自由活动中，儿童大多无目的、无计划及活动本身的无结构性，儿童在其过程中学到的本领是极其有限的，学习效率较低。甚而由于儿童本身兴趣易转移的心理特点，长期处于此环境中容易导致儿童随心所欲、自由散漫。

（2）区域活动及其优势与不足

幼儿园的区域活动是一种以儿童兴趣为中心的学习活动。教师从儿童的兴趣出发，精心设计环境，在教室的不同区域投放不同类型的材料，形成不同的活动区，儿童可以自由地进出各个区域，开展游戏活动。通俗地说，就是儿童在教师准备的环境中进行的自由、自主、自选的活动。区域活动开展的前提是有一个特定的"有准备的环境"，儿童在教师有目的、有计划创设的环境中自由交往、自主操作，获得经验，获得发展。有研究发现，区域活动能明显提高4～5岁儿童的好奇心、主动性、专注性和反思性，能显著提高5～6岁儿童的好奇心、专注性、创造性、反思性。能使儿童进行高效学习，从而获得最佳发展。本课题研究同时发现，儿童在区域活动中更多使用提问、讨论、探究性操作、实验、联想、想象、预测、推理、判断等具有"深度学习"特征的学习方式，而这一类学习方式也反映了儿童内在的思维过程，说明儿童在区域活动中有更多的思考。此外，区域活动也更有利于儿童生成学习任务，产生强烈的参与感和体验感。由于区域活动提供了丰富的活动材料，模拟生活情境的区域设置，使得儿童有机会进行更多的探究性操作，有机会进入问题情境，迁移经验，解决问题，并在此过程中，进行深入思考，因此可以提高思维水平。此外，在相同区域活动的儿童具有共同的兴趣，有合作和分享的心理需求，在与区域材料互动而产生认知冲突时，由于各自都有一些与该区域材料相关的信息，这些信息也很可能在彼此的最近发展区内，儿童在区域中进行合作和交流能更好地促进儿童进行相关知识的建构。

但这是否是由于区域活动的形式本身造成的呢？在日常的入园观察中，我们也发现有不少幼儿园的区域活动常浮于表面，流于形式。区域活动虽不像集体活动有明确的教育目标和周详的教学设计，但仍然有教师的设计和控制。在设置区域活动情境时，区域内所提供的材料对于儿童问题解决是有帮助的，材料不但与问题情境关联，并且材料之间也要有逻辑关系，这些都需要教师的事先准备。如果区域活动只是走过场，区域中仅仅是材料的堆砌，设置形式化而无实际问题的情境，即使给了儿童自主选择的空间，他们也只能是胡乱操作，貌似玩得开心，但并无深入思考，更无从探究和发现，深度学习也无法开展。

（3）集体教学活动及其优势与不足

幼儿园集体教学活动是教师按照既定育人目标，依据一定原则，有目的、有计划地选择教学内容，设计教学过程，主要是面对全体儿童实施教学的活动。目前我国幼儿园集体教学有明确的教育目标与教学内容，步骤明晰，计划周详，是教师有计划、有组织地引导儿童获得经验的重要途径，也是在我国幼儿园普遍存在的一种教学组织形式。集体教学活动由于其完整的结构性和高效的程序化教学，可以使得教学任务在有限的时间内快速完成，有利于即得性知识和经验的快速掌握。

然而，集体教学活动注重课程预设的目标，强调教师规定的教学任务，强调教育目标的即时达成，因而在面对众多儿童时，不能完全考虑到每名儿童的认知水平和学习能力，教师也难以面对每名儿童进行全面的指导和照顾。教师在设计集体教学活动时，容易忽略每名儿童不同的学习特点、认知水平和已有经验。没有切实地为处于不同认知水平的儿童设计有层次性的教学目标，就难以支架儿童经验的建构，而不同水平的儿童也难以将新的学习内容与已有的知识框架建立联系，无法更好地理解和应用。

有学者提出要把幼儿园集体教学作为一种教育情境，创设一个丰富多彩、多功能、多层次、具有选择自由度的环境。[①] 然而研究者发现，实际的情况是，作为影响幼儿集体教学活动质量的重要变量——教师的提问，封闭式问题居多，开放式问题较少，并且多为孤立的"去情境问题"，因而往往无法激起儿童好奇探究的心理。[②] 教师和儿童之间的互动也只是形式上的，并无过多思维的碰撞和互动，儿童相互之间的互动也较少。同时，集体教学的形式本就难以模拟生活情境，教学过程中问题情境的设置也不尽如人意，必然会影响儿童对知识的理解和已有经验的迁移，导致问题解决能力无法得到提高。

2. 自由活动、区域活动、集体教学活动内容有机统一

凯西发现，高质量的教学环境具有"高结构低控制"的特征。在这样的教学情境中，教师可以按照事先设计的内在逻辑结构组织教育活动，儿童在活动中则处于比较自由的状态。[③]

基于"方案达成"的科学和艺术整合的活动可以使自由活动、区域活动、集体活动有机地联系起来。例如，儿童在自由活动时，发现蚂蚁成群结队地搬家，于

---

① 顾梅：《作为教育情境的幼儿园集体活动》，载《苏州教育学院学报》，2004(1)。

② 原晋霞：《幼儿园集体教学活动研究》，博士学位论文，南京师范大学，2008。

③ Sylva Kathy，*Child Watching at Play Group and Nursery School*，London，Gi'ant McIntre，1980，pp. 160-161.

是，他们一起观察起蚂蚁是怎么搬家的。他们会到泥地上、草丛中、小树林里、路边、河边等地寻找蚂蚁。教师从儿童的这些行动中窥探到儿童的兴趣点以后，就摆放了一些有关蚂蚁的图书资料、蚂蚁的标本、观察蚂蚁的工具，放在活动区中供儿童去阅读；还鼓励儿童把蚂蚁及其活动地点的一些土草放在透明的瓶子里搬进活动室，让儿童一有时间就去观察蚂蚁、画蚂蚁，用线条、数字等记录蚂蚁每天的活动轨迹……经过一段时间，随着儿童对蚂蚁的生活习性、行动方式等有较深入的了解以后，儿童开展了"蚂蚁搬家"的戏剧活动，设计舞台背景、制作蚂蚁服装、模仿蚂蚁的动作，思考蚂蚁在搬家的过程中会对同伴说些什么，创编并表演蚂蚁在工作时可能引发的矛盾……在活动过程当中，儿童产生了一些大家都想知道的共性的问题。比如，蚂蚁吃什么？蚂蚁有眼睛吗？蚂蚁是如何分工的？针对这些大家共同感兴趣的问题，教师组织了集体教学活动，高效地引导儿童观察、思考，获得问题的答案。如此，既满足了儿童个别探究的需求，又满足了儿童自主商量的需要，同时还高效地指导了儿童知识的获得。儿童自由地个别探究、自由地进入区域寻找学习所需的各种资源和材料，选择自己喜欢或适合自己的工作任务，即使在集体教学活动中也能自由地讨论自己的见解。教师则在不同情境中不断地寻求活动结构和儿童自由之间的平衡。

然而，"方案达成"的科学和艺术整合活动和传统课程结构相比增加了儿童区域活动的时间和机会。根据前面的观点，区域活动由于"有逻辑的问题情境"和"有结构的材料准备"以及相较集体教学更自主、更宽松、更开放的活动氛围，是更有利于儿童开展倾向于问题解决的智慧学习或深度学习的。操作材料是区域活动的灵魂，教师应投放适合各层次儿童探索学习的区域材料。材料应注意如下方面：要为儿童提供时间、空间及工具等方面的物质材料，如感知空气运动产生力量的气球、泡沫小汽车的制作材料、吸管等；投放的材料能够让儿童感受到美的形式、美的结构、美的创意，如色彩各异、不同造型的竹筒、竹片、竹条、竹枝等竹制品；材料可借助其艺术形式来体现它的科学价值，如油、水等；也可以材料本身的特质来体现它的美学价值，如万花筒等。注重材料的艺术性及美感有利于提高儿童探究事物的积极性。另外，每一名儿童都存在着个体差异，在投放材料时要分析班级儿童的已有经验，根据儿童的能力差异，提供层次性和多样性的活动材料。力求寻找一些适合他们喜欢的并感兴趣的游戏材料，既要有趣又要富有美感，尽可能地考虑每一名儿童的发展程度。

(二)以解决真实的生活问题为中心，具有实用性

基于"方案达成"的科学和艺术整合活动不同于以往的儿童"假想性"游戏，而是儿童为了解决生活或学习中遇到的真实的问题，在问题解决的过程中实现自己的设想。在此过程中，儿童会不断遇到形形色色的各种新问题，而这些问题并不是杂乱无章的，而是和儿童自己设想的方案是否能达成直接相关，所以这些问题之间又是相互关联的，前一个问题的解决是后一个问题解决的基础，后一个问题是前一个问题的递进和延伸，每一个问题能否较好地解决决定着是否朝"方案的达成"又前进了一步。儿童在这一系列相关问题的指引下，联结和运用不同领域（如科学、数学、艺术）的知识，这有助于丰富儿童的静态知识结构，比如认识叶子关于形状、颜色、功能的知识，这些知识主要是以概念、知识本身为架构的。同时，儿童在活动中会进行不断的尝试和操作，这样的过程有利于儿童形成以问题为导向的、动态的、多变的知识结构（经验策略），这种动态的知识结构更加有利于儿童今后的调动和使用。因此，以问题为中心的"方案达成"学习活动有利于儿童形成动静态相结合的知识经验结构。

下面以案例"风筝飞起来"和"搭建帐篷"为例说明。

案例一：风筝飞起来

(1)风筝有什么特点？

大家搜集各种各样的风筝，共同欣赏、了解、分析风筝的特点。通过观察分析，孩子们得知了，风筝由风筝面、骨架、线绳几部分组成。风筝面有轮廓对称、装饰纹路对称的特点。基于此，孩子们开始准备设计自己的风筝。

(2)怎样使风筝轮廓对称？

涵涵拿出一张纸，用笔在纸上画出一个蝴蝶轮廓。画好后，他看了看说："一边大，一边小，不行，它不对称。"说完，又拿出一张纸，开始画。这次，他先画了左边的轮廓，之后，对照着左边的画出右边。图案显得比之前对称了。怎样能画出更准确对称的轮廓呢？孩子们展开了讨论。涵涵说："先画一边，看着左边，画右边，不过一定要画准。"齐齐说："先将纸对折，再画，然后剪出轮廓，打开后就是对称的图案。"

大家欣赏风筝图案时，发现很多传统风筝上有漂亮的花纹。怎样画出漂亮的

花纹呢？老师引导孩子们从周边寻找可以利用的花纹，并了解花纹的特征，之后，再进行设计、描绘。孩子们在这个过程中主动观察、寻找、总结，设计出了许多漂亮的花纹。

(3)第一次制作风筝，风筝为什么飞不起来？

在了解了风筝的结构、知道了怎样绘制漂亮的风筝面的基础上，孩子们第一次尝试制作风筝。他们在区域内自由选择自认为合适的材料。有的用A4纸，有的用砂纸，有的用刮画纸，还有用大卡纸的……在骨架的选择上，有的孩子用吸管，有的用雪糕棒，有的用小彩棍……孩子们选择自己喜欢的材料，绘画、剪贴，专心设计。风筝做好后，大家迫不及待地拿着到户外放飞。可是，没有一个小朋友的风筝能够飞起来。

为什么小朋友做的风筝飞不起来呢？大家进入思索中。老师拿出了买来的风筝，引导小朋友们将它和自己的风筝进行对比。涵涵说："买的风筝大，我们做得小。"豆豆拿着买来的风筝说："这个风筝真轻，我做的风筝比它重。""为什么我们做的风筝重呢？"老师马上追问。"我们的纸很厚，风筝就重了。""我们粘的骨架太重了。""用什么样的纸会好些呢？"小朋友们说出了要用薄的纸，如水墨画的宣纸、塑料纸、薄印纸等。在骨架的选择上，孩子们经过对比，觉得用细竹片会更轻。

(4)第二次制作，骨架应该怎样粘？

有了上一次的经历，孩子们在本次尝试时，选择了轻薄的纸做了风筝面，风筝的骨架也选用了他们认为最合适的竹片。再次制作后，大家出去放飞，但风筝还是飞不起来。有的小朋友的风筝骨架是几根按照同一个方向粘的，风筝面一直耷拉着，飞不起来；有的风筝上面粘了很多竹片，有长有短，摆放的没有规律。孩子们再次拿出买来的风筝进行对比，发现买来的风筝的骨架并没有太多，能够把风筝面撑平即可，方形的风筝只要在对角撑个十字就行了。

(5)第三次制作，风筝线安在什么位置最合适？

经过了两次尝试，孩子们知道了风筝面的材质、骨架的连接方式等都对风筝是否能起飞有着影响，并明确了一些制作的注意事项，大家开始了又一次制作。在这次制作中，孩子们在选材和粘贴骨架时十分注意，做好后，安上线，到户外放飞。大家期待着自己制作的风筝放飞成功。可是，问题还是出现了。有的小朋友的风筝飞的时候，一个劲儿地转圈；有的小朋友的风筝飞的时候总是倾斜着往下扎。这是什么原因呢？"风筝面和骨架我们都改过，肯定是拴线出问题了。"涵涵说。"对！我们再来对比看看。"他们自发地同买来的风筝进行比较。通过比较发现，买来的风筝，线不是直接拴在风筝面上的，而是在中间有一根左右连接线，风筝线是在这跟连接线中间拴的。

那么，怎么才能准确地找到连接线的中心呢？齐齐说："把线对折。"可是，线粘在风筝上以后，就不能对折了。笑笑说："先在没粘前确定好位置，画上记号，再去粘。"这个方法得到了大家的赞同。

就这样，小朋友们又将风筝线进行了调整。再次试飞时，许多小朋友的风筝试飞成功了！

案例二：搭建帐篷

（1）我们做什么样的帐篷？

平时野餐时，大家都是带着现成的帐篷搭建在户外的。这一次，孩子们决定要自己动手做帐篷。我们自己动手，可以做出什么样的帐篷呢？孩子们和老师一同上网查找有关帐篷的资料，大家一同欣赏了许多不同造型的帐篷图片，了解到了不同风格的帐篷。

随后，大家设计帐篷。可可说："我们的帐篷要用长棍，做出架子，上边盖上布就可以了。"洋洋说："我们的帐篷要大些，可以让几个小朋友一起在里边玩。"西子说："帐篷可以用竹竿搭架子，我家就用竹竿给花支过架子。"大家纷纷表述着自己对帐篷的期待并用画笔画出了自己设计的帐篷。

（2）一起搭帐篷，用什么捆竹竿？

西子从家中带来了许多同样长度的竹竿，大家迫不及待地开始动手尝试用竹竿搭起帐篷的支架。辰辰、洋洋、西子一同动手。他们把三根竹竿支出一个三角形，竹竿的顶部连接在一起。西子说："你们扶着，我用线把它们捆上。"她找来毛线，用线一圈圈地绕竹竿。可是毛线很滑，她又拽不紧线，也系不上扣，无法将竹竿拴好。洋洋说："用胶条粘吧！"他跑去拿来了胶条。胶条真的能粘住竹竿，可想调换竹竿的位置，却不方便了。涵涵在一旁看到了，跑到美工区找来了毛根，说："试试这个。"毛根可以随意弯曲，还能定型，大家很容易地把竹竿用毛根固定好了。

（3）竹竿总往下滑，怎么办？

三根竹竿的顶部固定在一起，放在地板上，过了一会儿后，大家发现竹竿一点点地往下滑。原本和小朋友一样高的支架，一会儿就快趴到地上了。这是怎么回事呢？原来竹竿和地面都很滑，竹竿会一点点往下滑动。怎么办呢？大家陷入了思考。可可说："我们把竹竿粘在地上。"洋洋说："那它就拿不起来了。"辰辰说："到户外就好了，我们把竹竿扎到土里就好了。"

诺诺从美工区拿来了三根小棍，尝试着支个小帐篷模型，模型同样出现了三根竹竿往下滑的现象。她找来细线，将小棍的底部用细线拴了起来，有了线的连接，小棍就不再往下滑了。大家受到了启发，决定大帐篷也这样搭建。

（4）线绳为什么影响我们的活动？

大家把竹竿带到了户外，用线绳把竹竿的底部连在了一起。可是，在进出帐篷时，线绳在地下，总是绊倒小朋友。这种方法并不实用。"我们还是把线绳去掉吧！"当大家把线去掉后，惊奇地发现，竹竿并没有往下滑。这是为什么呢？原来这里是草地，屋里的地板很滑，而这里的草能支撑竹竿，防滑。

（5）罩上布，帐篷搭好啦！

帐篷的支架做好了，接下来需要罩上布。小朋友们向生活老师找来了旧床单，作为帐篷的苫布。几个小朋友一起撑着布，往支架上罩。布刚刚罩上，便从竹竿上滑落下来了，怎么把布固定住呢？可可说："用胶棒把布和竹竿粘在一起。"她拿来胶棒试，可胶棒粘不住布。洋洋说："用胶条应该能粘住。"大家找来了胶条，可胶条也粘不住布。西子说"双面胶会更黏，之后再用毛根拴上。"大家用双面胶粘住了布，用毛根把布的顶端牢牢地捆在了竹竿上。

床单比较长，苫布罩好后，还有些多余的布落在外边。多出来的布落在外边不好看，怎么办呢？辰辰说："用剪刀把它剪掉。"满满马上说："不行！那样就把布剪坏了！"那怎么办呢？涵涵蹲在帐篷边，拿着多出来的布，往帐篷里塞，一边塞一边说："把它藏在里边就好啦！"藏好后，他用小夹子把多出的布夹住。帐篷终于搭好啦！

（北京市六一幼儿院闫金萃供稿）

以解决问题为中心的活动需有如下步骤。

1. 发现问题

发现问题本身的性质，是能够成功实施"方案达成"活动的关键所在。当儿童想要完成一个三维立体实物时，则意味着过程中一定含有科学、艺术，甚至还包含了技术、数学、工程方面的知识和经验。当儿童想要在幼儿园的地图上搭建一个延安的宝塔山时，一个"方案达成"的科学和艺术整合学习活动就生成了。当儿童发现的问题是一个知识性问题时，教师可以在班级中投放相关的材料或者以提建议的方式引发儿童产生制作、搭建相关主题内容的想法。比如，中班儿童在参观"消防车"的活动之后，提出"咱们的消防局游戏中怎么没有供我们驾驶的消防车呢?"的问题，引发起儿童制作消防车的想法。

2. 提出方案

儿童在自发或引导的情况下提出想要解决的问题之后，就会进入思考解决方案的阶段。儿童通过收集信息、分享讨论的过程，最终会选择出最认同、最适宜的方案。例如，"什么样的迷宫是一个有挑战性、有趣味的迷宫?"儿童通过讨论提出迷宫的高度和小朋友身高一样高，看不到迷宫的出口时，这样的迷宫才有意思。

3. 设计模型

在提出方案阶段，儿童提出的想法和思路只是一个处于概念阶段的想法。因此，设计模型的阶段是从设计到最后呈现的关键阶段。对于整个工程计划来说，这是一个检测、检验的阶段;对于儿童的学习过程来说，这是一个积累经验的过程。比如，儿童在最初设计迷宫线路的时候采用的是二维图。在尝试搭建的过程中，儿童却发现他们很难将二维的平面转化为三维的图形。之后，儿童又开始用奶箱、板凳、大型积木块等不同材料在场地上进行实际搭建来设计迷宫，在过程中不仅直接感受了不同材料搭建迷宫的利弊，也直接体验了迷宫路线的趣味性。

4. 选择材料

材料是实现方案的必要物品，材料选择的适宜与否在一定程度上影响着方案是否能高质量完成。因此，我们必须注意选材这个过程。选择材料的过程一是要基于科学性、技术性的权衡，二是要加入人文因素的考虑。例如，在"小树迷宫"案例中，通过和儿童一起寻找材料、比较利弊，儿童最终选择了用小树苗作为迷宫的搭建材料，解决了防晒、环保、不透明等一系列问题，也实现了和院所环境的和谐统一。

5. 现场搭建

当设计、材料选择的部分都已经完成后，现场的搭建就是最后一步，技术、数学与工程施工方面的关键经验将起到重要的作用。比如，在选择小叶黄杨作为迷宫搭建材料之后，如何确定和测量树苗之间的间隔，计算出需要购买树苗的数量、科学地开展种植活动，是迷宫呈现的重要过程。

(三)审美感知与科学观察相结合，具有渗透性

在传统的儿童科学观察活动中，教师虽然也给儿童提供身体感知的机会，但其目的是让儿童获得客观的认识，而且通常是在语言描述的基础上向抽象思维提升。例如，对水的观察，教师会在儿童戏水的过程中提问："水是什么颜色的？什么味道的？怎样流动的？"在儿童用形象和象征语言描述之后，教师通常会总结出"水是无色、无味、透明和流动的"并要求大家重复和掌握。而在科学和艺术整合的活动中，教师则会尽量创设美的环境，让儿童在充分感知和体验的基础上，描述水的形状、颜色、味道以及对水的感受。教师对儿童的引导既有形象概括的一面，如"无色、无味、透明和流动"，也有进一步深入和丰富的一面，如引导儿童用多种方式感知水，并综合运用具象的、象征性的语言及肢体动作、音乐旋律或色彩绘图的方式，充分描述与多元表达对水的不同感受，使儿童获得的印象更加清晰、丰富和深刻。

审美感知是一种整体感知的方式，它是儿童将身心和所感知的事物融合在一起对事物进行感性把握的方式，而科学观察是一种结构性的理性感知观察方式。审美感知倾向于把握事物的态势、色彩、形状和感觉，而科学观察着重于事物的大小、组成、外部特征。儿童对外界事物的反应是整合性的，他们的科学观察是离不开他们的审美感知的。审美感知是他们感知手段中的基本方式。

(四)想象与真实相结合，具有包容性

在"方案达成"的科学和艺术整合学习活动中，教师为儿童创造想象的空间，以想象激发他们的创造和表现非常重要。儿童的思维原本就是虚实相生，想象与真实并存的。对儿童来说，想象的也可能是真实的，真实的也可能是想象的。因此，在整合活动中，我们应尊重儿童的思维特点，给儿童提供充分想象的机会，而不是直接将"真实"告诉给儿童。

案例："竹艺坊"中科艺区域活动

地处山区的幼儿园有着丰富的毛竹资源，按照因地制宜、就地取材的原则，幼儿园开设以毛竹为材料的科学和艺术整合的大型"探究—创意"类区域活动。儿

童收集了各种不同的毛竹材料，如竹片、竹签、竹条、竹枝、竹竿、竹筒等，儿童自己动手创建"竹艺坊"。在"竹艺坊"中，儿童自主选择材料尝试搭建各种造型，制作各种竹工艺作品。儿童不仅在自主搭建的探究活动中完成自己的作品，而且需要感知自己作品的美，同伴之间互相欣赏作品的美，因此将艺术的美体现在科学的探索创造中，二者完美结合，乐趣无穷。

此外，还有巧手编竹活动，儿童用各种竹材料编织出多种作品，如星星、小鱼、小勺子、花篮等，这个时候，每名儿童既是发明家，又是艺术家，将艺术的美巧妙地呈现在科学的创造之中。

(五)注重儿童的体验，具有感受性

体验在儿童的科学与艺术整合的活动过程中起着非常重要的作用。如果没有体验，儿童的唱歌、跳舞、画画等都不能称为儿童的艺术活动，而科学知识，如果没有经过儿童的体验内化为儿童的个人认识，也不能称为儿童的科学。由于儿童思维发展中主客体互渗的影响，体验成了儿童重要的学习方式，也是沟通儿童科学学习与艺术学习的重要通道。在体验中，儿童要通过想象、移情、神思、感受等多种心理活动的交融、撞击，激活已有经验，使已有的经验升华，并产生新的经验。在体验的过程中，儿童不但身临其境，而且"朗愉其境"，融"我"入境，物我两忘，达到主客体的沟通与默契。

体验在传统教育中更多地体现为手段，是一种工具价值，而在科学和艺术整合活动中，体验不仅是手段，也是目的。例如，"玩泥巴"的活动，小朋友通过敲打土块、筛细土、和泥巴、做泥工等一系列活动体验和认识泥巴的特性。又如，开展大班科学活动"音乐瓶"时，在科艺区投放玻璃瓶做"音乐瓶"，孩子们在瓶里装上不等分量的水，用小木棒依次敲击瓶子，感知声音的变化。由于每个瓶子里的水量不同，敲击瓶子所发出的声音也不同。了解这一现象后，孩子们组织起了"小乐队"，敲敲打打，不亦乐乎。儿童通过科学和艺术整合活动的开展，在对周围物质世界进行感知、操作时发现问题，在寻求答案的探索过程中获取了广泛的科学经验，发展了探究解决问题的能力，产生了学习科学的兴趣，萌发了对大自然的关注和热爱，也进一步通过接触周围环境和生活中美好的人、事、物，丰富了感性经验和审美情趣，感受并喜爱环境、生活和艺术中的美。

三、基于"方案达成"的儿童科学和艺术整合学习活动的指导策略

(一)"虚实相生"的环境资源准备

根据皮亚杰的观点，儿童就是在与环境和材料的互动过程中建构起自己的经验的。因而环境与材料是支撑儿童"直接操作、亲身感知、经历体验"学习方式的关键物质条件，也是儿童学习的基础，更是决定"方案达成"的科学和艺术整合学习活动的目标是否达成的充分和必要条件。

1. 创设内含"逻辑与审美"兼容并包的环境

基于"方案达成"的科学和艺术整合活动，教师应在尊重儿童生活经验的基础上，把材料、故事、情节、矛盾和冲突等糅合到一起，构成一个平等、开放、多元，并且内含"逻辑与审美"兼容并包的学习游戏的环境，让儿童获得直接的操作经验、问题推理经验的同时，也获得感受性经验、道德判断的价值性经验、审美鉴赏的经验。教师应努力创设审美的情境，让美成为儿童生命中内在的标准和动力，并以美来熏染儿童的情感。审美情境的创设包括物质和精神两个方面，它们也是活动内容的重要组成部分。

物质环境的审美化主要体现在教学空间的审美化以及教学资源的审美化。教学空间的审美化要与儿童的兴趣和需要结合起来。儿童的各种作品在教室的环境中应得到艺术化的布置和安排。例如，将儿童的设计沿轮廓剪下来，重新组合在一张新的版面上，加上教师巧妙的装饰，儿童的作品又以一种新的面貌来吸引他们的注意了。在进行"人的故事"活动时，教师和儿童共同利用废报纸、泡沫板等材料将教室的后墙活动区装扮得像一片原始森林，给儿童创设主题活动的氛围。儿童制作的弓箭组合成大眼睛的形状(来自儿童的灵感)挂在墙上，也极具古朴的美感。儿童集体编织的渔网则挂在教室的窗户玻璃上，贴上儿童自己画的各种各样的五颜六色的鱼，在阳光下闪闪发光，增加了儿童对美的感受和对成功的体验。在中班"水果王国"活动中，教师不是单纯地将水果放在盘子中，而是和儿童一起将水果组合成各种艺术的形状，对蔬菜的认识也一样，儿童在各种形状的土豆身上画表情，教师还将洋葱切割成一朵出淤泥而不染的荷花，将茄子变成阿凡提骑的小毛驴，将胡萝卜削成漂亮的小花。儿童在认识这些蔬菜的同时，也获得了美感。

下面是南京市建邺区莲花嘉园幼儿园教师郇敏对其所在幼儿园环境的描述：

置身幼儿园，你会感受到浓郁的科学、艺术的氛围。外观的楼道、墙面，无不折射出科学与艺术的特质。班级的环创、区角设置体现了教师的精心设计和巧妙构建。在确立了班级特色后，教师有意创设"学科学、展艺术"的动态环境，如世界名画展、民族风情馆、自然物彩绘坊等，让儿童通过对周围环境和艺术作品中美的感受，培养美的敏感性，让儿童的双眼在无数次浸染后，变得爱美懂美，让幼儿园环境中的点点滴滴都洋溢着科学与艺术教育独特的文化内涵，让儿童在这种润物细无声的课程游戏中获得快乐的心境、丰富的审美、独特的创作，并为形成良好的心理品质和真、善、美合一的创新型人才奠定启蒙性的影响。操场的大型联合游戏"科技城"，涵盖了教师精心打造的"声之乐""电之乐""光之乐""泡泡乐""翘翘乐""镜子迷宫"，南操场的"科艺场"，包括用大纸箱搭建了一座蜿蜒曲折的隧道(孩子可以在里面钻爬，也可以在外面自由涂鸦)，生态度假村(运用树枝或废旧物品设计样板小区)，沙里小农庄(利用沙土等进行立体创作，以及树叶粘贴、写生画等艺术活动)，星光大舞台(结合主题教学中的音乐活动与童话剧进行表演)，日艺涂鸦长廊(利用生活中的废旧物品及自然物进行艺术创作)等游戏区。同时，各个教室的走廊和阳台根据每班的课程特色设置了相关或相应的游戏区域，使园内的有限空间实现最大化利用。

2. 提供"有结构、有线索"的多种材料

材料的结构性是保证儿童能否有线索地思考问题、提出解决方案的关键要点。有结构的材料具有如下特征。第一，呈现自然物、半成品、成品的演进过程。如挖掘周边资源，寻找低结构游戏材料，从田间地头的农作物到市场的布匹、花边、各种毛线以及包装用的纸箱等各类产品，从各企业生产线上使用的线圈等原材料到走向市场的成品，从汽车城的废旧轮胎、家具城丢弃的马桶等各类废旧材料到路边枯死的树木、树叶等自然物。随着游戏活动的深入开展，这些材料都成为学习资源。进入幼儿园稍做加工，变化成为儿童游戏的主材料和辅助物，成为他们百玩不厌的新奇玩具以及艺术创作的材料。第二，与方案有关的图书资料、观察工具、实物标本、器皿装置等按照活动进展阶段的需求按序呈现。这样可以使用工具、寻找图书资料中的线索、通过事物标本比对等顺藤摸瓜、触类旁通去思考问题。第三，同种材料呈现的方式多元。如纸类材料，可呈现不同质地、不同形状、不同色彩、不同功能的纸，这样在儿童需要纸类材料时，他们有机会通过对比、选择、判断、决策的思维过程搜寻到适合自己的材料。

(二)"穿针引线"的问题启发

1. 教师的关键性提问

纵然说，"方案达成"活动中课程生成的成分较大，但是在方案推进的过程中教师也起到非常重要的引导作用。特别是当儿童困陷于一定"僵局"的时候，也就是发现不了问题或事情无法进展的时候，教师需要发出关键性提问，引导儿童去关注、思考和发现周围可解决问题的线索。比如，中班儿童在建筑区搭建恐龙博物馆，教师发现搭出来的恐龙博物馆和平时搭建的房子的构造差不多，只是从标识上能看出建筑物名称不同的问题。因此，教师就向儿童提出："真正的恐龙博物馆是怎样的？恐龙博物馆只有一个场馆吗？"从而引发儿童关注问题的所在，激发儿童下一步的思考。

2. 给儿童提供问题板

在"方案达成"活动的推进过程中，儿童会以个别或小组的形式进行探究与尝试。提供问题板给儿童，儿童可以随时记录当下的问题，教师也可以随时关注儿童的疑问并适时给予指导和帮助，必要时可以将这个问题分享到班级中，引发全体儿童的共同思考和讨论，最终解决问题。这个策略可以培养儿童的问题意识，并通过最终问题的解决来培养儿童问题解决的能力，而且能发展儿童口语表达、前书写能力，帮助儿童提高自信。

教师作为儿童科学和艺术整合学习活动的支持者、合作者、引导者，能直接影响儿童能否在活动中得到更好的发展。除了创设让儿童感受美、发现美的环境之外，教师带领儿童创造性地运用材料，开展形式多样的活动，把握时机，适时以游戏者的身份介入，引导儿童也是非常重要的。

(三)"兼容并举"的直觉思维与形象思维合力

许多科学家、艺术家都发现科学活动与艺术活动中都普遍存在着直觉思维和形象思维。直觉思维和形象思维的联合是产生创造的关键。过去传统的教育观念认为，直觉思维和形象思维是低级的，只有抽象思维方式才能是人类特有的高级思维方式。我们通常的做法都是通过语言来发展抽象思维。虽然大家认为儿童的思维具有直觉行动性和具体形象性，因此强调直观教学。但这只是一种手段，是借助直观形象的力量，有利于促进儿童形成各种知识概念而达到向抽象思维过渡的目的。对于儿童时期直觉思维和形象思维的发展，实际上没有引起太多的重视。

在科学和艺术整合的学习活动中，直觉思维和形象思维是儿童提出问题和推理预测结果的中介，也是产生深刻学习体验必不可少的条件。如果没有对事物形象的深刻感知和认识，体验也就无从谈起，更不会通过对旧经验的改组而形成新认识；如果没有直觉的参与，也就没有"灵感"的火花闪现和"顿悟"的勃发，因而也无法"无中生有"地进行创造。因此，即使是以概念和原理为主的活动，也必须从各种不同的角度，以形象的方式来呈现和进行概括；同时允许儿童反复地联系、尝试，甚至重复动作，儿童也正是在这一过程中萌发出直觉体验和"天马行空"的无边想象的。同时，教师的语言也力求用形象的方式来表述，才能达到与儿童真正有效的沟通。

自然界中的形象是最永恒的，它包含着美和真，形象思维的培养要大力挖掘大自然的根源。大自然中的生命不仅体现了科学的真，也体现了艺术的美。因此，教师要积极创设条件，让儿童从亲身感受自然中获得对事物的认识和体验。

第二节　基于"方案达成"的儿童科学和艺术整合学习活动案例与评析

"方案达成"的活动，使幼儿有机会自己确定学习活动的任务、内容、过程和方法，但也需要在老师的支持和引导下才能达成方案的完善。本节以内蒙古康巴什蒙古族幼儿园大班"搭建蒙古包娃娃家"为例，加以具体说明。

一、案例呈现

(一)融入审美感觉的问题提出阶段

1. "搭建蒙古包娃娃家"活动的由来——发现问题
由于活动室面积的限制，孩子们喜欢玩的"娃娃家"活动无法开展，于是问题产生了：

　　◆我们在哪里玩"娃娃家"？

　　◆如果放在户外，什么建筑最适宜？

　　几经讨论，孩子们最后决定搭建一个像蒙古包一样的建筑来玩"娃娃家"，它可以临时拆卸、移动，想放哪儿玩就放哪儿玩。

　　教师首先请幼儿把想法描述出来，突出幼儿对搭建蒙古包学习活动的规划与设计。如有的孩子说："这个蒙古包要轻便，想拆就拆，想搭就搭。"有的孩子说："这个蒙古包要有天窗，否则会太暗。"有的孩子说："这个蒙古包要有围毡，要有支撑的材料。""这个蒙古包要能够让孩子们进去，老师也能够弯下腰进去。""这个蒙古包要很大，有七八个小朋友可以一起在里面玩。""这个蒙古包要放在小朋友们走路不经过的地方，这样就会不妨碍小朋友们活动。""这个蒙古包最好是放在树下，这样夏天就可以在树荫下玩儿。""蒙古包里面要有地毯、要有桌子，小朋友可以坐在里面喝奶茶，吃酥油饼。""蒙古包的顶棚应该是塑料的，能够防水。"……

　　孩子们用自己的生活经验构想了他们心目中的"蒙古包娃娃家"。这里有包括对蒙古包在哪儿建、建多大、建成什么样、用什么材料建的设想。

　　为了支持幼儿想法的实现，教师做了相关准备工作：首先，收集了各种关于学前教育理论、科学和艺术整合、蒙古包游牧文化等方面的书籍，进行了学习和讨论。了解到有关蒙古包的内容：蒙古包是一种最能体现物尽其用的低结构建筑，它的所有材料都是源于草原，比如"哈那"相互连接处全部用的是牛皮；从外观来看，蒙古包的颜色源于蓝天白云，象征着圆满、完整，被誉为"草原明珠"；体现了艺术美、造型美和规律美；蒙古包的结构都是蒙语的谐音，"套瑙"类似日常建筑的天窗，"乌尼杆"为细长木棍类似屋梁，"哈那"就是能够自由伸缩的木制围墙。

　　2. 观察蒙古包的基本结构——提出问题

　　为深入了解蒙古包及蒙古包构造的全过程，孩子们在老师的带领下，前往建造蒙古包的工厂，进行实地参观和考察。他们被蒙古包制作的精美的流程深深地感染和触动了：他们边看、边摸、边闻，不断发出赞叹："哇，围毡的花纹太漂亮了！""瞧，乌尼杆的颜色这么鲜艳！""大家快来看，哈那墙能自由伸缩！真是太神奇了！""啊，这个钻孔这么圆呀！"

这期间，老师和小朋友们还一起与制作蒙古包的老艺人围绕如下的问题进行了深入的谈话交流：

◆蒙古包由什么材料建成？为什么用这些材料？

◆蒙古包是什么形状的？为什么是这种形状的？

◆蒙古包由哪几个部分组成？它们是如何连接的？

◆为什么用蒙古包作为居住和生活的场所？

通过实地参观和走访调查，孩子们了解到蒙古包由架木和围毡两部分组成。架木包括：套瑙（顶部的圆形物体或天窗）、乌尼（肩上的椽子）、哈那。乌尼上端插入套瑙，下端一般卡在哈那头的丫形叉子中，然后用绳扣扣紧。架木的外边要裹上围毡，以便防风防雨等。

幼儿对蒙古包的建造有很强的探究欲望，在哈那拼接过程中积极提问和回应，并根据自己的理解做记录，仔细观察哈那与乌尼杆之间的关系，认真观察哈那的构造以及连接方式，并乐在其中。在实地观察过程当中，幼儿亲身感知了菱形形状的不稳定性，从而推想到蒙古包之所以收放自如，恰是由于这种具有伸缩性的哈那之间的连接方式。在此过程中，教师与幼儿一起了解、欣赏蒙古包独特的科学建构原理，引导幼儿仔细观察蒙古包的搭建和构造，并与幼儿一起讨论、探索观察过程中所遇到的困惑，对幼儿的积极行为表示赞赏。同时，幼儿也体会到了蒙古包建造的科学性和独特的艺术建构美。（图 7-1 至图 7-3）

图 7-1 儿童仔细观察哈那的连接处

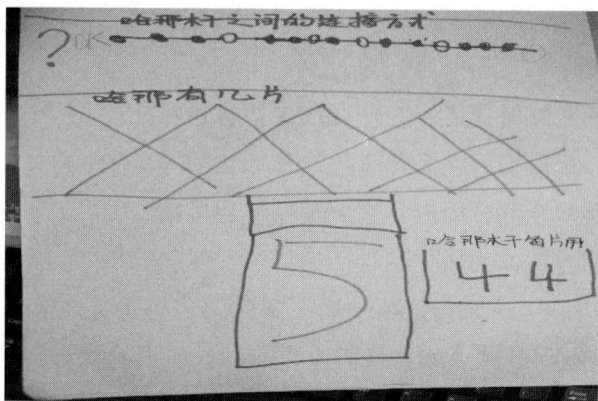

图 7-2　儿童记录自己的观察

图 7-3　儿童记录蒙古包的搭建步骤

(二)贯穿审美知觉的推测猜想阶段

1. 模型设计

(1)先搭小的，还是先搭大的呢？

孩子们对此问题展开了热烈的争论。有的说："直接搭像我们看到的蒙古包那样的。"有的说："不行，大人们用的材料太沉，小孩子是搬不动的。"有的说："我们没有搭建过蒙古包，是不是需要先搭个小的？知道了搭建的方法以后再搭大的呢？"为了稳妥起见，孩子们最后决定还是先从小的模型入手。儿童根据已有的认识，利用雪糕棍、扭扭棒、吸管等不同材料"手工制作"蒙古包。

（2）设计图无法实施怎么办？

王安琪尔、安其乐、呼毕三个孩子根据设计图分工操作，安其乐将几根筷子摆成平面心形："老师你看，我们组的蒙古包是心形的，我现在已经摆出来了。"她笑着找来了彩带和胶带纸，观察、调整了一下首尾的距离，用彩带将其首尾连接起来。

将筷子绑成闭合的心形之后，安其乐欣赏了一下作品，然后将平面心形立起来，心形底部（尖的）一端朝下，她两手拿着心形底部的两边，直立起来很困难。安其乐停顿了一下，看了一下另一组正在制作的蒙古包，另一组的哈那已经进行到了围合的阶段，哈那都可以立起来了。她扭头对王安琪尔说："你过来帮帮我。"王安琪尔放下手里正在制作的哈那，开始帮安其乐立心形架子。

王安琪尔两手拿着心形框架的底边。两人立了三次后，想了一下，用剪刀将底部绑着的彩带剪开了，形成了两端长的"M"造型。

两人又立起来两次，"M"的两边的顶端有晃动，不会保持在同一平面内，两人又将"M"改成类似"门"的形状。又立几次后发现，这种造型也无法直立。安其乐叹了口气，拖着声音低声地说："老师，我们这个没办法立起来，太难了。""我们想重新设计一个。"王安琪尔赶紧拿起笔和纸重新开始设计蒙古包，这次他们设计的是传统形状的蒙古包。（图7-4）

图7-4 儿童正在设计心形蒙古包

孩子们开始充分发挥自己的想象，要设计一个最漂亮、最特别的蒙古包。所以在设计时，他们考虑到的是如何让自己的蒙古包独特、美丽，更多的展现蒙古包的艺术性，而在实际搭建的过程中多次尝试后发现设计图虽美，却无法实现。

在幼儿试误的过程中，教师作为旁观者并没有贸然干预，而是留给他们更多的思考和试误的时间，让幼儿有机会做各种尝试，只在幼儿的问题无法解决时出现。这样自主的学习，更有助于儿童延伸想法、扩展思维。

安其乐在拼摆平面心形的时候，教师并没有给予她"框架需要立起来"的直接指导，但她自己在观察其他人操作时发现其他孩子设计的都是立体的，她发现不同点之后改进了自己的设计。这种通过与他人的对比、合作与交流，发现异同点而调整自己的设计的过程，远比教师直接告诉她更有效、深刻。（图7-5）

图7-5　儿童在摆"心形蒙古包"的基底

她在多次探索尝试失败后，没有放弃，而是在坚持动手动脑的过程中，不断地寻找新的办法，来解决问题，这是科学与艺术探究过程中不可或缺的重要学习品质。（图7-6）

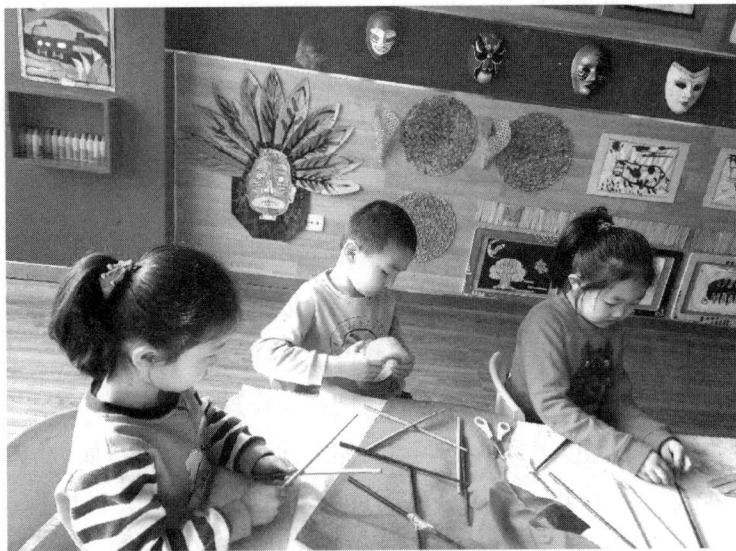

图 7-6　儿童正在搭建心形蒙古包

幼儿在发现前一个设计图无法实现时，立刻着手进行下一个设计图的绘制，所运用的绘画方式不仅是儿童自我的创造性的成果，更是经验整合、观察、记忆和想象的综合体现。

2. 模型制作

泽楷拿了两根雪糕棍儿观察了半天，将雪糕棍儿并列竖着摆了一排，中间横放一道杠，然后摸摸头，发现自己摆的哈那和真实的哈那不太一样，但又说不出哪儿不一样。老师见状，提醒说："如果两两交叉会怎么样呢？"泽楷听了老师的建议，收起雪糕棍儿，握在左手中，右手拿一根放一根，两两交叉好了，把交叉好的两组放在了一起，发现每个雪糕棍顶端有小孔，于是他把顶端的小孔对在一起，底端的小孔对在一起，又抬头看了看成品，高兴地大叫起来："我知道怎么摆了，我发现这个秘密了。"

泽楷拿了一根铁丝，从摆好的哈那左下角开始串孔连接，连接好后发现，原本摆好的哈那被他打乱，他很烦躁，不知道下一步要连接哪两根棍儿，又说："老师，我不会。"老师说："上面不行，还有中间、下面的孔呀，我也不知道哪个能成功哎！"泽楷听了老师都不会这件事，和同伴窃窃私语："老师都不会，我会呢，哈哈！"于是他按老师提示的先固定了两根雪糕棍儿的中间，满足地笑了笑说："看，做好了一个。"紧接着又拿起两根雪糕棍儿开始继续，做了两组后，他很自然的知道了下一步该连哪里，越做越来劲儿，连接了几组后，泽楷发现哈那越来越长了，他把哈那从两端举起来，拉了拉，很满意地笑了。他又把哈那竖着放在桌子上，发现围不回来，又开始选择雪糕棍儿，尝试连接哈那。

当泽楷的哈那足够长后，他把哈那围成一个圈儿，用左手抓住哈那的两端，右手放在圈儿里，发现哈那不仅可以伸缩还可以把围成的圈儿放大放小。

幼儿在哈那拼接过程当中积极提问和回应，随时进行比较观察，发现其相同与不同，及时做出调整，并乐在其中。他们在操作过程中感知到菱形形状的不稳定性，从而推测出蒙古包正是由于哈那的伸缩性而能够收放自如。同时，教师为幼儿的哈那拼接提供了丰富的材料和适宜的工具，支持幼儿在操作过程中的探索，并对其积极行为表示赞赏，当幼儿遇到困难时用暗示或提问的方法，引导其在探索中思考并解决问题。幼儿在操作实践中逐步领悟到蒙古包哈那独特的形状特征及连接规律，体会到其中的科学性（可伸缩性、稳固）和艺术性（规律美、整齐美）。（图 7-7、图 7-8）

图 7-7　儿童尝试连接哈那

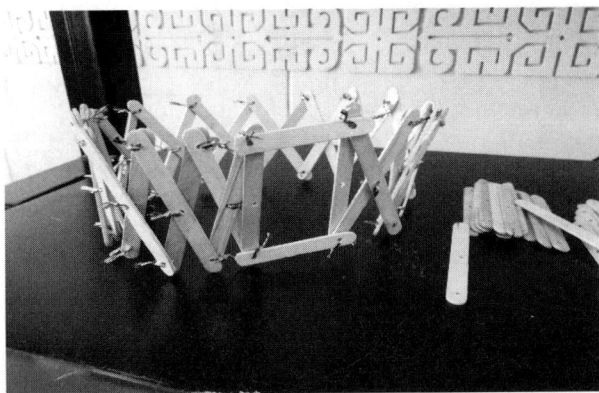

图 7-8　儿童的小成果

(三)渗透审美想象的行动验证阶段

1. 套璐如何制作

小宇用树枝做套璐，教师观察提问："你这个怎么做成圆形?"小宇正在思考怎么办的时候，旁边乔宁尝试用绳子并排绑起来，小宇解开绳子说："不是这样的。"他摆弄后说："这儿稍微有点儿长。"老师帮忙锯掉，然后他又去摆弄，再次讨论后，小宇修正了自己的方案，用一样长的树枝交叉摆在一起，形成圆形，在周围又加上了边框并用扭扭棒固定。他发现有些地方长，自己用锯子锯断，都绑起来后发现是长方形，并不适合做套璐。(图 7-9、图 7-10)

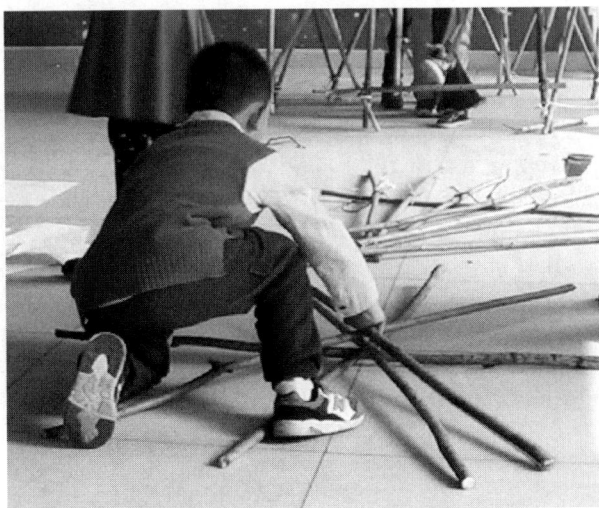

图 7-9　用一样长的树枝，搭建圆形套璐

图 7-10　在圆形外面加上边框，套瑙看起来变成了长方形

2. 如何裁剪制作蒙古包的围毡?

幼儿开始制作蒙古包围毡，嘉拿起了尺子，对准蒙古包乌尼杆进行测量，她对另一个小朋友家说："长度是 100 厘米。"旁边的家在记录本上画了一个长方形并记下来。嘉又拿起尺子对哈那开始反复测量后说："哈那的长度是 90 厘米。"旁边的家在笔记本上画了一个小哈那，在旁边写了"90"的数字。小组另一名成员晨在旁边拿起尺子画了一条斜线，说："我看见蒙古包顶上的围毡铺开来是个扇形，我们来裁个扇形围毡吧，然后再把它围起来!"嘉用卷尺对着套瑙量了起来，说道："上面是 15 厘米。"(图 7-11)

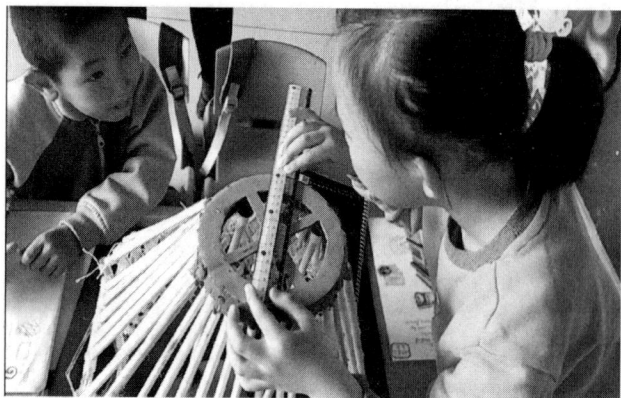

图 7-11　测量、记录套瑙的直径长度

家在记录本上画了一个套瑙，旁边写了个"15"的数字。嘉和家拿起卷尺子量

套脑外圈的长度："下面是 80 厘米"。这时，教师说："哈那、套瑙、乌尼杆都已经量好，我们还需要做什么？是不是要量一下哈那墙的外圈是多长？你们三个可以商量一下！"嘉拿起了可以折叠的尺子，把尺子折成 90 度，复测量了两次，结果都不一样，教师提示说："还可以用什么工具测量？"嘉思索了一下："我想要用扭扭棒来量！"于是，在老师的帮助下，幼儿测量了哈那墙的长度。为了使孩子们的测量和记录更准确，教师和幼儿合作，又反复测量了几次，大家按照量好的尺寸开始裁剪围毡。（图 7-12 至图 7-14）

图 7-12　描述竹竿的结实性

图 7-13　小朋友一起帮着绑

图 7-14　蒙古包的框架搭建好啦

　　幼儿在制作套瑙、哈那等的过程中，迁移自己原有的生活经验，探索运用"并排绑""交叉绑""对眼""打孔""锯断"等技术帮助自己解决实践中的问题。在多次的尝试中，幼儿掌握了正确使用工具进行测量，并对测量结果用自己能看懂的符号进行记录的方法。

　　他们进行围毡裁剪时能够仔细观察发现其特征，进行多次尝试，通过反复对比、思考和调整，终于明白测量圆形时需要测量直径或者用可以变形弯曲的扭扭棒贴着圆形外围的边测量，然后再用尺子测量扭扭棒。在此活动中，儿童积极参与操作，并能坚持完成工作；能够进行明确的分工，遇到困难时能互相帮助，互相激励，配合默契。由于幼儿对这个活动很感兴趣，所以他们专注、认真而负责任地坚决排除一切困难直至完成任务。

　　3. 哈那如何绑？

　　在尝试搭建哈那的过程中，泽张罗着用绑带固定，并号召周围的小朋友赶紧行动起来，大家用松紧带把哈那围了一圈，泽很有成就感，大喊："立起来了！我们可以搭乌尼杆了！"于是孩子们举起乌尼杆打算封顶，可是问题出现了，乌尼杆无法固定，孩子们很着急，老师在一边问："为什么乌尼杆总会掉下来呢？"孩子们七嘴八舌议论开来："我们绑得太松了。""哈那圈子太大了，乌尼杆没办法固定。""我觉得我们把绑带再弄得紧一点，应该就可以了。"这个想法得到了孩子们的响应，老师没有再说什么，鼓励他们按照自己的想法再次尝试，孩子们又重新拆开绑带，按照自己的想法多次尝试，最后他们"七手八脚"地把松紧带在哈那棍上绕了一圈又一圈，很快，哈那圈越变越小，松紧带已经到达最大张力……哈那固定好后，孩子们再一次尝试搭建乌尼杆，泽举着两个乌尼杆耐心地尝试着，尽力把它插到套瑙中,但总是失败……多次尝试之后,泽有点泄气:"这样还是不行啊……"老师开始引导孩子们思考:"明明绑紧了,怎么还是不行?"泽说:"我觉得是怡然举套瑙的时候,左摇右晃,导致我们根本没办法把乌尼杆插进套瑙去,而且举的时候乌尼杆的角度有问题,总对不准!"经过商讨,大家找了根粗木桩代替了顶着套瑙的小朋友,问题终于得以解决。

4. 如何装饰围毡?

哈尼和阿娜尔对绘画蒙古花纹感兴趣。每次组织活动,她们都喜欢选择画蒙古花纹。在她们一开始接触蒙古花纹的时候,老师先让她们观察几种花纹的范画,观察花纹的形状和条纹,在观察好的情况下再在纸上进行绘画。哈尼和阿娜尔刚开始画的时候就入手很快,虽然画得不是很标准,但一看就能看出来画的是哪一种花纹。

有一天,老师又组织她们进行蒙古花纹的绘画活动。这次主要是学着进行对称画。教师问小朋友对称是什么,他们都能说得出来。在绘画的过程中,小朋友们都画得很认真,突然哈尼对阿娜尔说:"你画大点儿,画得那么小,以后在毡子上画的时候你也要画那么小吗?"阿娜尔在同伴和老师的提示下,调整了图案的大小,瞧!现在的图案美观又大方。(图7-15)

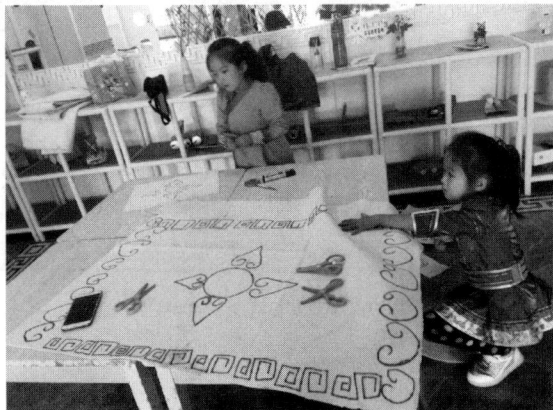

图7-15 儿童认真绘画蒙古花纹

(四)汇集审美创造的方案达成与评议阶段

1."蒙古包娃娃家"的完成与改进

经过近一个月的"奋战","蒙古包娃娃家"终于建好了!孩子们兴高采烈地享受着成功的喜悦！可是进去以后却发现里面太暗了！怎么办呢？小朋友们又想办法在顶上开了一个"天窗"，这样就亮堂多了。接着孩子们对内部进行了美化装饰，"墙上"挂上了自己编织的毛毯、绘画作品，并和家长一起用木材、海绵和软布制作了沙发、桌椅、灶台、小床等。（图7-16至图7-17）

图 7-16　儿童设计制作的蒙古包

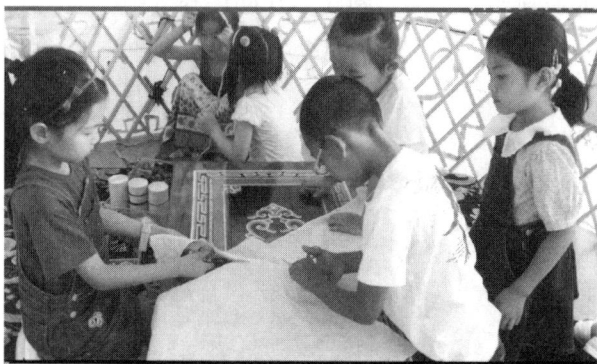

图 7-17　儿童在进行内部装饰

2. 用我们自己搭建的"蒙古包娃娃家"玩游戏

有幼儿提出："这么舒适的娃娃家，因该让小弟弟小妹妹们也来玩一玩。"大家觉得这是个好主意！弟弟妹妹们来玩什么呢？他们需要吃的吗？我们是否还可以唱歌、跳舞给他们看？于是新的任务又产生了：有的孩子开始选择好听的音乐；有的开始自编自导舞蹈；有的开始询问老师"奶酪如何制作?"并学习制作奶酪和奶茶；有的开始制作漂亮舞裙和头饰。（图7-18）

图 7-18　儿童在为接待参观活动做准备

3."蒙古包娃娃家"的拆卸

孩子们知道"蒙古包娃娃家"最大的优点是可以在晚上、下雨天和下雪天随时拆卸。可是如何拆卸呢？孩子们又想了好多办法。最后在老师的指导下，他们知道了"蒙古包娃娃家"拆卸的步骤：首先收起围毡，然后拿下套瑙，接着拆掉乌尼杆，最后收紧哈那并把它折叠，减小面积。分别把它们拿进教室堆放整齐，以便下次再用。

在以后的一段日子里，由于"蒙古包娃娃家"的收放自如，孩子们经常在有需要的时候，在自己搭建的蒙古包娃娃家里，制作乳酪、奶茶招待来访客人，载歌载舞，好不热闹惬意！

（案例提供者：常虹、高瑞、侯丽霞、邱慧、毕力格塔娜、王翠芳、敖敦、召娜、刘芳、魏卓雅，由本书作者修改编辑）

二、案例分析

"蒙古包娃娃家"的搭建，始于孩子们遇到的学习中的真实的问题的解决。为了问题解决，他们首先构想了自己的方案，画出设计图纸、解释构想、尝试制作模型、在实践中实施自己的项目、与同伴及成人合作、相互交流信息、融入想象和创意、在使用中调整改进自己的项目设计与施工方法，直至方案的达成。

搭建过程中，孩子们边思考、边探究、边表达，在问题解决的实践过程中，随时随地融入自己的灵感、创意和想象，和同伴们边商讨、边质疑，在交流分享、合作分工、互相帮助的过程中，最终完成自己的构想。幼儿经历"问题探究"与"审美表达"过程的交融镶嵌、回环转换，体验到学习过程的愉悦和学习结果的成功，从而不断地积累了知识、情感、思维、技能、交往的经验，成为具备"完整经验"和可持续发展的个体，即德智体美劳全面发展的"完整儿童"。同时，该活动还具有如下特点。

(一)任务多样，内容丰富且具有较强的可选择性

搭建蒙古包可以同时进行几项活动内容，如测量哈那长度、按照测量好的尺寸锯哈那、测量哈那打孔的间距、使用手钻给哈那钻孔、组装哈那、装饰乌尼杆和围毡等。这些活动内容互相衔接，又可并行开展，儿童可以根据自己的兴趣选择不同的任务，还可以自由组合，与自己的好朋友同时进行一项内容，可以彼此找到内心的共鸣和喜悦。并且项活动的时间可以按照儿童的需求调整，儿童也按照自己兴趣点的转移调整参与的活动。儿童可以从富有变化的活动内容中自由选择自己能胜任的任务，几乎每名儿童都主动参与到活动中来，他们表现出强烈的求知欲望和学习兴趣、积极思考、专注的操作与创造，这些均成为儿童内在的学习动力，是科学学习与艺术学习的基础，是探究和创造的基点。

另外，儿童不仅可以选择不同类型的任务，也可以按照自己的能力水平选择不同难易程度的任务，例如，孔武有力的男孩儿可以选择把木材"锯断"的工作；臂力稍弱的女孩儿可以帮忙扶着木材；做事有耐心、动手能力强的孩子可以研究如何组装哈那；动手能力稍弱的孩子可以学习简单的裁剪围毡的工作；喜欢绘画的孩子可以涂色、画画，等等。总之，每一个孩子都能在原有水平上提高。

(二)情境丰富，过程既具科学探究性质又富审美创造情趣

蒙古包活动创设了多样的情境，如外出参观、访谈调研、设计与规划、探究与操作、装饰与绘画等，这些看似无关的情境因为儿童"方案达成"的目标而结合在一起。在这一过程中，儿童需要通过各种手段的融合解决一个又一个的问题。同时，儿童又由于活动过程本身符合其意志和心愿而享受到过程本身给自己带来的身心愉悦，获得审美的享受。不仅如此，绘画、音乐、舞蹈、建构活动本身宽松、愉悦的艺术氛围，也激发了儿童动手动脑，有利于儿童无拘无束地表达自己的见解。大胆想象和创造，是儿童主动学习和探索的基本前提和条件。

(三)材料多元，利于幼儿动手动脑大胆操作

搭建蒙古包的活动材料丰富，品种多样。与常规的活动相比，搭建蒙古包活动提供了一些平常用不到的工具和材料，如 20 厘米、30 厘米、40 厘米的尺子，孩子们爱玩的卷尺、小钳子、小锯子、小榔头，两种不同使用方法的手钻，方便操作的塑料扎带、树枝、树桩、扭扭棒等，对于大班的孩子来说，它们既新鲜又具有挑战性。在不断的尝试和练习中，掌握这些工具的使用技术，了解材料的性能，并利用这些工具和材料为自己的"工作"服务，燃起了儿童去探索、去创造的激情。

(四)贴近生活，激起幼儿爱家乡的情感

搭建蒙古包的活动本就贴近蒙古族儿童的生活实践以及蒙古族的传统文化，儿童在迁移生活中的经验、解决学习过程中遇到的问题的同时，也逐渐认识并熟悉自己本民族人民的劳动、居住、迁徙、饮食习惯，体验到可随时搭建和拆卸的蒙古包给自己的学习和生活带来的便利，深刻体会了本民族人民的智慧，激起儿童爱家乡的情感。

参考文献

[1]李政道. 科学与艺术[M]. 上海：上海科学技术出版社，2002.

[2]爱因斯坦. 爱因斯坦文集(第一卷)[M]. 许良英，范岱年，编译. 北京：商务印书馆，1976.

[3]戴维·波姆. 论创造力[M]. 洪定国，译. 上海：上海科学技术出版社，2001.

[4]尹鑫. 思维创新艺术导论——我们看世界的方式[M]. 南宁：广西人民出版社，2002.

[5]马丁·约翰逊. 艺术与科学思维[M]. 傅尚逮，刘子文，译. 北京：工人出版社，1988.

[6]W. I. B. 贝弗里奇. 科学研究的艺术[M]. 陈捷，译. 太原：北岳文艺出版社，2015.

[7]李建盛. 艺术　科学　真理[M]. 北京：北京大学出版社，2008.

[8]约翰·杜威. 我们怎样思维·经验与教育[M]. 姜文闵，译. 北京：人民教育出版社，2010.

[9]李季湄，冯晓霞.《3－6岁儿童学习与发展指南》解读[M]. 北京：人民教育出版社，2013.

[10]安德烈·焦尔当. 学习的本质[M]. 杭零，译. 上海：华东师范大学出版社，2015.

[11]卡西·纳特布朗. 读懂幼儿的思维：幼儿的学习及幼儿教育的作用[M]. 刘焱，刘丽湘，译. 北京：北京师范大学出版社，2010.

[12]罗恩菲德. 创造与心智的成长[M]. 王德育，译. 长沙：湖南美术出版社，1993.

[13]鲁道夫·阿恩海姆. 视觉思维[M]. 滕守尧，译. 北京：光明日报出版

社，1987.

[14]滕守尧. 审美心理描述[M]. 成都：四川人民出版社，1998.

[15]H. 加登纳. 艺术与人的发展[M]. 兰金仁，译. 北京：光明日报出版社，1988.

[16]丰子恺. 丰子恺集[M]. 北京：东方出版社，2008.

[17]董奇，陶沙，等. 脑与行为——21世纪的科学前沿[M]. 北京：北京师范大学出版社，2000.

[18]乔治·萨顿. 希腊黄金时代的古代科学 [M]. 鲁旭东，译. 郑州：大象出版社，2010.

[19]李泽厚，刘纲纪. 中国美学史：先秦两汉编[M]. 合肥：安徽文艺出版社，1999.

[20]滕守尧. 艺术与创生：生态式艺术教育概论[M]. 西安：陕西师范大学出版社. 2002.

[21]丹尼尔·平克. 全新思维：决胜未来的6大能力[M]. 高芳，译. 杭州：浙江人民出版社，2013.

[22]杜威. 艺术即经验[M]. 高建平，译. 北京：商务印书馆，2010.

[23]托·亨·赫胥黎. 科学与教育[M]. 单中惠，平波，译. 北京：人民教育出社，2004.

[24]黄人颂. 学前教育学[M]. 北京：人民教育出版社，2002.

[25]杨静，沈建洲. 论幼儿园科学教育与艺术教育之融合[J]. 集美大学学报，2010(2).

[26]金盛华，张景焕，王静. 创新性高端人才特点及对教育的启示[J]. 中国教育学刊，2010(6).

[27]陈晓芳. 儿童艺术学习过程与教师指导策略研究[J]. 西北师大学报（社会科学版），2019(2).

[28]高绣叶，丁邦平. 回眸与启示：施瓦布探究式教学的思想遗产[J]. 基础教育，2014(1).

[29]万东升，张红霞. 美国2010《科学教育框架（草案）》述评及启示[J]. 比较教育研究，2011(12).

[30]张更立. 从"占有"到"生成"：儿童学习观的转换[J]. 华东师范大学学

报（教育科学版），2016(2).

[31]孙广华．"直观"科学：对科学本质的另一种追思[J]．湖南师范大学社会科学学报，2007(2).

[32]金莺莲，裴新宁．学习科学视域中的社会性学习：过去、现在与未来[J]．开放教育研究，2014(6).

[33]陈晓芳．学前儿童科学学习过程及其影响因素研究[J]．教育探索，2019(2).

[34]高潇怡．我国幼儿园科学教育内容的问题与改进基于对美国《下一代科学教育标准》借鉴的思考[J]．教育研究与实验，2017(1).

[35]黄丽燕．"学前儿童科学教育"课程教学的困境及其关键点[J]．科教文汇，2016(4).

[36]周加仙．教育神经科学与文化适宜性教学[J]．远程教育杂志，2012(5).

[37]孔起英．论儿童审美与艺术行为的心理机制[J]．南京师大学报（社会科学版），2003(1).

[38]边霞，王任梅．儿童都是艺术评论家：论儿童欣赏和理解艺术的可能性[J]．教育研究与实验，2012(6).

[39]蔡子谔．艺术思维"闪现"和"暗示"的理性认识机制及其审美机制——关于艺术掌握世界的方法论的再思考[J]．社会科学战线，1997(2).

[40]边霞，林兰．走向生态：儿童艺术教育之必须[J]．教育研究与实验，2014(6).

[41]张婷婷，郭灿．浅谈基于核心经验的幼儿艺术领域深度学习[J]．儿童发展研究，2018(1).

[42]张卫民．点击儿童艺术教育实践中的异化现象[J]．中国教育学刊，2003(2).

[43]李红菊，刘昕．2015年中国艺术教育年度报告——学前篇[J]．艺术评论，2016(5).

[44]王任梅，边霞．儿童艺术教育的发展现状与分析：以南京市省、市级示范园为例[J]．幼儿教育，2012(12).

[45]徐韵，杜娇．从科艺综合活动到STEAM教育——对学校教育中艺术与科学融合的本质反思[J]．现代教育技术，2017(11).

[46]陈晓芳．学习的异化和回归——建构主义和社会文化论视角[J]．教育理论与实践，2019(19)．

[47]陈晓芳．把儿童的世界还给儿童[J]．人民教育，2016(15)．

[48]王涛．维果茨基的社会建构主义及文化观[J]．广西社会科学，2006(12)．

[49]王小英．幼儿创造力发展的特点及其教育教学对策[J]．东北师大学报（哲学社会科学版），2005(2)．

[50]龚镇雄．蔡元培论"科学与艺术"[J]．民主与科学，1998(3)．

[51]张书玲，高时阔．人文教育与科学教育融合的三个层次比较[J]．咸阳师范学院学报，2002(6)．

[52]黄进．儿童科学教育与艺术教育的分裂及其综合[J]．学前教育研究，2005(5)．

[53]魏谦丽．幼儿艺术教育与科学教育的融合研究[J]．人间，2015(29)．

[54]王春娟．幼儿园"科艺整合"形式探究[J]．教育实践与研究，2015(2)．

[55]邓海虹．幼儿艺术教育与科学教育融合探析[J]．艺术教育，2019(6)．

[56]刘志强．论幼儿科学教育与艺术教育的整合[J]．江苏幼儿教育，2018(3)．

[57]任远．《科学与艺术——沈致隆美育演讲精选录》评介[J]．美育学刊，2018(4)．

[58]李红竹．幼儿艺术教育与科学教育的融合研究[J]．吉林广播电视大学学报，2016(9)．

[59]李砚祖．大趋势：艺术与科学的整合[J]．文艺研究，2001(1)．

[60]黄海涛．科学与艺术整合教育中幼儿创造力培养的实验研究[J]．当代教育科学，2007(16)．

[61]张洪春，韦晓娟．试论科学进步对艺术发展的影响[J]．广西民族学院学报（哲学社会科学版），2006(A1)．

[62]彭娟．论整合理论思维与教育理论研究[J]．湖南师范大学教育科学学报，2003(3)．

[63]刘占兰．要了解和尊重幼儿的学习特点[J]．幼儿教育，2001(11)．

[64]郭亮．科学改变艺术——马丁·坎普《艺术的科学》与隐蔽的世界[J]．艺术工作，2019(1)．

[65]杨茹．学前儿童科学教育与艺术教育的整合[J]．华中师范大学学报（人

文社会科学版），2013(A4).

[66]李慧，陈时见. 英国幼儿园的课程设置及其发展趋势[J]. 外国教育研究，2012(9).

[67]王凯. 英国幼儿园课程设置[J]. 基础教育参考，2004(4).

[68]罗海鸥. 开放、多元、综合的艺术教育——美国艺术教育考察报告[J]. 教育研究，2003(1).

[69]芦苇. 美国儿童早期艺术教育评析[J]. 早期教育(教科研版)，2013(5).

[70]高淑云. 高瞻课程中的一日生活安排[J]. 早期教育，2010(C1).

[71]尹文. 论艺术教育中科学与艺术之结合[J]. 东南大学学报(哲学社会科学版)，2015(6).

[72]秦元东. 科学与艺术关系的层次论[J]. 幼儿教育(教育科学版)，2007(4).

[73]玛丽亚·蒙台梭利. 吸收性心智. 蒙台梭利教育研究组，编译. 兰州：兰州大学出版社，2001.

[74]苏珊·纽曼. 21世纪需要怎样的儿童教育[J]. 人民教育，2014(3).

[75]晏辉. 教育回归生活世界的基本方式[J]. 华东师范大学学报(教育科学版)，2006(1).

[76]虞永平. 用"全收获"的理念开展幼儿园种植活动[J]. 幼儿教育，2017(C4).

[77]陈晓芳. 促进儿童科学与艺术整合的学习[J]. 人民教育，2019(12).

[78]魏华."一个经验"：杜威美学中一个容易被误读的概念[J]. 湖北社会科学，2015(8).

[79]徐小龙. HIGH/SCOPE学前课程模式近二十年的发展[J]. 学前教育研究，2001(4).

[80]杨诚德. 论科学教育与艺术教育的统一[J]. 临沂师范学院学报，2001(3).

[81]杨茹. 学前儿童科学教育与艺术教育的整合[J]. 华中师范大学学报(人文社会科学版)，2013(A4).

[82]黄海涛. 科学教育与艺术教育整合的教学过程研究——兼论分析思维与直觉思维联合方式的教学[J]. 当代教育科学，2006(18).

[83]陈晓芳. 科艺整合的学习活动过程及其对儿童创造性思维的促进[J]. 学前教育研究，2019(12).

[84]张斌，虞永平．基本立场的回归与内在本质的高扬——改革开放 40 年我国学前教育观念的流变[J]．学前教育研究，2019(1)．

[85]赵南．理解儿童的前提：承认儿童的不可完全被理解[J]．学前教育研究，2019(8)．

[86]李琳．儿童艺术的游戏本质及其教育启示[J]．学前教育研究 2013(8)．

[87]曾家延，董泽华．学生深度学习的内涵与培养路径研究[J]．基础教育，2017(4)．

[88]张治勇，李国庆．学习性评价：深度学习的有效路[J]．现代远距离教育，2013(1)．

[89]徐慧芳．深度学习对集体活动和区域活动中幼儿使用科学学习方式的影响[J]．教育科学，2019(2)．

[90]李生兰．美国学前教育机构的区域活动及思考[J]．幼儿教育，2002(10)．

[91]党爱娣．初任幼儿教师设计集体教学活动应注意的几个问题——以科学活动为例[J]．当代学前教育，2010(2)．

[92]顾梅．作为教育情境的幼儿园集体活动[J]．苏州教育学院学报，2004(1)．

[93]涂元季．科学与艺术的结合：一位科学家的独特见解——学习《钱学森书信》体会之二[J]．西安交通大学学报(社会科学版)，2009(2)．

[94]柳志红．幼儿艺术教育与科学教育的融合研究[D]．南京：南京师范大学，2003．

[95]刘瑞．概念为本、过程导向的科学学习——基于科学哲学的科学学习理论研究[D]．长春：东北师范大学，2012．

[96]鄢超云．朴素物理理论与儿童科学教育[D]．上海：华东师范大学，2004．

[97]樊丰艺．2014 版美国国家核心艺术标准 PK-2 年级阶段的分析与启示[D]．浙江：浙江师范大学，2016．

[98]王子元．《3～6 岁儿童学习与发展指南》中艺术领域教育实施现状调查[D]．贵阳：贵州师范大学，2016．

[99]郭景云．华德福幼儿教育思想及对我国早期教育的启示[D]．石家庄：河北师范大学，2013．

[100]余岚．幼儿园整合课程内容统整与学习方式研究[D]．重庆：重庆师范

大学，2005.

[101] 张颖. 幼儿园大班科艺整合主题教育活动的实践研究[D]. 金华：浙江师范大学，2014.

[102] 李放. 低结构活动促进 4－6 岁幼儿学习品质发展的实验研究[D]. 沈阳：沈阳师范大学，2016.

[103] 陈琼. 幼儿园大班集体教学活动质量的个案研究[D]. 杭州：浙江师范大学，2013.

[104] 钱学森. 在授奖仪式上的讲话[N]. 人民日报，1991-10-19.

[105] 虞永平. 课程在儿童的生活和行动里[N]. 中国教育报，2016-12-04.

[106] National Research Council. A Framework for K-12 Science Education Practices，Crosscutting Concepts，and Core Ideas[M]. Washington DC：The National Academies Press，2012.

[107] Bada，Steve Olusegun. Constructivism Learning Theory：A Paradigm for Teaching and Learning [J]. IOSR Journal of Research & Method in Education，2015(6).

[108] Snelgrove S，Slater J. Approaches to Learning：Psychometric Testing of a Study Process Questionnaire [J]. Journal of Advanced Nursing，2010(5).

[109] Zeegers P. Approaches to Learning in Science：A Longitudinal Study [J]. British Journal of Educational Psychology，2001(1).

[110] Gijbels D，Watering G V D，Dochy F，et al. The Relationship Between Students' Approaches to Learning and the Assessment of Learning Outcomes[J]. European Journal of Psychology of Education，2005(4).

[111] Piaget J. The Child's Conception of the World[M]. New York：Harcourt Brace，1929.

[112] Young M. Alternative Educational Futures for a Knowledge Society[J]. European Educational Research Journal，2010(1).

[113] National Assessment Governing Board. NAEP 2008 Arts Framework [EB/OL]. (2009-05-08)[2015-04-22]. https：//noes. ed. gov/nationsreportcard/arts/.

[114] Baeten M，Kyndt E，Struyven K，et al. Using Student-centred

Learning Environments to Stimulate Deep Approaches to Learning：Factors Encouraging or Discouraging Their Effectiveness ［J］. Educational Research Review，2010(3).

［115］Snelgrove S，Slater J. Approaches to Learning：Psychometric Testing of a Study Process Questionnaire ［J］. Journal of Advanced Nursing，2010(5).

［116］Arts Education Fonun. Artistic Literacy ［EB/OL］. (2013-02-19)［2015-03-26］. http：//lartsedfomm. net/2013/02/19/artistic-literacy/.

［117］Wright S K. Assessment in the Arts：Is It Appropriate in the Early Childhood Years? ［J］. Studies in Art Education，1994(10).

［118］Erez R. The Interrelationships Among Science，Art，and Values：Significance for Advancing Holistic Excellence ［J］. Journal of Secondary Gifted Education，2001(1).

［119］Choy J L F，O'Grady，Rotgans J I. Is the Study Process Questionnaire(SPQ) a Good Predictor of Academic Achievement? Examining the Mediating Role of Achievement-related Classroom Behaviours［J］. Instructional Science，2012(1).

［120］Silvia P J. Interest—The Curious Emotion ［J］. Current Directions in Psychological Science，2008(1).

［121］Amabile M T. Motivational Synergy：Toward New Conceptualizations of Intrinsic and Extrinsic Motivation in the Workplace［J］. Human Resource Management Review，1993(3).

［122］Sternberg R J. Implict Theories of Intelligence，Creative and Wisdom ［J］. Journal of Personality and Sociel Psychology，1985(49).

［123］Cutcher A，Boyd W. Preschool Children，Painting and Palimpsest：Collaboration as Pedagogy，Practice and Learning ［J］. International Journal of Art & Design Education，2018(10).

［124］Morrison K. Integrate Science and Arts Process Skills in the Early Childhood Curriculum［J］. Dimensions of Early Childhood，2012(1).

［125］Holdhus K. When Students Teach Creativities：Exploring Student Reports on Creative Teaching [J]. Qualitative Inquiry，2018(10).

[126]Schmidgen H. Cerebral Drawings between Art and Science：On Gilles Deleuze's Philosophy of Concepts[J]. Theory，Culture & Society，2015(32).

[127]Heshusius L. The Arts，Science，and the Study of Exceptionality [J]. Exceptional Children，1988(1).

[128]Sleigh C，Craske S. Art and Science in the UK：A Brief History and Critical Reflection[J]. Interdisciplinary Science Reviews，2017(4).

[129]Braund M，Reiss M J. The "Great Divide"：How the Arts Contribute to Science and Science Education[J]. Canadian Journal of Science，Mathematics and Technology Education，2019(3).

[130]Bresler L. The Subservient，Co-Equal，Affective，and Social Integration Styles and their Implications for the Arts[J]. Arts Education Policy Review，1995(5).

[131]Neuman S B，Roskos K. The State of State Pre-kindergarten Standards[J]. Early Childhood Research Ouarterly，2005(2).

[132] Simons H，Hicks J. Opening Doors：Using the Creative Arts in Learning and Teaching[J]. Arts and Humanities in Higher Education，2006(1).

[133]Jindal-Snape D，Davies D，Collier C，et al. The Impact of Creative Learning Environments on Learners：A Systematic Literature Review [J]. Improving Schools，2013(1).

[134] Kim，Song M. Doing Social Constructivist Research Means Making Empathic and Aesthetic Connections with Participants[J]. European Early Childhood Education Research Journal，2014(4).

[135]Wolfe P，Brandt R. What Do We Know from Brain Research[J]. Educational Leadership，1998(3).

[136]Morinaj J，Scharf J，Grecu A，et al. School Alienation：A Construct Validation Study[J]. Frontline Learning Research，2017(2).

[137]Bruna，Carola. Motivating Active Learning of Biochemistry through Artistic Representation of Scientific Concepts[J]. Journal of Biological Education，

2013(1).

[138]Biggs J B. Study Process Questionnaire Manual Student Approaches to Learning and Studying [J]. Australian Council for Educational Research Melbourne，1987(3).

[139] Johnson M G. Student Alienation，Academic Achievement，and WebCT Use[J]. Educational Technology & Society，2005(2).

[140]Wunar B. The art of science[J]. Teaching Pre K-8，1999(6).

[141]Hatice Z I. Integrated Disciplines：Understanding the Role of Art in Science Education in a Preschool[J]. Journal of Applied Science Research，2009 (10).

[142]Starbuck S，Marshall T L. How Children Discover Science While Exploring Art[J]. Teaching Young Children，2011(4).

[143]Silvia P J. Interest—The Curious Emotion[J]. Current Directions in Psychological Science，2008(1).

[144]Amabile T M. Motivational Synergy：Toward New Conceptualizations of Intrinsic and Extrinsic Motivation in the Workplace[J]. Human Resource Management Review，1993(3).

[145]Sharapan H. From STEM to STEAM：How Early Childhood Educators Can Apply Fred Rogers' Approach[J]. Young Children，2012(6).

[146]Eisenberger R. Reward，Intrinsic and Extrinsic Motivation and Creativity[J]. Creative Research Journal，2003(2/3).

[147]Wright S. Guiding Learning Processes in the Integration of the Arts[J]. Contemporary Issues in Early Childhood，2001(2).

[148]Cutcher A，Boyd W. Preschool Children，Painting and Palimpsest：Collaboration as Pedagogy，Practice and Learning[J]. The International Journal of Art & Design Education，2018(10).

[149]Vasilis，Tselfes，Antigoni，et al. Science and Theatre Education：A Cross-disciplinary Approach of Scientific Ideas Addressed to Student Teachers of Early Childhood Education[J]. Sci & Educ，2009(10).

［150］Faber R. Dance and Early Childhood Cognition：The Isadora Effect［J］. Arts Education Policy Reveiw，2017(3).

［151］Heshusius L. The Arts，Science，and the Study of Exceptionality［J］. Exceptional Children，1988(1).